SAINTE-CROIX DE LA RONCIÈRE

DANS LE SILLAGE DES
CARAVELLES DE COLOMB

EDITIONS "LA CARAVELLE", 6, RUE BEZOUT, PARIS

Dans le Sillage
des Caravelles de Colomb

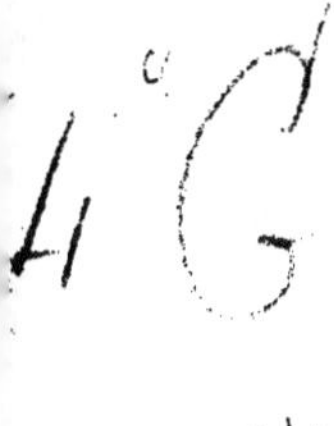

DU MÊME AUTEUR :

Les Fleurs de mon Jardin.
L'Agonie des Heures.
Antoine et Cléopâtre.

UNE JOLIE GUADELOUPÉENNE

SAINTE-CROIX DE LA RONCIERE

Dans le Sillage
des Caravelles de Colomb

L'ILE D'ÉMERAUDE

A "LA CARAVELLE"
6, Rue Bezout — PARIS

A mon honorable cousin
CHARLES DE LA RONCIÈRE
l'érudit historien de la Marine
Française, Conservateur à la
Bibliothèque Nationale.

Avec l'ardent désir de contribuer à l'amélioration et au développement de nos possessions antillaises, j'ai écrit cet ouvrage pour éclairer les pouvoirs métropolitains et faire l'éducation de ceux qui s'intéressent aux colonies, espoirs de la Mère-Patrie dans son œuvre toujours grandissante de progrès et de civilisation.

Dans la gestion des colonies, le rôle du Pouvoir central a été souvent néfaste, surtout depuis que la politique a absorbé l'administration, et celui des gouverneurs sujet à de sévères critiques puisqu'ils n'ont pas su toujours diriger ni prévoir. Comment d'ailleurs espérer une œuvre féconde de ces administrateurs qui sont changés avant même d'avoir pris intimement contact avec les hommes et étudié les besoins de la colonie. En 29 années, de 1900 à 1929, le pays a connu 27 gouverneurs !

A la Guadeloupe, sur une superficie de 150.941 hectares, seulement 64.430 sont en culture. Les régions les plus fertiles de l'île sont encore en forêts, les routes sont mauvaises, les moyens de communication difficiles et la vie économique manque d'équilibre. On constate que 60 % du budget sont absorbés par les fonctionnaires et tout repose sur la production du sucre et du rhum, denrées dont les cours peuvent brusquement varier et jeter le trouble dans les finances locales. Que l'on veuille, et cette île merveilleuse, renommée pour l'hospitalité, la courtoisie et l'urbanité de ses habitants, deviendra aussi prospère que ses voisines anglaises et américaines. C'est le vœu que je formule pour la prospérité de ce pays si beau, si captivant.

SAINTE CROIX DE LA RONCIÈRE.

1. Christophe Colomb d'après le portrait conservé au Musée naval de Madrid.
2. Armoiries de Colomb figurant sur la cédule des privilèges accordés à Colomb par les Rois
catholiques, copiée en 1502 et conservée au Musée français des Affaires étrangères.

CHAPITRE PREMIER

Colomb naquit à Gênes en 1451. Un acte du 31 octobre 1470 récemment découvert dans les archives anciennes de notaires de Gênes et de Savone, porte que Cristopho Colombo, fils de Domenico, est majeur de 19 ans.

Le grand-père, Giovanni Colombo, était de Quinto, près de Gênes, et vivait encore en 1444. Il eut une fille, Batistina, et deux fils, Antonio et Domenico. Ce dernier, père du découvreur, naquit à Quinto en 1418, fut tisserand à Gênes et à Savone de 1439 à 1474. Il épousa Suzanna Fontanarossa, de la vallée de Fontanabuona, qui lui donna cinq enfants: Cristopho, l'aîné (1451), Barthelemy (1461), Jocopo (1464), Pellegrino (1468) et Blanchinetta.

La date précise et le lieu de naissance de Cristopho étant restés couverts de ténèbres, des villages comme Savone, Quinto, Cucarro, Cogoleto, Buggiasco et Nervi se sont tout à tour disputés l'honneur d'avoir donné naissance au grand navigateur. La Corse même a réclamé cette illustration et tout récemment M. Luis Ulloa, ancien directeur de la Bibliothèque Nationale de Lima, dans un ouvrage plein d'ingéniosité et de déductions, a essayé de démontrer qu'il vit le jour à Urgel, ou Majorque, en 1445, où ses parents étaient venus s'établir, et qu'il était Catalan (1). Pour les besoins de la cause, les historiens n'ont pas hésité à falsifier jusqu'à son nom: Colon, Colom, Colomo. (2)

Deux auteurs, contemporains du héros, Galio et Guistiani, génois eux aussi, affirment sa naissance génoise et un troisième,

---

(1) *Christophe Colomb catalan.* Luis Ulloa, Paris 1928.

En 1910 dans la « *España moderna* », un écrivain espagnol, Fernando de Aaton del Olmet, publia une étude dans laquelle il essaya de démontrer que Colomb était né en Espagne.

(2) Un savant corse, l'abbé Peretti, a établi l'identité d'un célèbre pirate, chef d'escadre, Christophano de Calvi, grand oncle de Colomb.

presque contemporain, puisque né en 1518, lui donne la même origine.

Trois siècles après sa mort, cette origine était si fortement contestée qu'un quatrième historien, le patriote génois Casoni proteste « contre ceux qui veulent enlever à la nation génoise la gloire « d'avoir produit un tel citoyen ».

Pourtant Colomb a bien lui-même et par deux fois déclaré qu'il était de Gênes et son fils Fernand a confirmé cette assertion en disant que son père trouva à Lisbonne plusieurs de ses compatriotes génois.

Le découvreur du nouveau monde qui connut toute la perfidie des hommes et qui mourut le cœur plein de fiel, maugréant contre l'ingratitude de son roi, la trahison de ses compagnons et de ses contemporains, chercha volontairement l'oubli et ne nous a rien laissé qui puisse nous éclairer d'une façon positive sur ses origines, sa jeunesse et la genèse de sa grande découverte.

Des historiens interrogeant les archives, les cartes, les témoignages émanés de son fils Fernand, de ses amis, tous les récits de ses contemporains, vrais ou adultérés, ont essayé, à force d'érudition, d'éclairer d'un jour très vif les origines obscures de la vie de Colomb et plusieurs se sont acharnés à salir sa mémoire en voulant démontrer qu'il était de basse extraction. Comme si cela pouvait diminuer sa gloire ! Noble ou paria, la nation qui l'a vu naître peut rester fière de le compter parmi ses fils et proclamer très haut son génie. Les serviteurs de l'humanité sont toujours voués à l'injustice et la brutalité.

A quoi bon échafauder tant de contradictions, tant de mensonges, sur l'origine et les débuts du futur grand amiral des Indes. Son œuvre grandiose ne suffit-elle pas au bonheur de l'humanité ?

Ce qu'il y a de certain, c'est que Colomb passa toute son enfance à Gênes, dans la maison paternelle, rue de Mulcento, près de la porte Soprana, qui de nos jours porte une plaque commémorative. Il fut baptisé à Saint-Etienne, aujourd'hui Saint-Etienne de l'Arco. Sa famille, qui avait perdu toute sa fortune dans les grandes guerres de Lombardie, était une des plus illustres de Plaisance, ayant possédé entre autres biens le château de Cogereo, don de l'Empereur Othon II.

Etant l'aîné de la famille et doué d'une grande intelligence, son père voulut lui donner une belle éducation, mais à l'école il ne fut qu'un élève distrait et incorrigible. Une passion violente l'absorbait, la mer. Dès la classe terminée, il allait, le long des quais, admirer les voiliers, grimpait dans les mats, questionnait les marins sur tout ce qui touche la navigation et rêvait déjà de voyages, de conquêtes et d'aventures.

Les Colomb portaient une colombe argentée sur champ d'azur. Le papier de certains de ses autographes, possédés et publiés par la Duchesse d'Albe, contient un filigrane représentant cette colombe et le recueil héraldique de Garci Alfonso de Torres, « Libro de Linajes de España », dont le manuscrit date du début du XVIe siècle, enregistre ces armoiries.

Ces armes, avec la devise « Fides, spes, charitas », étaient gravées sur le tombeau de ses aïeux et ce sont les mêmes que les Rois catholiques l'autorisèrent à écarteler sur le blason qu'ils lui accordèrent en 1493, en récompense de ses découvertes.

Au retour de son premier voyage, lorsque les Souverains lui confirmèrent le traité de Santa-Fé, le 20 Mai 1493, ils lui accordèrent des lettres de noblesse et le blason suivant :

« Au premier, le château de Castille sur le champ de sinople;
« au second le lion de Léon pourpre sur champ d'argent; au
« troisième des ondes d'azur parsemées d'îles d'or; le quatrième
« champ est réservé « à vos armes que vous aviez coutume de
« porter. »

A cette époque où les nobles étaient si jaloux de leurs titres et de leurs blasons, le Roi n'eut certainement pas parlé ainsi si Colomb n'avait pas qualité pour porter « Colombe argentée sur champ d'azur ».

On a beaucoup contesté ces titres de noblesse, mais il fallait que Colomb eût des titres antérieurs pour pouvoir prétendre à tant de nouveaux, lors de la signature du contrat avec Leurs Majestés Catholiques, autrement comment admettre les prétentions d'un vulgaire aventurier au titre d'amiral?

« Ne suis-je pas de la famille des Comtes Colombo, disait le
« futur amiral au Père Juan Perez, et mon bisaïeul, Herire, n'était-
« il pas Marquis de Montferra (titre confirmé par Othon Ier pour
« servives rendus à l'empire. » (1)

Colomb alla même plus loin, il se disait descendant de Colonius (dont on avait fait Colombo) général romain qui vainquit Mithridate, Roi du Pont, l'amena à Rome et mérita le triomphe et des insignes consulaires. Son fils qui entra dans les ordres sous le nom de Dom Fernando a écrit que deux membres de sa famille avaient acquis une grande réputation comme chefs d'escadre.

Au père de Marchena, qui parut effrayé de ses prétentions exhorbitantes, lorsqu'il demandait le titre d'amiral et la Vice-

---

(1) Roselly de Lorgues, *Vie et voyage de Christophe Colomb.*

Royauté à vie, il répondit: « J'estime que ma personne, les terres
« que j'ai découvertes et qui sont en ma possession comme si je
« les avais là, sous ma main, méritent cela. Il y a deux amiraux
« dans ma famille, (1) je serai le troisième. Ecoutez-moi, mon
« père, j'ai confiance en vous et je vous parle devant Dieu. J'ai
« une mission à remplir et nulle force humaine, nul obstacle maté-
« riel ne m'en détournera. » (2)

.

N'ayant plus la fortune, son père avait cherché à la retrouver
dans le commerce maritime et son fils aîné devint voyageur de
commerce. C'est dans cet emploi qu'il voyagea, tout en apprenant
l'astronomie et la navigation. Sa vocation de navigateur s'affermit
plus tard dans la fréquentation des pilotes et surtout l'étude des
papiers et cartes laissés par son défunt beau-père, Bartolomeu Perestrello, savant navigateur et cosmographe, un des découvreurs de
Porto-Santo.

Bartholomeu Perestrello était l'héritier d'une famille noble
d'Algarve et avait été attaché à la personne du prince Dom Hen-
rique (1418-1420). Ayant échoué dans la colonisation de l'île
Porto-Santo il était rentré à Lisbonne et s'y était fixé. En 1446, il
fut nommé Capitaine héréditaire de Porto-Santo, fonction qui cor-
respondait à celle de Gouverneur, et où il eut pour successeur un
de ses gendres. Il dut cette faveur à la haute protection du tout
puissant Archevêque de Lisbonne, Pedro de Noronha, amant des
deux sœurs Perestrello, desquelles il avait eu plusieurs enfants
qu'il eut l'audace de légitimer. Comme il avait l'esprit de famille,
ce prélat licencieux devait bien cela à celui qui, par un acte officiel, était doublement son beau-frère.

Colomb, conduit par les besoins de son commerce et aussi par
la prescience de sa future destinée, voyagea donc beaucoup dans
toutes les mers et connut des aventures extraordinaires. N'écrivit-il
pas à Isabelle et Ferdinand d'Espagne: « Tout ce que l'on a navigué jusqu'ici, je l'ai navigué aussi. » A peine âgé de douze ans,
il est dans les mers du Levant, visite Rhodes en 1462 sur un navire
que commandait le grand maître de l'ordre de Saint-Jean de Jérusalem, Don Pedro Raymondo Sa Costa, châtelain du Prieuré
d'Ampurias. Après la mort de Sa Costa (1467) il quitte Rhodes
et navigue pendant un certain nombre d'années sous les ordres d'un

---

(1) Christophano Calvi, déjà cité et Berthelemy qui commanda l'un des 21 vaisseaux équipés à Gênes en 1481.
(2) Marius André, *La véridique aventure de Christophe Colomb.*

corsaire fameux de son temps, Guillaume de Casenove-Coullon,
dont il se trouvait parent et qui était reconnu comme amiral du Roi
de France. Il fut alors, du fait même qu'il obéissait à ce corsaire,
au service de la France et du Roi René d'Anjou; celui-ci l'envoya
à Tunis (1473) enlever une galère qualifiée de « Fernandina »,
c'est-à-dire appartenant à un roi de la maison d'Arragon. (1)

Ensuite, Colomb navigua tant sur des navires de guerre que
de commerce. C'est ainsi qu'il assista à la conquête de Naples, à
l'attaque de Tunis par Charles d'Anjou, combattit avec les flottes
armées par Gênes contre l'Espagne et fit même naufrage sur les
côtes du Portugal. Tout cela est logique.

En 1475, il visite Chio. En 1476, quatre galères génoises,
appartenant aux armateurs liguriens Giorge Antonio di Negro et
Nicola Spinola, appareillèrent du port de Gênes à destination de
Madère et des îles d'Afrique. Le chef de cet armement, Ladisio
Centurione, possédait de nombreux comptoirs répandus sur le monde
connu et avait pour associé Paolo di Negro, fixé à Lisbonne.
Colomb faisait partie de l'expédition, en qualité de représentant
de commerce et sa mission était d'acheter du sucre et de la laine à
Madère et dans les îles d'Afrique, tout en cherchant la plus courte
route pour gagner les Indes, pays des épices et de l'or. (2)

Les navires de commerce d'alors faisant de lointains voyages,
étaient armés et équipés comme les navires de guerre, en vue de leur
défense contre les pirates et les corsaires qui infestaient les mers. Le
13 août 1476, près du Cap Saint-Vincent, les navires furent attaqués par une flotte franco-portugaise. Une véritable bataille navale
s'engagea. Deux des galères génoises furent coulées, à bord de
l'une d'elles se trouvait Colomb. Presque tout l'équipage périt.
Colomb, bon nageur, quoique blessé, parvint, au moyen d'une
épave, à gagner le rivage.

Etant arrivé à terre, disent Las Casas et Fernand Colomb, et
ayant trouvé asile dans un lieu voisin, il se remit des douleurs qu'il
avait contractées aux jambes par suite de l'humidité de l'eau et
des fatigues endurées. Ses blessures guéries, il se rendit à Lisbonne,
où il y avait beaucoup de génois et où il devait retrouver Paolo
di Negro. Ce dernier, ainsi que tous ses compatriotes qui le connaissaient de nom, l'accueillirent chaleureusement et il fut traité avec
tant d'affabilité et de courtoisie qu'il s'y établit.

Lisbonne était d'ailleurs un centre admirable pour l'homme

qui nourrissait en silence le projet de s'élancer sur l'océan Atlantique pour découvrir une nouvelle route conduisant aux Indes. Le Portugal était tout entier alors saisi de la passion des découvertes et s'immortalisait par des conquêtes lointaines. Le Roi Christian Ier de Danemark y faisait chercher des marins capables pour participer à une expédition que, de concert avec Alphonse V de Portugal, il organisait pour l'Islande et les terres de l'Ouest.

Colomb partit de Lisbonne en 1477 pour visiter plusieurs ports anglais, l'Irlande, puis l'Islande, et à son retour se vanta d'avoir été à l'île de « Tile », l'ultima Thulé, même d'avoir dépassé de beaucoup l'île de Jean-Mayen et d'avoir vu « des hommes et des femmes venus de Cathay, notamment à Galway, en Irlande. » Cathay ! les terres asiatiques visitées par Marco Polo, les îles fabuleuses du ponant qui hantaient son imagination. Ce fut là une invention de son cerveau surchauffé. Colomb, qui avait dû faire des recherches dans les ouvrages de l'antiquité païenne, dans la Bible et dans les écrits des Pères de l'Eglise, se souvenait simplement des fameux vers de la Médée de Sénèque:

Venient annis, sœcula seris,
Quibus Oceanus vineula rerum
Laxet et ingens pateat tellus
Tiphys que novos detegat orbes
Nec sit terris ultima Thule.

Troublante prophétie qui annonçait très clairement, près de 1420 ans à l'avance qu'un monde allait être découvert !

.•.

Au retour d'Islande, la vocation de Colomb était fixée. Il avait reconnu en lui le nouveau marin qui dans les années tardives du monde devait venir pour délier les liens des choses et ouvrir la route d'une nouveau monde. Alors, l'île de Thulé ne sera plus la dernière du monde.

Comme nous l'avons dit plus haut, le Portugal était alors saisi de la passion des découvertes. A la suite de voyages fantastiques antérieurs, une sorte d'effervescence, celle qui précède toujours les grands événements, régnait partout. « En France même, (1) on était persuadé, dès 1469, que « se une nef tiroit tout droit à la longue « devant le couchant oultre ce pays d'Illande, qu'elle se trouve- « roit en la terre du presbtre Jehan. » (2)

---

(1) Charles de La Roncière, *Histoire de la Marine Française.*
(2) Description des pays par le Héraut Berry (1469).

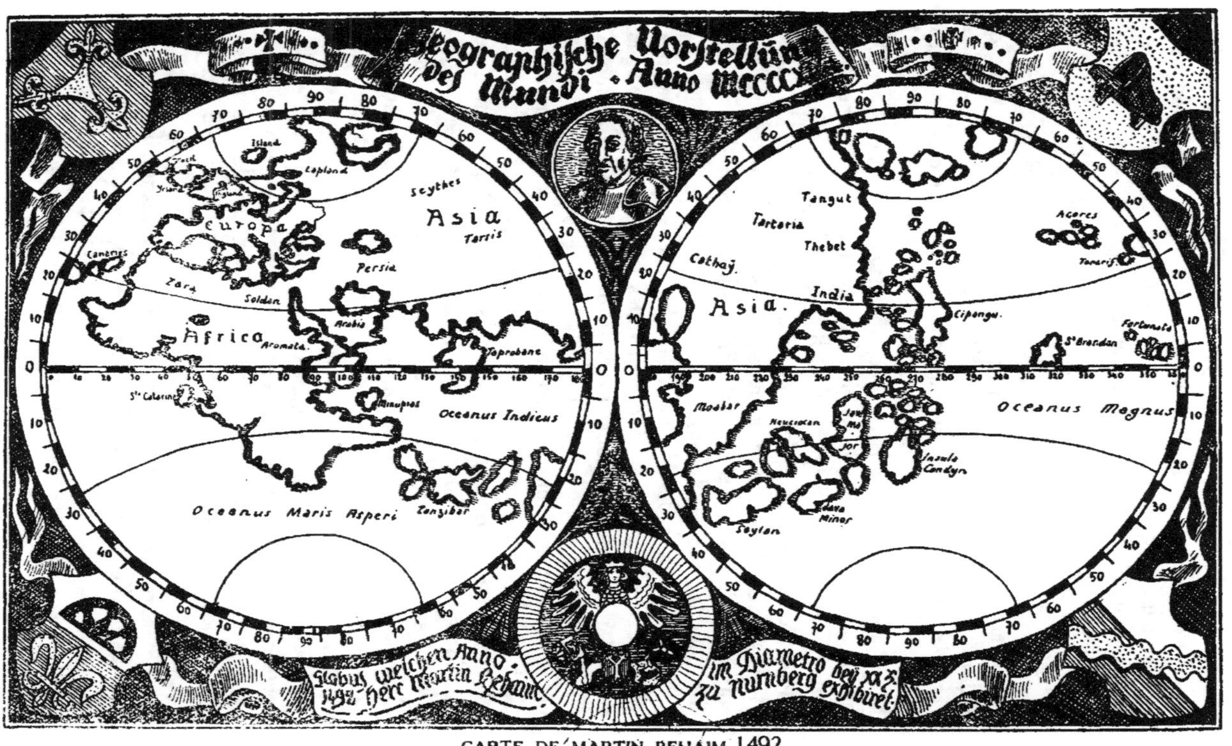

CARTE DE MARTIN BEHAIM 1492

Villages, conducteur des galées de Provence, s'adressant à
« ses très chiers et parfaits amys, Seigneurs de Porcon et de Sainct
« Germain, fréquentant la mer en la région occidentale, » leur
communiquait « les nouvelles admirables, lesquelles ont envoyé les
« patrons des gallées qui ont été transportées du vent en plusieurs
« pays et isles de mer et principalement en partie des Indes ». (1)

Depuis plus de quarante ans les Portugais avaient découvert
la Guinée et il existait des cartes où l'on avait tracé la route qui
indiquait qu'à l'extrême sud de l'Afrique on trouvait une pointe,
nommée « Cap Diab » et que, après avoir doublé ce cap, on voguait
vers les Indes en longeant les côtes de « Sofala » et l'île de la
Lune, plus grande que l'Espagne (Madagascar). Le Cap Diab
existe sur le planisphère de Marino Sanuto, auteur du « Liber Secre-
torum fidelium crusis » qui est de 1306 et sur le planisphère de Fray
Moro, de la Compagnie des Camaldules de San Miguel de Murano
(1310). Les Phéniciens avaient eux aussi doublé le cap Diab et
sur une de leurs cartes on voit l'inscription de plus de cinq mille
îles dans la mer des Indes.

Avant l'arrivée des Portugais, les îles du Cap Vert figuraient
sur les cartes avec le nom « d'isles vertes », comme Antilla figurait
sur certaines cartes et globes avant la découverte par Colomb. (2)
Madère figurait avec le nom de « Isole di legno » (carte dessinée
en 1351) soit cinquante ans avant leur arrivée. Le plus mystérieux
c'est que sur une carte datant de 1434, du génois Bedaire, l'île
d'Antilla est indiquée à l'ouest, dans la mer Oceane, avec cette
inscription: « Isola novo scoperta ». Elle aurait été découverte en
1414 par un navigateur espagnol, fameux cartographe, Martin de
Boheme. En 1416, Andrès Bianco, un italien, fit une carte où le
nom d'Antilla est accompagné de l'inscription: « Questo he mar de
Spagna ».

Tout le monde se préoccupait donc des terres à l'ouest et de la
route des Indes. Colomb qui avait beaucoup approfondi ne pouvait
ignorer toutes les légendes de l'époque. On peuplait le pays du
prestre Jehan de géants aux yeux luisants, de griffons, etc., et pour
apprendre qu'il existait des terres à découvrir dans les parties
encore inexplorées de l'occident de la mer Océane, il n'était pas
nécessaire d'être un savant. Les légendes les plus variées couraient
les rues, surtout sur les bords de l'océan, en Espagne et au Portugal, et ces légendes venaient de la Grèce et des Arabes. La « mer

---

(1) Charles de La Roncière, *Histoire de la Marine Française.*
(2) Globe de Martin Behaim, de Nurembourg, 1492.

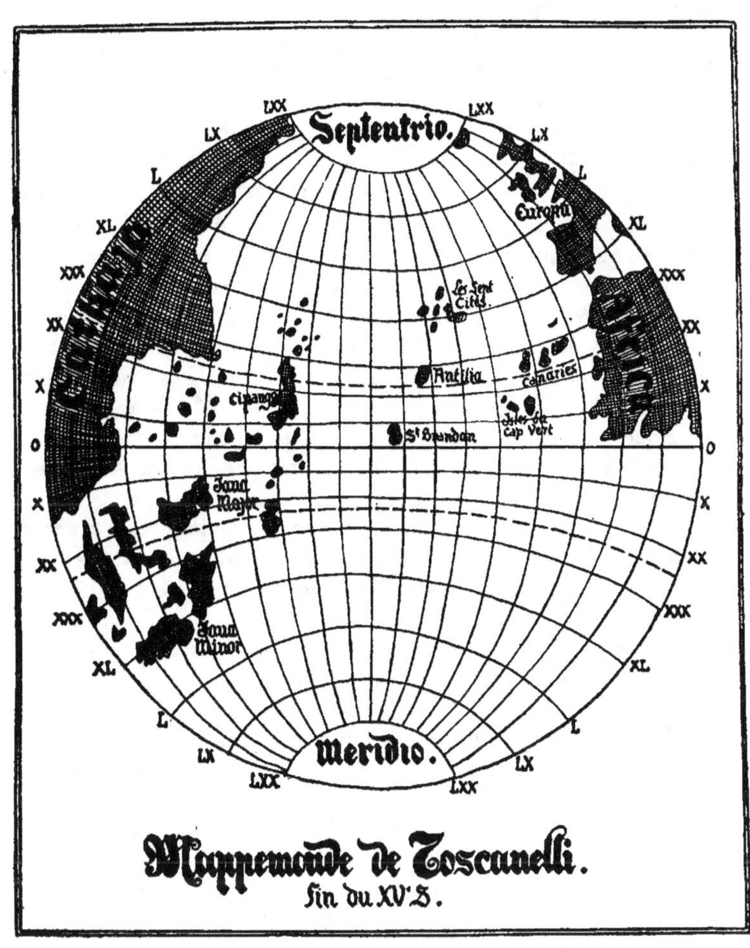

MAPPEMONDE DE TOSCANELLI.

Cette carte, adressée en 1474 par Toscanelli au portugais Fernam Martins, fut transmise plus tard
à Christophe Colomb.

ténébreuse » dont parlent les anciens est le « Bahr-el-Talmet » des Arabes et les Phéniciens avaient dans l'antiquité certainement franchi les Colonnes d'Hercule et visité les terres dont l'imagination populaire fit « les îles fortunées », le dernier asile de Saturne.

Dans l'antiquité, les Génois et les Vénitiens étaient restés en Europe les maîtres du commerce des denrées d'Orient et les deux républiques italiennes en avaient tiré une puissance politique qui, inévitablement, avait éveillé les convoitises et la pensée, chez les autres peuples maritimes, de trouver une route nouvelle vers les Indes, sources de tant de richesses. Deux seules routes étaient alors connues: la « route des épices » ou route maritime, qui, par l'océan Indien et la Mer Rouge, aboutissait à l'Egypte et à Alexandrie sur la Méditerranée; la « route de la soie », ou route terrestre, à travers l'Asie centrale, aboutissant à la Mer Noire. Les marchandises arrivées à dos de chameau par caravanes à la Mer Noire, étaient embarquées à bord des navires génois; les cargaisons apportées en Egypte par les bateaux arabes étaient transbordées par les navires vénitiens.

Pour entreprendre un pareil voyage, il fallait tout d'abord écarter les idées que les anciens géographes avaient eues de la terre et admettre qu'elle fût ronde. On la représentait alors comme un grand carré ou comme un disque plat. Jérusalem en occupait toujours le centre. Autour des terres l'Océan s'étendait jusqu'aux murs qui enveloppaient l'Univers et qui soutenaient le ciel. Au nord, il y avait le froid et les glaces éternelles qui rendaient tout passage impossible; au sud, la chaleur était telle que les flots entraient en ébullition. Point d'autre route possible vers l'Inde que la route maritime à l'Ouest.

Depuis le voyage du vénitien Marco Polo, qui avait atteint Cambalu (Pékin) et séjourné 17 ans en Cathay, c'est-à-dire en Chine, les idées sur la forme de la terre se modifiaient. Par les relations qui se développaient avec les Arabes, grands navigateurs, qui avaient hérité d'une partie de la science antique, on commençait à admettre que la terre était sphérique. On pouvait donc en faire le tour. Pierre d'Ailly, chancelier de l'Université de Paris, dans son livre « Image du Monde », n'hésita pas, en 1483, à dire que l'extrémité de l'Espagne ne devait être séparée des Indes que par une distance peu considérable.

En 1470, Diégo de Teive, navigateur portugais, avait déjà envoyé son pilote Pedro de Velasco à la recherche de l'île Antilla. Après avoir fait 150 lieues au sud-ouest de Fayal et découvert l'île de Flores, il revint sur ses pas, effrayé par l'immensité de l'eau.

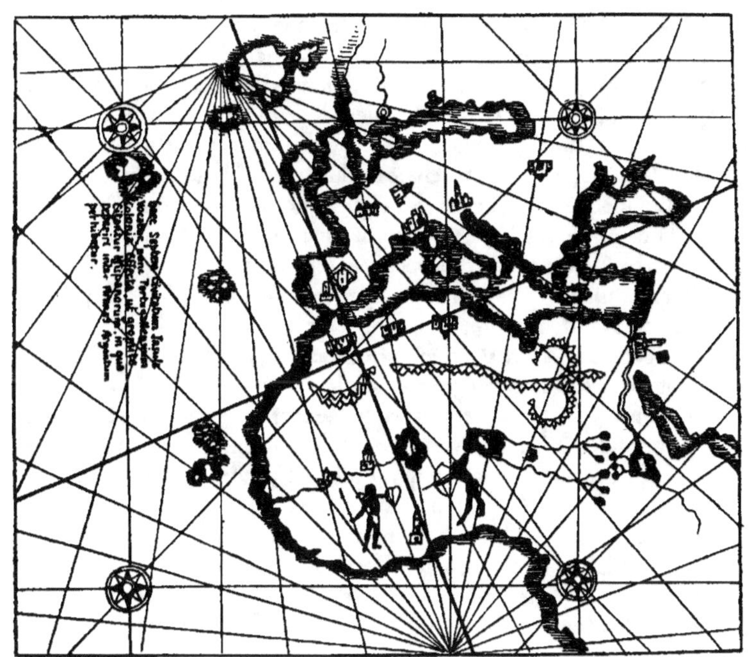

Carte découverte dans les Archives de la Bibliothèque Nationale de Paris par Charles de La Roncière et qu'il a attribué à Colomb lui-même ou à son frère Barthélemy Colomb.

Cette carte indique, à l'ouest de l'Irlande, l'île légendaire des Sept Cités (ou Antilla) avec cette mention : « Voici l'île des Sept Cités, colonie encore peuplée de Portugais, au dire de mousses espagnols. On y trouve, assure-t-on, de l'argent sous les sables. » Cette île semble avoir été le but secret du voyage de Colomb.

Ce même Pedro de Velasco, n'étant jamais retourné à Flores, céda en 1475 ses droits sur cette île à son compatriote Fernando Telles à qui le Roi Alphonse V accorda le privilège exclusif de « décou- « vrir des îles et terres en dehors des mers de Guinée ».

En 1480, des navires frêtés par John Jay Junior et comman- dés par Thomas Llyod, avaient erré dans l'océan, du 15 juillet au 18 septembre, à la recherche de la Grande île bien connue dans les légendes galloises, l'île d'où venaient les beaux bois appelés « Bois de Brésil et Bois d'Irlande » et que les courants jetaient sur les côtes de la verte Erin. Au château du Louvre, la tour qui contenait la bibliothèque de Charles V était lambrissée de bois d'Irlande. L'échouage de ces bois d'essences inconnues, arrivant du large, laissait bien supposer l'existence de terres ou d'îles dans l'Océan qu'un portulan de l'an 1479 marquait au large de l'Espagne: « îles de Brésil, Bacille, San Zozi, etc. »

A la fin du XIVe siècle, le français Philippe de Mezières parlait d'un « pais estrange, sis par delà l'océan, devers Godeland, « si loings que les naves du Roy mettent trois ans avant quelles « puissent retourner en Norvège ». Terre-Neuve dans tous les cas était déjà connu des Bretons qui y allaient pêcher la morue puisque l'atlas de Bianco (1436) porte à l'ouest de l'Atlantique une île Stacofixa (Stock fish), dont la position répond à Terre-Neuve. (1)

Antilla, la mystérieuse, fascinait tous les navigateurs de l'époque. Les cartes et planisphères prophétiques passionnaient de plus en plus les riverains de la Mer Océane. Tous les espoirs, toutes les convoitises, toutes les ambitions gonflaient des centaines de poi- trines. Il y avait l'attrait des grandes aventures, du risque, l'amour de la gloire et des richesses que recélaient, disait-on, ces terres inconnues, l'amour surtout de l'or !

⁂

Colomb pensa tout d'abord intéresser à son projet de décou- verte les Rois d'Angleterre et de France et il chargea son frère Barthelemy, qui était un cartographe et un cosmographe de grand talent, de se rendre dans ces deux pays tandis que lui il cherchait à s'introduire à la cour du Roi Jean II pour lui offrir ces terres que son intelligence avait découvertes en esprit.

Barthelemy, qui avait contracté un engagement dans la marine portugaise, ne put exécuter cette mission et alla faire croisière sur

---

(1) Charles de la Roncière, *Histoire de la Marine française.*

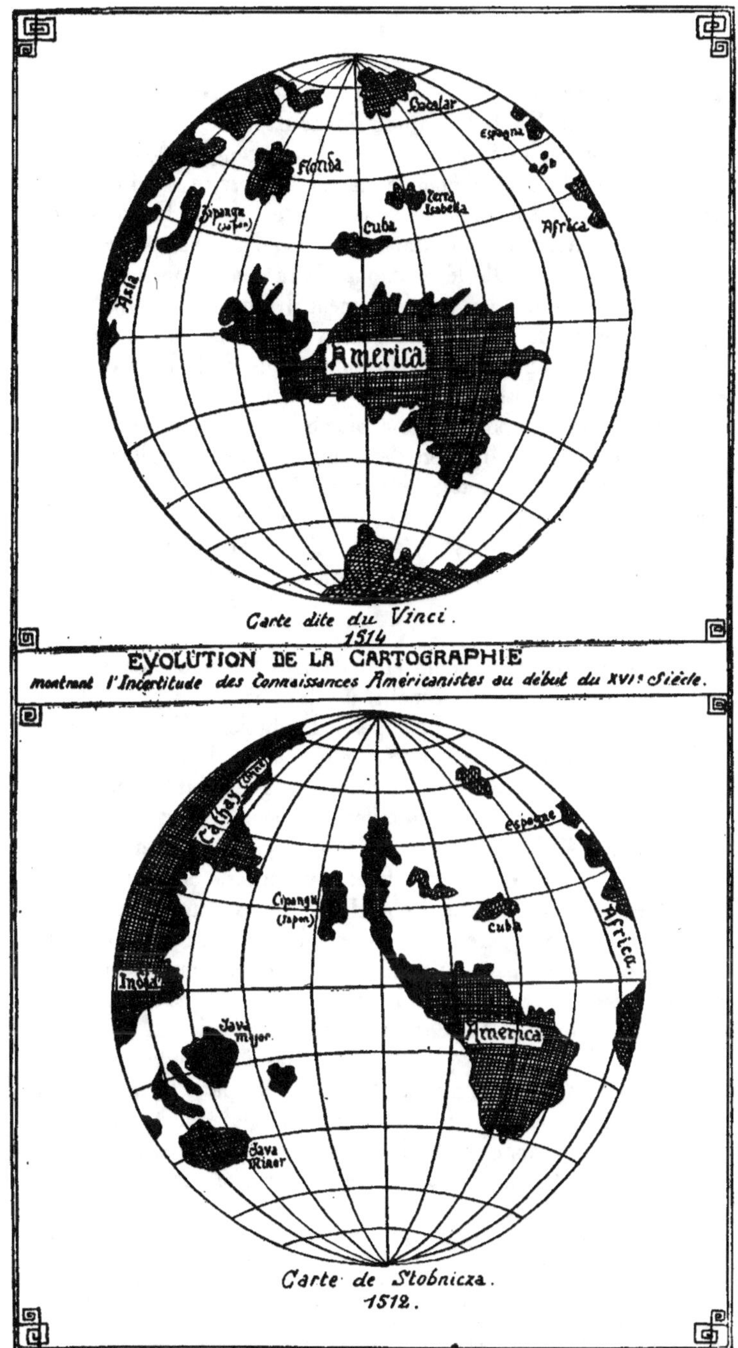

Carte dite du Vinci.
1514

EVOLUTION DE LA CARTOGRAPHIE
montrant l'Incertitude des Connaissances Américanistes au début du XVIᵉ Siècle.

Carte de Stobnicza.
1512.

les caravelles de Diaz. Il ne rentra à Lisbonne qu'en décembre 1485, après avoir doublé le Cap de Bonne-Espérance.

Dans l'intervalle Colomb épousa Dona Felipa Moniz Perestrello, la fille d'un gentilhomme italien au service du Portugal, Bartholomeu, premier capitaine donataire de l'île de Porto Santo, Chevalière du Monastère de Santos où Colomb avait l'habitude d'entendre la messe. Elle le remarqua, fit sa connaissance et conçut pour lui une telle affection que finalement il l'épousa (1478). Cette page d'amour ne dura qu'un an. Felipa mourut peu après la naissance de Diégo et fut inhumée dans la chapelle de la Pitié du couvent du Carmel, à Lisbonne.

Nous avons un portrait de Colomb à cette époque. C'était un homme de belle taille, fort de membres, le visage allongé, les pommettes un peu saillantes, le nez aquilin, le menton creusé en fossette, les yeux gris-bleu étaient très doux. Son visage pâle était parsemé de taches de rousseur, sa chevelure était blonde, mais à 30 ans devint toute blanche. Ce portrait est de son fils Fernando.

∴

Le beau-père de Colomb était un savant, en relation avec le célèbre géographe Paul Toscanelli, un des savants les plus illustres de l'Italie du XVe siècle. On l'appelait le physicien Paul. Médecin à Florence, il venait souvent à Rome et était en haute estime à la Cour pontificale où il avait libre entrée à la bibliothèque du Vatican. Il mourut sur ces entrefaites et sa mort prématurée l'ayant laissé désemparé, Colomb s'adonna de plus en plus à l'étude de la navigation. Il n'avait qu'une idée fixe: la découverte des pays au-delà de la Mer Océane. Il veut découvrir ces terres pour y trouver de l'or, des pierres précieuses, des épices; il veut aussi la gloire. Ne pouvant être roi des pays qu'il découvrira, il veut tout au moins la vice-royauté et créer une dynastie pour lui et ses héritiers. Il se plonge dans l'étude de la géométrie, de l'astronomie, de la cosmographie, fouille tous les papiers de son beau-père, étudie toutes les cartes, questionne tous les marins. Il savait déjà par Ptolémée et les géographes arabes que la terre était ronde, un globe dont on pourrait faire le tour, la mappemonde du globe de Martin Behaim (1492) l'indiquait bien, (1) mais il croyait ce globe moins vaste et s'imagi-

____

(1) Martin Behaim construisit, en 1492, à Nuremberg, une mappemonde comprenant les dernières découvertes des Portugais et résumant les connaissances géographiques de l'époque. Il voyagea sur les côtes d'Afrique, au delà de l'Equateur, sous le commandement de Diogo Cao qui explora le golfe de Guinée et reconnut l'embouchure du Zaire (Congo). C'est lui que Hieronymus Monetarius proposa à Jean II pour conduire une expédition, par l'ouest, à Cathay.

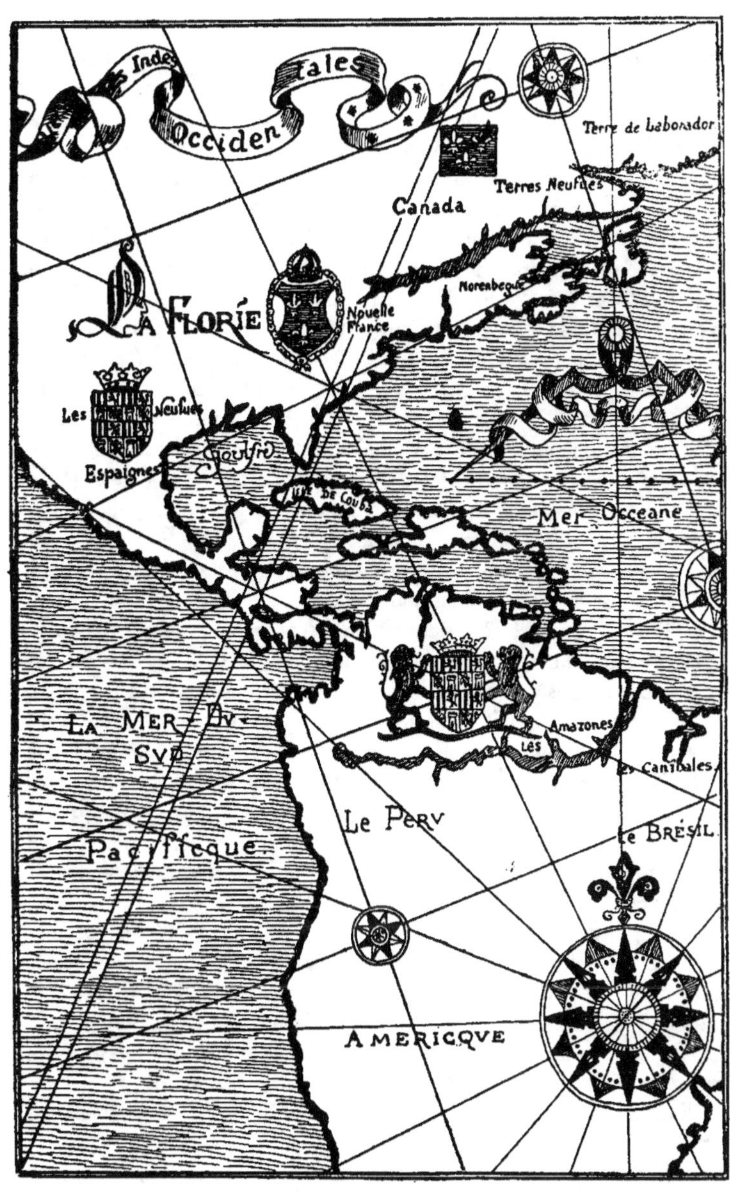

CARTE D'AMÉRIQUE EN 1584

dressée par Jacques de Vaulx, pilote de la Marine Royale de France.

nait, en conséquence, que l'étendue de mer à parcourir pour arriver à ces terres était moins vaste que les navigateurs le pensaient.

Interrogé par Colomb sur la route à suivre et la distance à parcourir, Toscanelli communiqua au Souverain pontife, Innocent VIII, qui lui aussi était génois, les théories et les desseins de Colomb et fit connaître la sympathie du pape au futur découvreur en lui envoyant une carte marine avec la copie d'une lettre qu'il avait fait parvenir auparavent à Alphonse V, par l'intermédiaire du chanoine Martinez, affirmant que l'expédition était facile à réaliser. Nous avons là la preuve que ce projet était envisagé par tous. Le savant florentin donna des précisions: « De Lisbonne vers l'ouest, « en droite ligne, il y a 22 espaces de 250 miles chacun jusqu'à la « grande ville de Quinsay qui a 100 miles de circonférence, 10 ponts « et dont le nom signifie La Cité du Ciel. Cette ville est dans « la province de Mango près de celle de Cathay. De l'île Antilla « que vous connaissez jusqu'à la fameuse île de Cipango, il y « a 10 espaces. » C'est pourquoi la famille de Toscanelli fit inscrire sur son tombeau sa participation à la découverte qu'il n'eut pas la joie de connaître, étant mort avant.

Un anonyme (1) qui écrivait en 1709, nous apprend « que le « pilote Andeluzo, surpris par une tempête du côté de l'ouest, fut « transporté dans des pays inconnus qui n'étaient point sur les cartes « de navigation et mit tant de temps à revenir qu'il n'était resté « vivant de l'équipage que lui et quatre matelots. Exténués par « les fatigues et la faim, ils moururent peu de jours après être « arrivés au port. Ce pilote avait été recueilli par Colomb qui « s'empara après la mort de tous les mémoires et papier de voyage « qui rapportaient la nature des terres qu'il avait découvertes et « trouvées. »

Ce récit est exact puisque nous le trouvons confirmé par ailleurs. C'est celui qu'a adopté Marius André (2). Le pilote s'appelait en réalité Sanche et Colomb le connaissait de longue date. Il trafiquait de sucre et de conserves aux Canaries et à Madère. Porté par la tempête aux îles Antilles, en l'an 1484, quoique ayant souffert d'extrêmes misères, il avait fait une carte de son voyage et tenu un journal de sa périlleuse navigation qu'il laissa à Colomb en expirant.

Son fils d'ailleurs écrit : « Ce qui détermina surtout Colomb à « entreprendre ses découvertes, ce fut l'espérance qu'il avait de

---

(1) *Journal de l'Atlantique*. Troyes 1709.
(2) André (Marius), *La véridique aventure de Christophe Colomb*. Paris 1927.

« se rendre maître de quelque île ou de quelque terre, pour continuer
« son dessein avec plus de facilité. De plus, il avait ouï dire, à
« plusieurs habiles pilotes qui avaient navigué un grand nombre
« d'années dans les mers occidentales, aux îles Açores et à Madère,
« beaucoup de choses qui lui persuadaient qu'il ne se trompait pas
« et qu'il y avait des terres inconnues vers le couchant.

« Martin Vincent, pilote portugais, lui rapporta que s'étant
« trouvé à 450 lieues vers l'occident, du côté du Cap Saint-Vin-
« cent, il avait tiré de l'eau une pièce de bois parfaitement travail-
« lée que le vent du couchant avait poussée pendant plusieurs
« jours, d'où il concluait que de ce côté il y avait infailliblement
« quelques îles inconnues. »

Gonzabe d'Oviédo (1) dit dans son histoire que « l'amiral
« eut entre les mains une relation écrite par un homme qui les
« avaient découvertes ».

Des pilotes qui s'étaient avancés très loin au delà des Açores
lui avaient confirmé par d'étranges témoignages l'existence de terres
dans l'Ouest. Les uns avaient vu flotter sur les vagues des branches d'arbres inconnus en occident; les autres, des morceaux de
bois sculptés, avec des dessins bizarres, mais qui n'avaient certainement pas été travaillés à l'aide d'outils de fer; ceux-là des sapins
monstrueux creusés en canots d'un seul tronc qui pouvaient porter
80 rameurs; ceux-ci des roseaux gigantesques dont la partie comprise entre deux nœuds pouvait contenir neuf carafes de vin (le roi
de Portugal possédait de ces bambous); d'autres enfin, des cadavres
d'hommes cuivrés, à la face très large, dont les traits ne rappelaient en rien les races occidentales, asiatiques ou africaines.

Tous ces indices, flottant de temps en temps à la suite des
tempêtes sur l'océan, attestaient à Colomb des terres existant au
delà des plages écrites par la main des géographes sur les mappe-
mondes. Seulement, il était convaincu que ces terres n'étaient qu'un
prolongement de l'Inde remplissant plus d'un tiers de la circonférence du globe. Cette circonférence, qui n'était pas ignorée,
comme nous l'avons vu, des philosophes et des géomètres d'alors,
laissait aux conjectures l'étendue de l'océan qu'il fallait traverser
pour atteindre cette Asie imaginaire. Les uns la croyaient incommen-
surable, les autres se la figuraient comme une espèce d'éther profond
et sans borne dans lequel les navigateurs s'égarent, comme aujour-
d'hui les aviateurs dans les déserts du ciel. Ignorant, pour la plupart,
les lois de la pesanteur et de l'attraction, admettant néanmoins la
rotondité du globe, ils croyaient que des navires ou des hommes

---

(1) *Historia generale de las Indias.* Oviedo (Gonzabe d').

portés par le hasard aux antipodes s'en détacheraient pour tomber dans les abîmes de l'espace. Les plus instruits pensaient que la forme arrondie de la terre (1) donnait à l'océan une pente vers les Antipodes qui emporterait les vaisseaux vers des rivages sans nom, mais qui ne leur permettrait pas de revenir en Europe. De ces préjugés sortait une terreur générale et mystérieuse que seul pouvait aborder un génie investigateur. C'était la lutte de l'esprit humain contre les éléments. Il fallait plus qu'un homme pour la tenter : ce génie fut Colomb. Dépassant son siècle de toute la hauteur de son instruction remarquable et de sa vision divine, comme tout être marqué par le destin pour accomplir un grand dessein, il ne doutait pas de la réussite. Il avait de la terre des idées justes, nous dit Humbolt, ainsi que la longueur des distances. Il savait discuter les travaux de ses devanciers, observer les vents qui régnaient sous différentes zones, mesurer la variation de l'aiguille aimantée pour corriger sa route (c'est le 13 septembre 1492 qu'il découvrit la déclinaison magnétique), appliquer à la pratique les méthodes les moins imparfaites que les géomètres d'alors avaient proposées pour diriger un navire sur la solitude des mers. Une seule erreur, erreur qui n'entache en rien sa gloire, c'est qu'il croyait aller aux Indes et se heurta contre l'Amérique, dans ces régions merveilleuses où le soleil éclatant des tropiques fait naître dans le sein de la terre cet or à la recherche duquel les Européens allaient se ruer (2).

.·.

Toujours sous les auspices de son beau-père, Bartolomeu Perestrello, très connu et très estimé, Colomb se lia avec de nombreux savants, dont Martin Behaim (3) qui, attiré à Lisbonne par Jean II, avait fait partie d'une commission chargée d'indiquer les moyens de naviguer d'après la hauteur du soleil et qui, avec deux médecins, maître Rodrigo et le juif maître Joseph, également attachés à l'Académie de Sagres, avaient arrêté les méthodes pratiques permettant d'appliquer l'astrolabe à la navigation (4). Il fit aussi la connaissance de personnages très influents à la Cour et, après de multiples démarches, il exposa au Roi Jean II, petit-neveu de Henri le Navigateur, son plan et développa ses idées devant un Conseil composé de trois membres : Diégo Ortiz de Cazadilla, évê-

---

(1) Le savant Œneus Sylvius Piccolomini, pape sous le nom de Pie II venait d'écrire : « *Mundi, forman omne fere consentiren rotundam esse.* »
(2) Roselly de Lorgues, *Vie et voyage de Christophe Colomb.*
(3 Martin Behaim mourut en 1506 .
(4) J.-B. Charcot, *Christophe Colomb vu par un marin.*

D'après la photographie d'une miniature de la Bibliothèque de Reims.

Cette mappemonde dressée en 1417 par l'archevêque de Reims, Guillaume Fillastre, sert d'O majuscule au mot *Orbis* — cercle — dans un manuscrit du géographe latin Pomponius Mela. Les trois continents, Europe, Asie, Afrique, sont peints en vert ; leurs noms sont en rouge ; ceux des pays — Galia, la France — et des villes — Paris, Roma — sont en blanc ; les montagnes en rose ; les fleuves en bleu. — L'est est placé là où nous mettons le nord, c'est-à-dire tourné vers le haut de la page ; en sorte que la France paraît placée au sud, et que pour reconnaître les pays il faut retourner la carte. On retrouve bien la Méditerranée et la mer Rouge. Jérusalem, représentée par une sorte de tour, est au centre du globe selon les croyances du Moyen-Age. L'Inde est prolongée au delà du Gange et touche le *Cathay* « Seres India » — la Chine — de Marco Polo. Au nord de l'Europe et au sud de l'Afrique on lit : *terra incognita*, terre inconnue. Mais la mer permet de passer au sud de l'Afrique. Au nord de l'Europe on place des montagnes de glace, *montes hyperborei* : ces mots sont en abrégé. — Une fleur de lys sur la France.

que de Ceuta et confesseur du Roi et les médecins juifs Josèphe et Rodrigero. Il ne réussit pas à convaincre son auditoire et sa proposition fut repoussée comme chimérique et contraire aux lois de la physique et de la religion.

Il est plus que probable que Colomb, peu confiant dans la sincérité du Roi Jean, ne vida pas tout son sac, comme on dit vulgairement, devant cet aréopage et garda une prudente réserve. Ses amis ayant insisté, le Roi Jean II, subissant l'ascendant de son génie, réunit un nouveau Conseil, composé de prêtres et de géographes, lequel essaya de lui arracher la gloire de sa découverte. Ses plans furent communiqués secrètement à un pilote qui s'élança sur la route indiquée, mais après avoir dépassé les Açores et essuyé une violente tempête, épouvanté par le vide et l'immensité, il vira de bord et rentra au port.

Outré de cette perfidie royale, Colomb se raidit contre la déception mais sur ces entrefaites il perdit sa femme et le découragement l'assaillit. La coupe d'amertume était pleine. Il décida de quitter le Portugal et d'aller à la Cour d'Espagne. Son frère Barthelemy étant de retour à cette époque il le chargea d'aller en Angleterre et de proposer l'affaire au Roi Henri VII, et s'il ne réussissait pas de passer en France.

Barthelemy partit aussitôt et obtint une audience du Roi Henri VII, lui présenta une mappemonde dont il était l'auteur, mais ne réussit pas à le convaincre. Après trois ans de séjour à Londres, vivant de son métier de cartographe, il passa en France (1491) et entra au service d'Anne de Beaujeu, fille aînée de Louis XI, qui avait été régente du royaume les huit années précédentes. Il multiplie les démarches, cherche par tous les moyens à faire agréer les propositions de son frère, sans y parvenir, lorsqu'il apprend en 1492 la réalisation de la grande entreprise.

⁂

Colomb en quittant le Portugal (1485), avec son jeune fils, Diégo, s'était dirigé vers le monastère franciscain de Santa-Maria de la Rabida, situé à quatre kilomètres de Palos de Moguer, en Andalousie, ayant une lettre pour le prieur Juan Perez, un des meilleurs cosmographes du royaume de Castille, à qui rien de l'art de la mer n'était étranger.

Accueilli avec bonté par le prieur et son collaborateur, le père Antonio de Marchena, Colomb s'empressa de leur dévoiler ses

COLOMB QUITTE LE PORTUGAL AVEC SON FILS DIÉGO

LE MONASTÈRE DE LA RÁBIDA

projets et ses espérances. Juan Perez avait été le confesseur de la Reine Isabelle et pouvait le présenter à la Cour, qu'il n'avait quittée que pour s'adonner à ses études scientifiques, loin des agitations du monde. C'était un homme très instruit et fort éclairé. En laissant la Reine, il lui avait recommandé comme successeur un de ses amis, Hernando de Talavera, Supérieur du Couvent du Prado, homme d'un grand mérite. Après plusieurs jours de repos, Colomb, porteur d'une lettre de recommandation pour Talavera, partit seul pour Séville où se trouvait la Cour (1486).

Le confesseur d'Isabelle lut la lettre de Juan Perez avec prévention et incrédulité, écouta les projets du navigateur sans enthousiasme et se contenta de mettre Colomb en relation avec les deux plus grands personnages de l'Andalousie, riches seigneurs et aristocrates fameux : Don Enrique de Guzman, deuxième Duc de Medina Sidonia, propriétaire d'immenses domaines et du port de San Lucar de Barrameda, un vaillant patriote qui à l'époque du siège de Malaga avait aidé le trésor royal qui ne pouvait plus faire face aux besoins de la guerre, et Don Luis de la Cerda, cinquième Comte de Melina Celi, premier Duc de ce nom, Seigneur de Puerto de Santa-Maria et de Gogolludo, Comte de Clermont et de Talmont en France, descendant du Roi Alphonse le Savant. D'autres puissantes personnes devinrent aussi ses amis: le banquier Juanoto Berardi qui devait être plus tard l'un des bailleurs de fonds de l'expédition; Alonzo de Quintanilla, contrôleur des finances de la Reine; Geraldini, précepteur des jeunes princes; Antonio Geraldi, nonce du pape à la Cour de Ferdinand, le dominicain Diego de Deza; enfin Guzman de Mendoza, archevêque de Tolède, cardinal, homme d'un tel crédit qu'on l'appelait le troisième roi d'Espagne. Comme on le voit, Colomb ne perdait pas son temps et savait choisir ses relations.

Les ducs de Medina Sidonia et Medina Celi voulurent un instant tenter l'aventure avec Colomb et proposèrent à celui-ci de mettre à sa disposition trois caravelles avec l'équipage et l'argent nécessaire, mais Colomb exigeait le titre d'amiral, que seul le Roi pouvait conférer. Consulté, le souverain refusa et le projet n'eut pas de suite.

Colomb demeurait à Séville chez le Duc de Melina-Celi qui lui avait offert l'hospitalité dans son palais. Pendant deux ans, il fit des efforts considérables pour arriver jusqu'aux souverains, sans y parvenir. Enfin, grâce à l'appui de Mendoza, il obtint une entrevue avec Alson de Quintanilla, puis avec le Roi, qui convoqua, le 20 janvier 1488, à Salamanque, un Conseil pour examiner les plans du navigateur. Ses amis, Rodrigo Maldonado, gouverneur de la Ville, et Hernando de Talavera en faisaient partie.

Le Conseil, présidé par de Talavera, était composé de prêtres, de religieux, de professeurs d'astronomie, de géographie, de mathématiques et de toutes les sciences enseignées dans Salamanque. Une assistance brillante et nombreuse suivit les séances de la junte : le grand cardinal, Antonio Geraldini et son frère Alexandre, Barthelemy, Scandiano, nonce apostolique, Paul Olivieri, secrétaire de la nonciature, Diego Deza y joua un rôle prépondérant. A l'exception de deux ou trois religieux du couvent de St-Etienne, on ne daigna même pas écouter Colomb, ne voyant en lui qu'un aventurier cherchant fortune de ses chimères. On l'accabla avec des citations de la Bible, des prophètes, des Pères de l'Eglise. Des professeurs « cathedradicos » établirent que la terre est plate comme un tapis puisque le Psalmiste a dit : « Extendes cœlum sicut pellem. » Saint Paul lui-même a comparé les cieux à une tente déployée au-dessus de la terre. Quand il ripostait par des motifs tirés de l'expérience et de la nautique, on lui répliquait par l'autorité de Lactance et de saint Augustin. On ajoutait même des témoignages de païens comme Epicure et le grave Sénèque. Seul, Diégo de Deza, moine de Saint-Dominique, combattit avec quelque succès les préjugés du Conseil, mais ne parvint pas à rallier la majorité. Les membres de la Commission déclarèrent Colomb un homme présomptueux qui se flattait d'être supérieur par l'esprit à tout le reste de l'humanité et son projet irréalisable. Si ces contrées où Colomb se faisait fort de parvenir existaient réellement, comment expliquer qu'elles soient restées si longtemps inexplorées. La sagacité et le courage des siècles précédents n'auraient pas laissé à un pilote obscur la gloire de les découvrir.

En admettant que la terre fût ronde, le projet d'aller chercher des habitants aux antipodes était chimérique. La circonférence de la terre devait être si grande que le voyage exigerait au moins trois années. Comment emporter des vivres et de l'eau pour un si long temps ? Enfin, la mer ténébreuse — un grouffre, un chaos, un horrible composé de la nuit et des abîmes — couvrait tout l'hémisphère austral. Si par impossible un navire parvenait aux Indes, comment pourrait-il jamais revenir, les vents étant contraires ?

Et puis, il y avait la Sainte Ecriture et les Pères de l'Eglise. Contester, par exemple, saint Augustin, d'une doctrine et d'une sainteté à coup sûr sublimes, c'était la témérité et l'Inquisition, qui venait d'être établie en Espagne, ajoutait aux éventualités une gravité sinistre et un danger pour la vie de Colomb. Les conférences se

CHRISTOPHE COLOMB A LA RABIDA   DE. V. IZQUIERDO

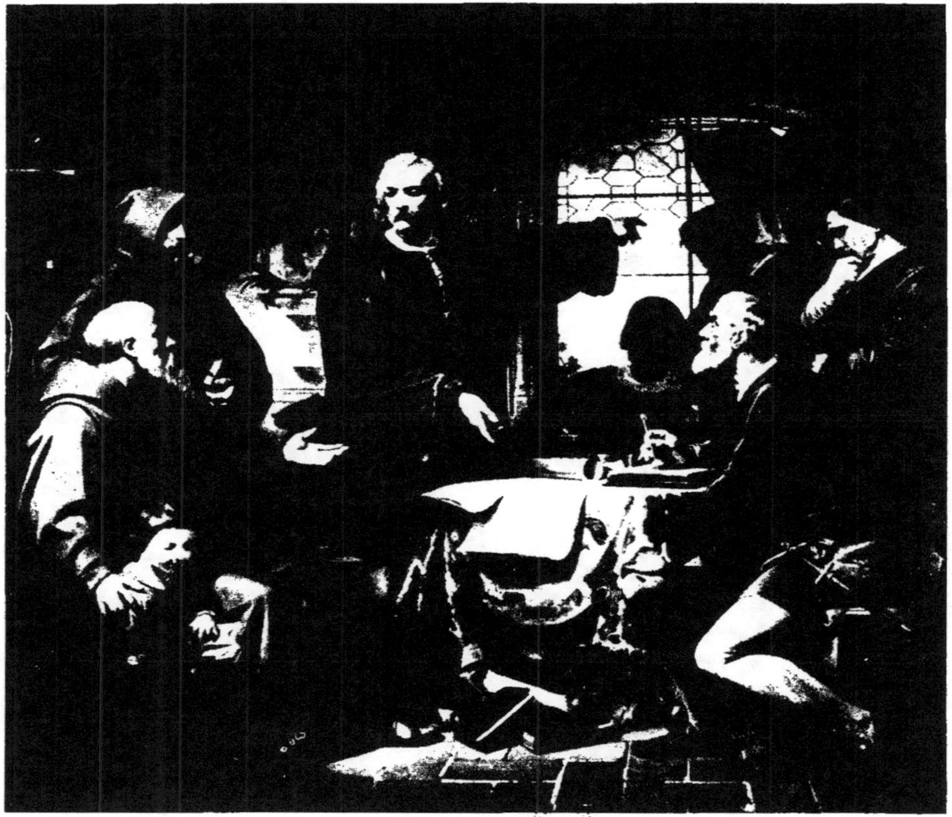

COLOMB DISCUTANT SES PLANS AU COUVENT DE LA RABIDA   E. CANO

LA MORT DE COLOMB
E ORTEGO

multiplièrent sans aboutir et furent enfin interrompues au printemps de 1487 par la reprise de la guerre contre les Maures. Les Rois Catholiques, Ferdinand et Isabelle, allèrent mettre le siège devant Malaga. Isabelle avait, en outre des séductions de la beauté, des grâces de l'esprit et des délicatesses du cœur, toutes les viriles qualités qui conviennent à la reine d'une grande nation. Ferdinand, au contraire, rapetissa par ses vices ses belles qualités d'homme et de prince, car il faut le reconnaître, il lutta avec acharnement pour le bonheur de son peuple. Aucune fatigue du corps ou de l'esprit ne le rebuta et à la guerre, il paya largement de sa personne, mais la jalousie, l'intrigue, des procédés indignes d'un roi, ont jeté plus que des ombres sur les beaux côtés de son règne. Il fut le Louis XI de l'Espagne !

Isabelle était enthousiaste, bonne, sincère. Ferdinand, dur, calculateur et faux. Elle croyait à la vertu, donnait sa confiance avec son affection, lui ne soupçonnait que le mal, était avare et cupide. C'est pourquoi l'histoire a consacré pour Isabelle ce surnom : la « Catholique », et infligea à Ferdinand l'épithète de « perfide » !

C'est pourquoi dès que Colomb parut au pied du trône et exposa les avantages de son entreprise, Isabelle émerveillée, voua sur le champ à l'étranger, si extraordinaire par ses conceptions, un intérêt affectueux qui ne se démentit jamais, alors que Ferdinand ne vit dans ce projet grandiose que les chimères d'une imagination exaltée et essaya même, tout en paraissant écouter la Reine, de faire avorter l'expédition par de secrets manèges.

La Junte s'était séparée sans avoir donné d'avis pour ou contre et le rapport lui-même ne fut signé et présenté au Roi que quatre ans plus tard. Diego de Deza, qui avait compris la situation compromise et voulant laisser la porte ouverte à Colomb, avec l'aide d'Alexandre Geraldini, le futur évêque de Saint-Domingue, avait obtenu ce succès diplomatique.

Mais si Colomb subissait une défaite, il avait eu l'avantage de mettre en relief son érudition et de puissants patronages allaient s'étendre sur lui, tandis que dans le peuple ignorant, il devait essuyer souvent des moqueries. Lorsqu'il passait dans les rues, les enfants se frappaient le front pour faire entendre qu'il était fou.

Colomb avait mangé toutes ses économies. La Reine ayant décidé de pourvoir à ses besoins, il suivit la Cour de campement en campement. Le voici au service des Rois Catholiques. Quatre ans auparavant, lorsqu'il débarqua à Palos, il portait l'humble froc monacal des pèlerins, maintenant c'est un beau cavalier, plein d'allure, au regard brûlant. Une auguste méditation semble peser sur

son front qui est large et haut. Il plaît aux femmes mais celles-ci
n'ont pas grande place dans ses pensées. En 1487, alors qu'il
avait 36 ans, une jeune fille de bonne maison mais sans fortune,
s'éprit de lui et le 15 août suivant un fils, Fernand, naquit de cette
liaison. Cette jeune fille s'appelait Beatriz Henriquez de Arana.
Elle fût vite oubliée.

Colomb, combattu par les moines, chercha un appui auprès
de la Reine en s'adressant à plusieurs grandes dames de la Cour :
Doña Juana Velesquez, Doña Beatriz Fernandez de Bodadilla, la
Marquise de Moya. Cette dernière était l'amie intime d'Isabelle et
lui procura des entrevues.

On était alors à Cordoue. La Reine avait fini par épouser la
cause de Colomb mais elle ne pouvait offrir qu'un concours ulté-
rieur. Il n'était pas possible de s'occuper d'une expédition aussi
aventureuse alors que les finances de l'Etat étaient totalement absor-
bées par les opérations de guerre contre les Maures.

Cinq semaines plus tard, l'armée allait assiéger Ronda, mais
avant de quitter Cordoue, la Reine chargea Hernando de Talavera
de soumettre les propositions de Colomb à une nouvelle Commission
et de lui adresser un rapport. Le projet fut finalement rejeté comme
chimérique, ne reposant que sur de faibles bases, « flacamente fun-
dado », et compromettant pour la dignité de la couronne.

Ce coup brisa le cœur le Colomb. Il quitta Cordoue, avec la
résolution d'aller rejoindre son frère Barthelemy en France et se
rendit au couvent de la Rabida pour y chercher son fils Diego.

Juan Perez pleura avec Colomb ses disgrâces, releva son courage, le supplia de ne pas partir sans avoir tenté encore une fois la
fortune. Il ouvrit une conférence avec le médecin Garcia Fernandez, Alonzon Pinzon et Sebastien Rodriguez. Pinzon appartenait à
une famille notable dont tous les membres étaient marins comme
lui-même. C'était un pilote instruit, expérimenté et dont l'influence
sur les gens de mer étati considérable. Il venait justement de faire
un voyage à Rome, où il connaissait un savant cosmographe attaché
à la bibliothèque du Vatican, pour recueillir des renseignements sur
les îles dont il soupçonnait l'existence à l'ouest, dans la mer océane.

Après avoir entendu le pilote Pedro de Velasco, qui parla
du voyage d'un Diego de Teive qui s'était avancé jusqu'à 150 lieues
au sud-ouest de Fayal et de Vasquez de la Frontera qui, lui, avait
fait un voyage de découverte dans l'Atlantique, à la recherche
d'Antilla, et qui affirmait n'avoir échoué que parce que ses hommes n'avaient pas voulu s'engager dans les bancs de Sargasses qui
entravaient la route, ces hommes pratiques résolurent d'aider Colomb

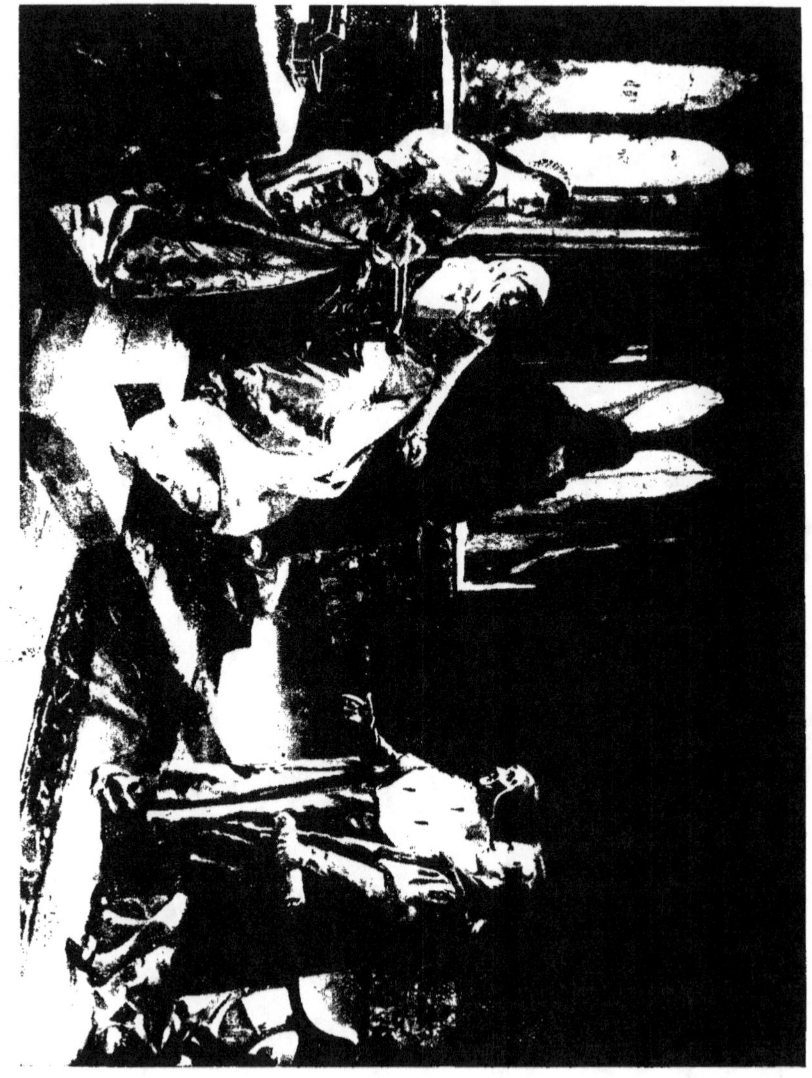

COLOMB PRÉSENTE A LA REINE ISABELLE...

COLOMB DEVANT LES DOMINICAINS   F. MASO

et de financer l'entreprise aussitôt que le Gouvernement aurait autorisé le voyage.

Juan Perez écrivit à la Reine. Rodriguez qui avait porté la missive, revint quatorze jours après annoncer le triomphe. Perez, mandé à Grenade où était la Cour, s'empressa de partir. A la Reine il parla non seulement au nom de Colomb mais aussi en celui de Martin Alonzo Pinzon et deux autres grands marins de Palos : de Moguer et de Huelva, qui avaient offert leurs services pour accompagner le découvreur, et il réussit à convaincre Sa Majesté. Colomb fut appelé et admis à débattre ses plans et ses conditions avec les Ministres. On était en octobre 1491. Baza, assiégé depuis 1489, venait de tomber aux mains des Espagnols.

Colomb arriva au camp de Santa-Fé, à Noël. C'était une petite ville construite sous les murs de Grenade assiégée et la Reine s'empressa de lui faire compter 20.000 maravédis. Les pourparlers furent engagés aussitôt.

Le 6 janvier 1492, Grenade capitula. Les souverains espagnols, délivrés des soucis de la guerre, pouvaient s'occuper des affaires extérieures. Tout marchait à souhait, lorsque Colomb, par ses exigences, fit avorter l'affaire. Il demandait le titre et les privilèges de Grand Amiral de la Mer océane; la puissance et les honneurs de la Vice-Royauté à vie de toutes les terres qu'il découvrirait; la dîme à perpétuité, 10 0/0, pour lui et pour ses descendants, de tous les revenus des nouvelles possessions; le droit de nomination des gouverneurs. Les ministres s'étonnèrent d'abord de ces exigences et s'en indignèrent ensuite. Colomb persista et fit appel au Roi. Celui-ci approuva ses ministres. Colomb, furieux, se retira des conférences et malgré les instances du Père Perez quitta Grenade avec l'intention bien arrêtée cette fois de se rendre en France où son frère l'appelait. L'ambassadeur du Roi de France qui lui avait communiqué les désirs de son frère avait même essayé de le tenter avec des promesses fallacieuses.

Colomb était déjà sur la route de Cordoue lorsque Isabelle, conseillée par Perez, déclara prendre l'entreprise à sa charge, pour sa couronne personnelle de Castille. Un officier des gardes expédié en toute hâte le rejoignit à deux lieues de Grenade, à l'entrée du pont de Pinos et après avoir hésité, il revint sur ses pas (janvier 1492). La Reine l'accueillit par de nouvelles marques d'estime et de bienveillance et donna l'ordre à Juan de Coloma, secrétaire d'Etat pour les Souverains, en accord avec Juan Perez représentant Colomb, de dresser les articles du contrat.

Le 17 avril 1492, les lettres patentes lui conférant tous les

LA « SANTA-MARIA »

d'après la reconstitution tentée par le Gouvernement Espagnol.

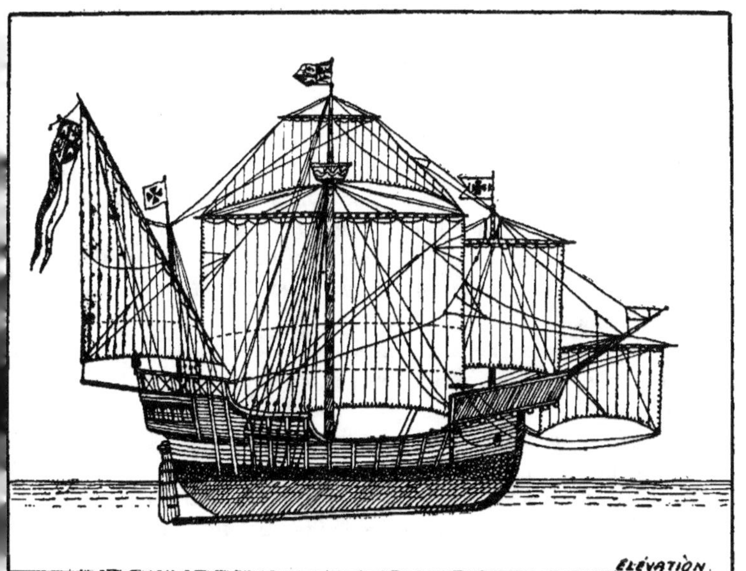

ÉLÉVATION.

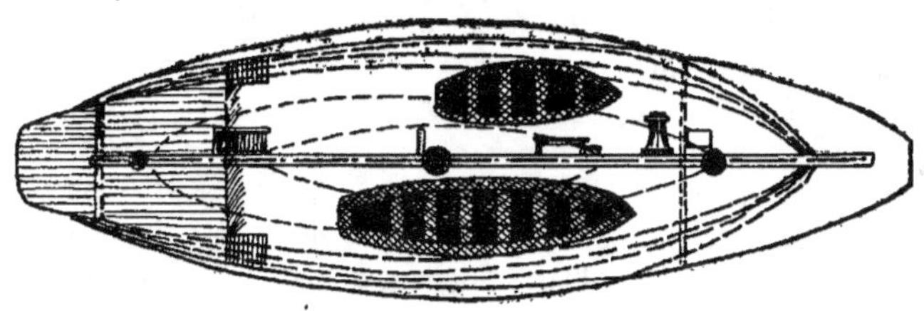

La Santa-Maria
d'après les Plans reconstitués par l'Amirauté Espagnole.
PLAN.

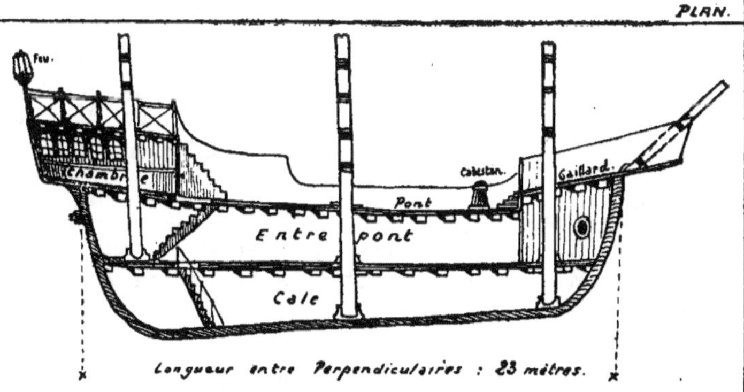

Feu.
Chambre
Cabestan.
Gaillard.
Pont
Entre pont
Cale
Longueur entre Perpendiculaires : 23 mètres.
COUPE.

titres et les pouvoirs demandés étaient signées solennellement à Santa-Fé. Ces lettres, rédigées par de Coloma, signées par le Roi et la Reine, spécifiaient que : « pour récompenser Don Cristobal « Colon (*sic*) des découvertes déjà faites et du voyage qu'il va « entreprendre, Leurs Altesses le font leur Grand Amiral en toutes « îles et terres fermes qui par son œuvre et son industrie seront « découvertes ou acquises dans les mers océanes pour sa vie durant « et après sa mort, ses héritiers et successeurs, l'un après l'autre, « perpétuellement ».

Elles le nomment aussi « Vice-Roi et Gouverneur Général de « ces îles et terres fermes et lui donnent dix pour cent des bénéfices « de commerce avec ces pays. Aux fins de l'expédition, Colomb « participe pour un huitième ».

Il est bon de noter que dans ce contrat, longuement prémédité et où tous les mots sont pesés, Colomb fait spécifier « des décou-« vertes déjà faites » et « toutes îles et terres fermes ».

.·.

De nombreux obstacles retardèrent le départ. Le trésor royal était vide. Il fallut attendre.

Le 8 mai, par une délicate attention de la Reine, le fils aîné du Grand Amiral était nommé page du prince qui devait un jour occuper le trône de Castille.

Le 12 mai, après audience de congé, Colomb reprenait le chemin de Palos qui, selon les ordres de Leurs Altesses, signés du 30 avril 1492, devait fournir les vaisseaux demandés, les hommes et les objets nécessaires à leur équipement. Les trois frères Pinzon qui, par leur fortune et leur situation, jouissaient d'une grande autorité à Palos, aidèrent à équiper trois caravelles : la « Santa-Maria », la « Pinta » et la « Nina ». Toutes les trois étaient pontées, avaient trois mâts, une voilure latine et étaient armées. Sur chaque voile, Colomb fit peindre une croix. La « Santa-Maria » mesurait 34 mètres 10, la « Pinta » 17 mètres 80 et la « Nina » 17 mètres 10.

Le pavillon amiral fut arboré sur la « Santa-Maria », dont Juan de la Cosa fut le capitaine. Martin Alonzo Pinzon et Vicente Janez Pinzon commandaient les deux autres navires. L'équipage total était de 90 hommes. Il y avait en outre un personnel d'élite : le docteur Hernandez, un chirurgien, un charpentier, un tonnelier, un métallurgiste, un interprète, le juif Luis de Torrez qui savait l'hébreu, le grec, le latin, l'arabe, le copte et l'arménien; un comptable, un notaire et des serviteurs; trente personnes en tout.

ISABELLE CÈDE SES JOYAUX POUR L'ENTREPRISE DE COLOMB.   MUNOZ DEGRAIN

COLOMB PREND CONGÉ DU PRIEUR DE LA RABIDA POUR ALLER A LA DÉCOUVERTE DE L'AMÉRIQUE   R. BALACA

Cinq membres de la famille Pinzon s'embarquèrent aussi au dernier moment, la fièvre de l'aventure ayant gagné toute la ville : Francisco Martin, frère de Martin Alonzo, pilote sur la « Pinta »; Diégo Martin, le Vieux, son fils Bartholomé Martin, Diégo de Arana, Juan Bermudez et huit membres de la famille des Niño, au total 133.

Tout ce monde s'embarqua sur ces trois frêles caravelles qui péniblement les logea. Pensez-donc, une cinquantaine de personnes sur un bateau mesurant 17 mètres 10 de long ! (la « Nina »). Un pont, large de 5 à 6 mètres s'étalait de l'avant à l'arrière. Ajoutez un château à la proue, assez bas sur l'eau, et un château à la poupe, très haut, trop haut pour ne pas amoindrir les qualités manœuvrières du bâtiment et vous aurez une conception exacte de ces coques de noix sur lesquelles le grand Amiral gênois osa partir à la conquête du Nouveau Monde. L'audace de cet homme, acharné à sa découverte, malgré dix mille obstacles et dix mille terreurs, est à peu près ce que l'histoire humaine présente de plus extraordinaire et de plus divin (1).

La « Santa-Maria », que montait Colomb, appartenait au cosmographe « Juan de la Cosa », qui garda le commandement. Les pilotes étaient Bartholomeu Roldam et Sancho Ruiz. La « Pinta » était commandée par l'aîné des Pinzon, Martin Alonzo. Ses pilotes étaient Francisco Martin Pinzon, père d'Alonzo, et Cristobal Garcia Sarmiento. La « Nina » avait pour capitaine Vicente Yanez Pinzon, le plus jeune des trois frères; son pilote était Pero Altonson Nino, dont la famille était propriétaire de la caravelle.

Le 2 août, Colomb et ses compagnons communièrent à une messe célébrée à la chapelle du couvent, messe suivie d'une procession. Le soir venu, ce fut la veillée des armes. Colomb s'enferma dans sa cellule avec le père Marchena et, dans le silence profond, attendit l'heure propice pour le départ.

Le lendemain, 3 août 1492, à trois heures du matin, le vent commença à faire frémir autour du couvent la cime des arbres. La brise était levée. Colomb se rendit dans la chapelle faiblement éclairée pour entendre la messe et recevoir la communion. Aux clartés blanchissantes de l'aube, il se rendit à pied sur le port où l'attendait le canot major de la « Santa-Maria ». Il embrassa d'une fraternelle étreinte le franciscain qui pleurait, se jeta dans le canot et aborda son navire. Aussitôt on hissa en tête du grand mât l'étendard de l'escadrille qui portait l'image du Christ en croix. Colomb

---

(1) Claude Farrère. *Une croisière merveilleuse.*

de la rampe du château d'arrière, donna le commandement. Les sifflets des maîtres pour les manœuvres d'appareillage se succèdent sur les caravelles et éveillent les maisons voisines. Un seul cri retentit bientôt dans la ville: « Ils partent », et la foule se précipite sur les quais. Les amarres sont lâchées, les ancres sont levées. Une heure avant le lever du soleil, le départ eut lieu en présence d'une foule énorme dont les préjugés croyaient le voyage sans retour.

« C'était, dit Lamartine, un cortège de deuil plus qu'un salut
« d'heureuse traversée; il y avait plus de tristesse que d'espérance,
« plus de larmes que d'acclamations. Les mères, les femmes, les
« sœurs des matelots maudissaient à voix basse le funeste étranger
« qui avait séduit, par ses paroles enchanteresses l'esprit de la
« Reine, et qui prenait tant de vies d'hommes sous la responsabilité
« d'un de ses rêves. Colomb, comme tous les hommes qui entraî-
« nent un peuple au delà de ses préjugés, était suivi à regret. Il
« entra dans l'inconnu au bruit des malédictions et des murmures.»

LE PREMIER VOYAGE

Le 3 août 1492, lorsque le soleil inonda la rade de Palos et les collines environnantes, les trois caravelles de Colomb s'estompaient déjà à l'horizon. Il était parti pour la grande aventure.

Le 6 août, la « Pinta » brisa son gouvernail. Il fallut procéder à la réparation. On relâcha, le 12, dans la nuit du dimanche, à Gomère, la patrie des fameux chiens du Roi Juba. Le volcan de Ténériffe était alors en éruption.

Le 6 septembre, la réparation terminée et tous les navires ayant fait leur plein d'eau et de provisions, on appareilla de Gomère. C'est le grand départ pour l'inconnu. Le 9, on relève l'île de Fer. Puis c'est la disparition complète de la terre. On prend le large. Quelle pensée de l'équipage? Où allaient-ils tous? Reverraient-ils jamais leur patrie, leur famille, leurs amis?

Le 13 septembre on est dans la mer des tropiques. « Les poissons volants sillonnent la surface de l'eau. On vogue en pleine féerie. » (1)

Le 15 septembre « une étoile filante traverse le ciel » et Colomb, ivre de poésie, écrit dans son journal: « Au commence-
« ment de cette nuit on vit tomber du ciel, à quatre ou cinq lieues
« des navires, une merveilleuse branche de feu ».

---

(1) D'après le Journal de bord de Colomb.

DÉPART DE CHRISTOPHE COLOMB POUR L'AMÉRIQUE
d'après une vieille estampe par de Bry

Le 16, « l'air est pur et extrêmement tempéré ! c'est un plai-
« sir que de jouir de la beauté des matinées » que l'amiral compare
au mois d'avril en Andalousie. « Seul, manque le chant des rossi-
« gnols ».

Le 17, on est dans la mer des Sargasses. « Les herbes sont en
« bien plus grandes quantités » écrit Colomb. « Elles viennent du
« couchant et paraissent provenir de quelque rivière » Ce jour là
on prit un crabe et aussi des thons.

Le 18, « la mer est toujours calme et aussi tranquille que dans
« le fleuve de Séville. On observe une grande quantité d'oiseaux
« volant vers le couchant. »

Le 19, Colomb fait sonder avec 200 brasses de ligne et ne
trouve pas le fond. Avait-il alors dans la pensée Atlantide, le
continent disparu? Il avait lu Platon et se souvenait certainement de
cette phrase: « la mer qui se trouve là n'est ni navigable, ni
« reconnue par personne, puisqu'il s'y est formé peu à peu un
« limon provenant de cette île submergée. »

Le 20, la mer est unie comme un miroir.

Le 21, par 28° de latitude Nord et 48°20 de longitude
Ouest, « l'accumulation de sargasses devient si considérable que la
« mer paraissait coagulée ».

Les Carthaginois, les Grecs, les Phéniciens, les Arabes qui,
avant Colomb avaient navigué au delà des Colonnes d'Hercule et
parlé de terres transocéaniques, avaient rapporté que la mer est
pleine de varech et qu'on y trouve des thons en abondance. Le
géographe arabe Edresi a conservé le récit de huit arabes qui,
partis d'Aschbona (Lisbonne) avant l'année 1147 naviguèrent dans
une mer épaisse au large des Açores. Tous les navigateurs qui vont
à la recherche d'Antilla, aux XIII° et XIV° siècles, parlent des
herbes qui recouvrent la mer dans cette région.

Le voyage continue, monotone, angoissant. Le 8 octobre,
« les herbes cessent... l'air est si embaumé que c'est un délice de
« le respirer ».

Le 9, « toute la nuit passent des oiseaux. La terre n'est plus
« éloignée ».

Le mercredi 10, les hommes se plaignent de la longueur du
chemin. Colombe relève leur courage, leur parle des profits qui les
attendent et ajoute, avec fermeté, qu'étant parti pour les Indes, rien
ne pouvait le faire changer de résolution et qu'il continuerait sa
route jusqu'à destination.

Dans la nuit du 11 au 12 octobre, l'Amiral veillait sur la
dunette. La lune brillait de tout son éclat. Durant la journée cer-

PREMIER DÉBARQUEMENT DE COLOMB EN AMÉRIQUE   D· PUEBLA

COLOMB, AU RETOUR DE SON PREMIER VOYAGE EN AMÉRIQUE EST REÇU PAR LES ROIS CATHOLIQUES   R. BALACA

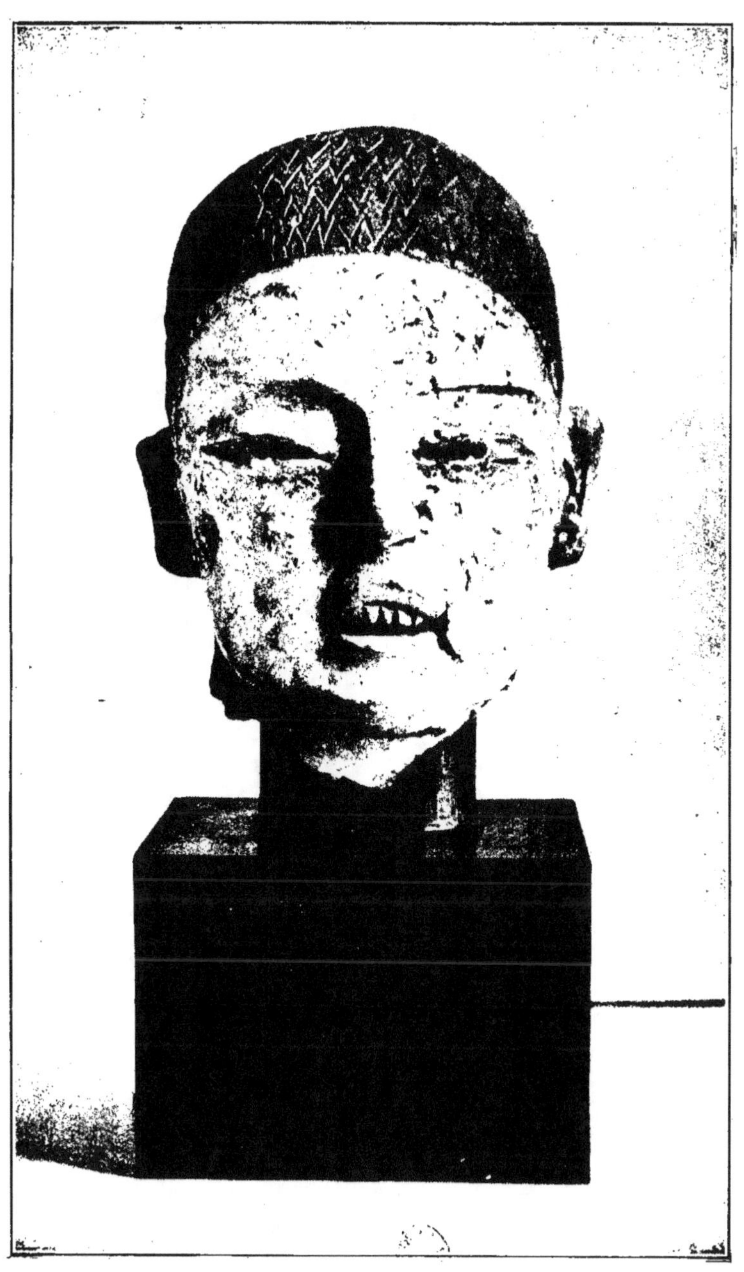

TERRE CUITE, ETAT D'OAXACA (MEXIQUE) MUSÉE DE MEXICO

tains indices, comme la nature des vagues, le brusque changement des vents, la fréquence des grains, avaient fait pressentir à Colomb que la terre n'était pas éloignée. Plongeant son regard dans les ténèbres, il vit passer, s'éteindre et repasser une lueur de feu au niveau de la mer. Il était dix heures du soir. Pour mieux s'assurer qu'il ne se trompait pas, il mit dans sa confidence deux de ses compagnons: Pedro Getteriez, officier du garde-meuble de la couronne, et le contrôleur Rodriguez Sanchez, de Ségovie, qui aperçurent comme lui la lueur fugitive. Ils gardèrent le silence pour ne point donner une fausse nouvelle. A minuit, la voilure fut réduite.

« Il était plongé dans cette angoisse qui précède les grands
« enfantements de vérités, comme l'agonie qui précède le grand
« affranchissement de l'esprit par la mort, quand un coup de canon,
« retentissant sur l'océan, à quelques centaines de brasses devant
« lui, éclata comme le bruit d'un monde à son oreille et le fit
« tressaillir. C'était le signal convenu. Il était alors deux heures du
« matin. La « Pinta » signalait la terre. La détonation électrisa,
« de la quille à la pomme des mâts, les trois caravelles. Muet de
« bonheur, Colomb tomba à genoux sur la dunette, les mains trem-
« blantes de joie, tandis que des larmes inondaient son visage trans-
« formé par l'enthousiasme. L'équipage entonna le « Te Deum ».

La flottille mit en panne en attendant le jour et les parfums les plus suaves arrivaient aux navires. A mesure que la nuit décroissait, la forme d'une île émergeait du sein des eaux. A l'aurore, le vendredi 12 octobre 1492, ensommeillée dans le bleu turquoise de la mer tropicale, comme une vision d'or et de nacre, apparut la terre promise, l'île embaumée des sommets de Jose Maria de Heredia, tandis que dans les lointains dormants, sous le vaste dais vermeil, se détachait la corbeille d'île polychromes qui, de nos jours, provoquent toujours l'admiration du voyageur.

Revêtu de toutes les marques de ses dignités, ayant dans la main droite le drapeau royal brodé d'une croix rouge, où les chiffres de Ferdinand et Isabelle entrelacés étaient surmontés de leur couronne, Colomb descendit le premier à terre, suivi de Martin Alonzo et Vicente Yanez Pinzon qui portaient les bannières à croix verte surmontées aussi d'une couronne et encadrées l'une de la lettre F. et l'autre de la lettre Y, puis de Rodrigo Descovedo, l'écrivain de toute la flotte et Rodrigo Sanchez de Ségovie. Tombant à genoux, il improvisa cette prière:

« Dieu éternel et tout puissant, Dieu qui par ton verbe sacré
« as créé le firmament, la terre et la mer, que ton nom soit béni et
« glorifié partout; que ta majesté soit exaltée de siècle en siècle,

« toi qui as permis que, par le plus humble de tes serviteurs, ton
« nom sacré soit connu et prêché dans cette partie du monde jus-
« qu'ici cachée. »

L'île que les naturels appelaient « Guahani » ou « Guana-
hani », petite île de l'archipel des Lucayes, reçut le surnom du
Christ, « San Salvador ».

Les compagnons de Colomb, adorant le succès, tombèrent
aux pieds de l'amiral, baisèrent ses mains et reconnurent un moment
la souveraineté de son génie.

Colomb, qui était persuadé que les îles qu'il avait découvertes
dépendaient de l'Asie, désigna les naturels sous le nom générique
d'Indiens et à cette partie du monde donna le nom des « Indes
occidentales ».

.*.

Nous avons déjà écrit que les Carthaginois, les Grecs, les
Phéniciens et les Arabes s'étaient aventurés, bien avant Colomb
sur la Mer Océane au delà des Azores; qu'ils avaient navigué dans
la mer des Sargasses et très probablement touché au continent américain.

S'il faut croire les documents récemment découverts, mille ans
avant Colomb et 800 ans avant les Scandinaves, les Chinois avaient
découvert l'Amérique. D'après Scié-Tou-Fa, (1) 458 ans après
Jésus-Christ, cinq prêtres boudhistes découvrirent une île immense,
à l'est de la Chine, située à 3.250 lieues du continent asiatique.
La description qu'ils donnèrent de leur voyage, ne laisse aucun
doute possible : il s'agit de l'Amérique, qu'il appelèrent « Fou-
Chang ».

En 499, un prêtre boudhiste chinois, nommé Hui-Shen, visita
Fou-Chang, mais on ne saurait dire à quel endroit précis il débarqua.

Ce qu'il y a de certain, c'est que les Chinois allèrent au
Mexique bien longtemps avant Colomb. Une légende appelée
« légende de Haipecocha », n'est autre que celle du prêtre chinois
Hui-Shen-Liskha qui visita le pays vêtu d'une longue robe et ensei-
gnant une morale et une religion nouvelles. La terre-cuite, trouvée
dans l'Etat d'Oaxaca, et que l'on voit de nos jours au Musée de
Mexico, serait bien le portrait de ce prêtre. A Campeachi, on a
trouvé l'image d'un prêtre boudhiste; à Palenque, la statue d'un
boudha assis, les jambes croisées à l'orientale. Une divinté aztèque
a une tête d'éléphant, bien qu'il n'y ait jamais eu d'éléphant dans

---

(1) *Bulletin de l'Alliance Scientifique Universelle.* Paris 1927.

le Nouveau-Monde. A Palenque et à Misantla, on rencontre des temples calqués sur ceux de Chine et de Mongolie. (1)

La question de la découverte de l'Amérique par les Scandinaves avant Colomb, et celle de l'existence d'Atlantide, décrite par Platon, passionne de nos jours tous les érudits. Les savants qui se sont livrés à l'étude de la première, comme le danois C.C. Rafn (2), Henry Vignaud (3) et tout récemment le Colonel Langlois (4), s'appuient sur des textes anciens, comme les Sagas d'Erik le Rouge, de Thorfin, Karlselfni et Snorri Thobrandsson, pour légitimer leurs conclusions. Les indications sont assez précises pour donner l'authenticité aux faits énoncés. Indubitablement, les audacieux compagnons d'Erik le Rouge et de Thorfin Karlsefni, après avoir gagné l'Islande d'abord, le Groenland ensuite, se sont aventurés dans le sud jusqu'à Vinland, le cap Cod et peut-être même Boston. (5)

Les triades galloises, écrites dans le XII° siècle, parlent de trois pertes qu'a faites l'île de Bretagne, par suite de disparition: premièrement, Gafran Ale Aeddan avec les hommes qui se mirent en mer pour chercher Gwverdonau Llion (îles vertes des courans) et dont on n'entendit plus parler; deuxièmement, Merddyn, le barde du Roi Ambroise (Emery Weldig) avec ses neuf savants bardes qui se mirent en mer dans la maison de verre et qui arrivèrent on ne sait où; troisièmement, Madawg Ab Owain Gwyned (Venète du pays de Galles) qui se mit en mer avec trois cents hommes embarqués sur dix navires et qui, lui aussi, arriva on ne sait où ». ( )

Powell, dans son histoire des Galles, raconte: « En 1170, « il y eut une guerre dans ces contrées pour la succession au trône « après la mort du prince Owen Antinneth. Un bâtard enleva la « couronne aux enfants légitimes. Un de ces derniers, nommé « Madoc, s'embarqua pour faire de nouvelles découvertes. En se « dirigeant vers l'ouest, il parvint à des terres dont la fertilité et la « beauté étaient admirables et comme le pays était inhabité, il s'y « établit. » Ce pays forme aujourd'hui l'Etat de Virginie et Pierre Martyr d'Anghiera, historien espagnol, nous apprend que les peuples de la Virginie et ceux du Guatemala célébraient, dans les fêtes commémoratives, la mémoire d'un de leurs anciens héros, appelé Madoc.

---

(1) Scié-Tou-Fa, déjà cité.
(2) C. C. Rafn. *Antiquitates americanæ.* Copenhague 1837.
(3 et 6) Henry Vignaud, *Les expéditions scandinaves en Amérique devant la critique.* Paris 1917.
(4 et 5) Colonel Langlois, *La découverte de l'Amérique par les Normands vers l'an 1.000.* Paris 1924.

La découverte de l'Amérique du Nord par les Scandinaves n'eut alors aucun retentissement en Europe, parce que l'Europe commençait à peine à sortir du chaos où l'avait plongée l'invasion des barbares et avant de faire des conquêtes extérieures, les nations européennes avaient d'abord à constituer leur nationalité et asseoir leur existence sociale.

Les Européens du Moyen-Age étaient beaucoup moins instruits en géographie que ne l'avaient été les Grecs et les Romains. A partir du treizième siècle, les connaissances géographiques s'accrurent. Le pape Innocent IX, en 1246, puis Saint Louis, en 1253, envoyèrent des ambassadeurs pour conclure avec les Mongols une alliance contre les musulmans. En 1271-1291, un vénitien, Marco Polo, exécutait en Asie un voyage qui dura vingt années et revint en Europe par l'Indo-Chine, l'Inde et la Perse. Il avait atteint « Cambalu », Pékin, et séjourné 17 ans au « Cathay », la Chine. Son père, Nicolo Polo, avait fait partie d'une ambassade envoyée par le Khan Houlagou à son chef suprême l'empereur Koubilaï-Khan, petit-fils de Gengis-Khan et ce dernier, l'ayant pris en grande amitié, le chargea, avec son frère Matteo qui l'accompagnait, de retourner en Occident et de négocier un accord avec le pape Innocent. C'est au cours de cette mission que Nicolo, de passage à Venise, apprit la mort de sa femme et il décida alors d'emmener avec lui son fils Marco, âgé de 17 ans. Le voyage dura trois années. Marco Polo séduisit le souverain par son esprit. Chargé de missions diverses, il visita le Tonkin, la Birmanie, Ceylan, la Cochinchine et fut même gouverneur de la ville et de la province de Yang-Tchéou. Il ne revint en Italie que 20 ans plus tard.

C'est à son retour qu'il écrivit, avec l'aide de Rusticien de Pise, son « Livre des Merveilles », qui devait inspirer Colomb. Ses descriptions contribuèrent à surexciter les convoitises des Européens. Il parlait de villes où il entrait chaque jour plus de mille charettes chargées de soie; de ports où l'on voyait réunis plus de cinq mille navires; de douanes qui rapportaient plus de quinze millions sept cent mille sacs d'or ; d'un grand fleuve — le fleuve Bleu — qui traverse tant de villes qu'il y a sur ses eaux plus de navires et plus de marchandises que sur tous les fleuves d'Europe et sur toute la Méditerranée. Il signalait des provinces où l'on trouvait en « quantité que c'était merveille », perles, diamants, turquoises, rubis, sucre, épices, parfums, etc. Au Cipanou (Japon), l'or était en telle abondance, que le palais du souverain était couvert et pavé d'or fin, épais bien de deux doigts.

Les Européens ne connaissaient guère que le pourtour de la

Méditerranée, c'est-à-dire les côtes du Maroc, de l'Algérie, de la Tunisie, de la Tripolitaine, le delta du Nil et l'Egypte, la Syrie, la Palestine et enfin l'Asie-Mineure. Le dessin de ces côtes était reproduit pour les marins, avec l'indication des principaux ports, sur des cartes appelées des « portulans ». On se représentait la terre comme un grand carré ou un disque plat. L'Océan s'étendait autour de terres jusqu'aux murs qui soutenaient le ciel. Au nord tout passage était impossible par le froid et les glaces; au sud l'on était arrêté par les chaleurs, les flots parvenaient à l'ébullition.

Or, les Grecs admettaient que la terre était sphérique. En allant toujours droit vers l'Ouest, on devait, partant d'Europe, arriver à l'Asie. Ils croyaient également qu'un même océan enveloppait l'Europe, l'Afrique et l'Asie.

A la fin du XIVe siècle, le cardinal Pierre d'Ailly, chancelier de l'Université de Paris, écrivit un livre: « Image du Monde », qui émit l'idée que l'extrémité de l'Espagne n'était séparée des Indes que par une distance assez rapprochée. C'est ce livre qui devint familier et fut annoté par Colomb.

∴

Dans son second voyage, Colomb découvrit la Dominique, Marie Galante, la Désirade, la Guadeloupe et successivement tout l'archipel des Antilles.

Le mot « Antilles » provient, d'après certains auteurs, de la réunion de deux mots latins: « Ante et insulœ », parce que ces îles étaient placées devant ou avant le continent. C'est une erreur. « Antilla » est le nom qu'avait donné Aristote à une terre qui, d'après lui, formait contrepoids au monde connu. « Antilla » figure sur une carte du génois Bedaire, en 1434, avec cette inscription: « Isola novo scoperta ». Elle aurait été découverte en 1414 par un navigateur espagnol (d'après Martin de Boheme, le plus fameux géographe de cette époque) comme déjà dit.

Une carte dressée en 1436 par Andréas Biancho, place cette terre à 200 lieues des Azores, sous le nom de « Isola de Antilla ». Toscanelli la fixait à 750 lieues des Canaries. Ce sont ces îles que Colomb cherchait dès l'origine, îles déjà découvertes et appelées en Espagne « Antilla » et en Portugal « île des sept cités ». On croyait ces îles détachées du continent asiatique et l'aîné des Pinzon, pour vaincre les résistances de ceux qui refusaient de prendre part à une si périlleuse aventure, n'hésita pas à vanter les richesses de « Cypangu », disant les maisons couvertes de plaques d'or et assurant que l'on reviendrait de cette expédition avec une fortune.

En quittant Palos, le 2 août 1492, Colomb donna comme instructions à ses lieutenants de suivre le 28° parallèle. Parvenu au 47 ou 48° degré de longitude, il chercha pendant plusieurs jours l'île indiquée par Andrea Biancho dans sa carte de 1436 et comme elle n'existait pas là, il se décida à modifier sa route et trouver « Antilla » à 750 lieues à l'occident, comme l'avait marqué Toscanelli. Son journal de bord (7 octobre 1492) explique le changement de route, motivé par le vol des oiseaux, qui indiquait de quel côté était la terre (1).

D'après une autre légende, lorsque l'Espagne et le Portugal furent conquis par les Maures, sept évêques se réfugièrent, avec leurs paroissiens, du côté des Indes, à Antilla, où chacun bâtit une ville. L'île fut appelée « Antilla » ou des Sept cités.

Moreau de Jones a écrit: (2)

« Pierre Martyr d'Angleria, dans le premier livre de sa pre-
« mière « Décade Océanique », parue en Espagne et datée des
« Ides de Novembre 1493, dit que Colomb, après la découverte
« de Cuba, crut avoir trouvé l'île d'Orphir, où les vaisseaux de
« Salomon allaient chercher de l'or; mais en considérant la des-
« cription des cosmographes, il semble que cette île et celles qui
« en sont voisines, sont les îles « Antilla ».

C'est à la lecture de Marco Polo, que Colomb doit les illusions de son voyage, prenant par exemple Cuba pour la terre de Quinsay, résidence du Grand Khan, et les Antilles pour les îles des Epices dont l'une, entre sept mille autres, était habitée par les Amazones. Nous avons aujourd'hui le volume de Marco Polo, que Colomb a lu et annoté copieusement. Marco Polo avait atteint, par l'Est, en 1271, Cambalu (Pékin), avait séjourné 17 ans à Catahy (Chine) auprès du Grand Khan et rapporté aussi des précisions sur Cipangu (Japon). Nous avons aussi un exemplaire de l'Imago Mundi de Pierre d'Ailly, évêque de Cambrai en 1376, annoté de même par Colomb.

Près de la maison de paix et de recueillement où le Prieur Juan Perez ouvrit les bras au grand gênois qui allait donner à la

---

(1) Voir la carte des voyages de Colomb.
(2) Moreau de Jones, *Histoire physique des Antilles*. Paris 1822.

couronne d'Espagne un nouveau continent, à l'ombre du palmier tout vermoulu, courbé par l'âge, dont l'aspect produit une involontaire tristesse et où Colomb se reposa pour mieux rêver à ses futures conquêtes, je suis resté pensif, l'âme envahie par une émotion intense. Cet arbre est conservé dans un massif de fleurs aux vives couleurs et, sur la même esplanade, donnant accès à l'intérieur du vieux monastère, on voit un gros pilier de maçonnerie dans les crevasses duquel croit le raifort. Surmontant le petit obélisque, une croix de fer étend vers le ciel ses bras miséricordieux. (1)

C'est au pied de cette croix que vint s'abattre Colomb, avec son fils Diego, deux oiseaux battus par la tempête, le corps épuisé par un douloureux calvaire, le cœur ulcéré par les déceptions. Hanté par le souvenir de cet homme, j'ai pénétré dans la cellule du père de Marchena, où Colomb vécut et travailla. Cette cellule donne sur la mer. Là, commença la rédaction de la fameuse ordonnance qui fut lue dans l'Eglise de Palos et qui réglait dans tous ses détails le recrutement de l'équipage que l'Amiral allait conduire à la conquête du Nouveau Monde.

D'une fenêtre, unique, on voit des champs de vigne et de romarins et, au pied de la cellule, la petite plage où glissèrent la « Santa-Maria », la « Pinta » et la « Nina ». Longtemps je suis resté à cette fenêtre, regardant l'étroit sentier bordé d'orangers, de citronniers et de figuiers et que suivirent les marins de Colomb avant de s'embarquer. Comme ce sol a dû tressaillir sous la marche sonore du cortège escortant, bannière en tête, le grand Capitaine à sa caravelle !

J'ai revu les oriflammes multicolores flottant au vent. J'ai entendu les clameurs de la foule, le son des cloches, et ma pauvre âme rêveuse, éblouie par la grandeur du spectacle, a communié avec le grand navigateur dans la même pensée profonde et résolue.

Quelle apothéose que clame du fond de cette solitude, en un hosanna sublime, le grand drame de l'histoire, le plus grand de l'humanité, puisqu'il devait nous donner un nouveau monde.

Soudain, un nuage de poussière, soulevé par le vent du large, balaya la route et obscurcit l'horizon. Cette poussière, conquérante des rois, des prophètes, des cités et des temples, est toujours là pour effacer la trace du dernier char des Imperators !

**

---

(1) Le couvent a été pieusement reconstitué par les soins généreux de Monseigneur le Duc de Montpensier.

Comme tous ceux qui sont les serviteurs de l'humanité, voué à l'injustice, à la jalousie et à la brutalité, Colomb, dépouillé de son commandement et de ses titres, connut un jour l'ingratitude des hommes, la prison et les fers. Il obtint sa liberté mais ne recouvra pas son crédit et mourut à Valladolid, le 21 mai 1506, accablé d'infirmités et de chagrins. Il n'eut même pas la gloire de donner son nom au continent qu'il avait découvert.

Il ne trouva même pas, dans la mort, le repos mérité. Enterré tout d'abord dans une pauvre sépulture, au couvent de Santa Maria de la Antigua, ses restes furent ensuite transférés au couvent de l'Observance, puis, en 1513, le Roi Ferdinand ordonna de pompeuses funérailles. Après une grandiose cérémonie à la cathédrale de Séville, le corps fut déposé dans la Chartreuse de Santa Maria de la Cuevas, au bord du Guadalquivir. En 1526, son fils Diego vint le rejoindre. En 1536, Dona Maria de Toledo fit exhumer les restes et transporta le cercueil de son beau-frère à travers la mer Océane, et le plaça dans le chœur de la cathédrale de Saint-Domingue, à droite du maître autel.

En 1795, l'amiral Don Gabriel de Aristigal obtint du Gouvernement français, qui était alors en possession de Saint-Domingue, l'autorisation de transférer ses cendres en l'île de Cuba. Le 20 décembre 1795, après une messe solennelle à la Cathédrale, les restes du Grand Amiral passèrent d'un brigantin français « La Découverte », sur le vaisseau espagnol « San Lorenzo», qui les porta à la Havane.

Enfin, dans un ultime voyage, les reliques furent ramenées en Espagne et déposées dans un superbe mausolée, à la cathédrale de Séville.

Fac simile de la signature de Christophe Colomb.

La signature est précédée d'un groupe de sept lettres dont la signification est restée inconnue. Le trois dernières sont peut-être les initiales de Jesus, Marie, Joseph. Le commencement du prénom est écrit en abrégé et en lettres grecques (Christo). Christoferens veut dire Porte Christ.

COLOMB DÉCOUVRE LA DOMINIQUE

CHAPITRE II

La découverte de la Guadeloupe

Le 25 septembre 1493, Christophe Colomb effectuait son deuxième voyage de découvertes. Cette fois il était accompagné par le Père de Marchena, son vieil ami, Juan de la Cosa, le fameux pilote basque qui avait commandé la « Santa Maria » lors du premier voyage, et son plus jeune frère Diégo.

Parti de Cadix sur la « Maria Galanta », portant pavillon d'amiral, escorté de quatorze caravelles et trois grandes caraques portant en tout 1.200 hommes, sa flotte mouillait, le 1ᵉʳ octobre, dans le port de la Grande Canarie, d'où il repartait le lendemain à minuit, après avoir bouché une voie d'eau qui s'était déclarée dans l'une de ses caravelles et le 5 octobre accosta à Gomère pour faire provision de bois, d'eau, de bœufs, de moutons, de truies, de poules et de coqs, qu'il devait déposer sur les terres déjà découvertes et à découvrir. Il fit aussi un stock de graines et de plantes pour le jardinage.

Le lundi 7 octobre, il mettait à la voile, après avoir remis à chaque capitaine de caravelle une lettre cachetée indiquant la route à suivre et à décacheter si le mauvais temps les séparait de la flotte.

Le 2 novembre (1), dans la nuit, Colomb, guidé par un merveilleux instinct, reconnut la terre. En attendant le jour, il fit serrer les voiles et donna l'ordre de veiller. A l'aube, le lendemain, un dimanche, les montagnes d'une île, éloignée d'environ sept lieues, se dessinèrent, que l'Amiral, en l'honneur du jour, appela « Dominique ».

La côte ne présentant aucune baie convenable pour le mouil-

---

(1) Dans la nuit du 26 au 27 octobre, d'après Fernand Colomb.

lage, l'ordre fut donné bientôt de lever l'ancre et de continuer vers l'Ouest.

Cet ordre fut salué par les vivats de l'équipage, dont la joie était extrême. A mesure que la flotte avançait, d'autres îles apparaissaient. Tout d'abord ce fut « Marie Galante » (1) où Colomb débarqua avec le protocole habituel, pour prendre possession de l'archipel, puis la « Désirade », les Saintes et enfin une grande île, couverte de hautes forêts, projetant dans le sud un long promontoire. La plus petite des caravelles fut envoyée à la recherche d'un port et le lendemain Colomb jeta l'ancre dans une baie désignée de nos jours sous le nom de « Anse Ballet ». « L'île était surmontée « d'un pic aigu (Soufrière), dont les flancs recélaient un volcan et « dont le cratère vomissait des torrents de fumée et d'étincelles. « Des grondements formidables s'entendaient de très loin. Une « cataracte (le Grand Carbet) tombait d'une telle hauteur, qu'elle « paraissait venir du ciel. » (2)

L'Amiral envoya un capitaine et quelques soldats pour reconnaître le pays. Ils ne trouvèrent personne, les indigènes ayant fui, mais dans les cabanes ils virent des lézards « d'une magnitude non ouïe » (3), des oies, comme les nôtres, des perroquets très grands (les guacamayos) au plumage vert, rouge, bleu et blanc, quantité de fruits excellents, du coton filé ou préparé, des arcs et des flèches, quatre ou cinq ossements de jambes et de bras humains et des crânes servant d'ustensiles. On faisait connaissance avec les Caraïbes ou cannibales.

Colomb, selon qu'il l'avait promis aux religieux d'Espagne, nomma cette île « Sainte Marie de la Guadeloupe ». Les sauvages l'appelaient « Caloucaera », dont les Européens ont fait par la suite « Karukera ».

Le lendemain, mardi, l'Amiral envoya quarante hommes, dans deux barques, sous le commandement de Alonso de Ojeda, pour tâcher d'avoir quelque indice qui les pût instruire du pays et des habitants, et surtout apprendre la route d'Hispanolia. Ils revinrent avec un petit enfant et six femmes que les Caraïbes tenaient prisonnières. De peur de se rendre odieux aux Indiens, Colomb ne voulut pas les retenir.

Le mercredi, lorsque les hommes descendirent pour faire de

---

(1) Du nom de son bateau « Marie Gracieuse » dont on fit plus tard « Marie Galante ». (Latitude N. 15°53' — longitude O. 63°38').

(2) Washington Irwing. *History of the life and voyages of Colombus.*

(3) Ce sont les iguanes, du nom caraïbe « Yuana », sorte de saurien de grande taille que l'on trouve encore aux Saintes et dont la chair est très estimée.

l'eau, les femmes coururent vers eux, les priant de les emmener, et expliquant que les Caraïbes mangeaient les hommes et tenaient esclaves les femmes. Conduites à bord, elle dirent à Colomb (1) que le roi de l'île était allé, avec dix grosses barques et trois cents indiens, courir les îles voisines afin de prendre des hommes pour manger et que du côté du midi il y avait plusieurs îles, les unes peuplées, les autres désertes, appelées: « Giaramachi, Caironco, Huimo, Amberra, Sezibi » et une terre ferme de grande étendue: « Guarila ».

Colomb séjourna jusqu'au 10 novembre à la Guadeloupe. C'est le nom raccourci qui est resté et, durant cette escale, il visita une trentaine de villages. Dans une case il trouva une pièce de charpente de la poupe d'un vaisseau européen et sur une plage, à l'embouchure d'une rivière, des statues en pierre qui étaient soutenues par deux gros serpents sculptés. (2)

Washington Irwing a précisé l'endroit du premier débarquement :

..... « ils débarquèrent le 4 et visitèrent un village dont les « habitants s'étaient enfuis. Le canot ayant regagné le bord, « Colomb continua sa route pendant plus de deux lieues et mouilla « tard dans la soirée, dans un port commode. »

Pas de doute, c'est la baie de Sainte-Marie qui a d'ailleurs retenu la première partie du nom donné par Colomb. C'est la seule qui existe sur la côte pouvant recevoir des navires. Sur l'initiative d'un homme éclairé, M. T. Priam, une modeste statue a été élevée à cet endroit, pour commémorer le grand événement.

« En contournant sous ses doigts (3) ses globes et en pointant « ses cartes d'îles, de continents, un vide immense avait frappé les « yeux de Colomb au milieu de l'océan Atlantique. La terre sem- « blait manquer là du contrepoids d'un continent. Des rumeurs, « vagues, merveilleuses, terribles, parlaient à l'imagination des « navigateurs de côtes entrevues du sommet des Açores, d'îles « immobiles ou flottantes, qui se montraient par des temps sereins, « qui disparaissaient ou qui s'éloignaient quand les pilotes témé- « raires cherchaient à s'en approcher. Un voyageur vénitien, « Marco Polo, qu'on regardait alors comme un inventeur de fables,

---

(1) Roselly de Lorgues, *Vie et voyage de Christophe Colomb*. Paris 1862.
(2) C'est l'embouchure du Grand Carbet. Mais quand l'historien parle de deux statues soutenues par des serpents sculptés, il y a exagération. Ce sont d'énormes rochers, au nombre de trois, portant sur la face orientée au couchant des dessins variés, dont à la base des serpents sculptés dans la pierre. (Note de l'auteur et voir plus loin « Les caraïbes ».
(3) Lamartine.

« et dont le temps a reconnu depuis la véracité, racontait à l'Occi-
« dent les merveilles des continents, des Etats et des civilisations
« prolonger là où s'étendent en réalité les deux Amériques. Colomb
« lui-même, crut trouver à l'extrémité de l'Atlantique, ces contrées
« de la Tartarie, de l'Inde, de la Chine, que l'on supposait se
« de l'or, des perles et de la myrrhe, d'où Salomon tirait ses riches-
« ses; cet Orphyr de la Bible, recouvert depuis des nuages du
« lointain et du merveilleux.

« Ce n'était pas un continent nouveau, mais un continent perdu
« qu'il cherchait.

« Colomb, pour la seconde fois, retrouvait ce monde perdu ! »

CHAPITRE III

Les Caraïbes

Lorsque Colomb découvrit les Antilles, deux races distinctes occupaient ces terres tropicales : les naturels de Cuba, Saint-Domingue, Haïti, Jamaïque et Porto-Rico, appelés indiens par les premiers auteurs espagnols, étaient d'un caractère doux, hospitalier, humain. Ils avaient une couleur foncée, pareille aux Péruviens, aux Mexicains et aux Chiliens, dont ils descendaient. Seule, la partie est de Haïti était occupée par les Caraïbes, dont le Cacique avait pour nom « Coanabo ». Son village principal s'appelait « Maguan » et la région qu'il dominait « Maguana». Les Espagnols, par la suite, y bâtirent la ville de San Juan de Maguana, qui disparut avant 1660.

Les naturels des petites Antilles, qui avaient le teint olivâtre et descendaient des Galibis de la Terre Ferme, (1) sur le rivage qui avoisine aujourd'hui la Guyane, s'appelaient les Caraïbes. C'était une race d'hommes fiers et courageux, féroces guerriers et anthropophages. Si nous devons croire le Père Dutertre, c'étaient les hommes « les plus heureux, les moins vicieux, les plus sociables, « les moins contrefaits et les moins tourmentés de maladies, de « toutes les nations du monde. Ils étaient d'une belle taille, bien « proportionnés, gras, puissants, forts et robustes, si dispos et si « sains qu'on voit communément parmi eux des vieillards de 100 « ou 120 ans, qui ne savent pas ce que c'est que de courber les « épaules sous le faix de vieilles années, qui ont fort peu de che- « veux blancs et le front à peine marqué d'une ride. » Quelle réclame pour le pays !

La Guadeloupe s'appelait « Caloucaera » et les femmes ne

---

(1) De nos jours on trouve encore des Galibis sur la côte de la Guyane française, à Sinnamary, à Iracoubo, à Mana et au Maroni, vivant à l'état sauvage, nus et n'ayant pas fait un pas vers la civilisation.

parlant pas le même langage que les hommes, on apprit que les premiers habitants, mous et efféminés, appelés « Ygneris », avaient totalement disparu, massacrés par les Caraïbes, qui les avaient mangés. Ces Caraïbes habitaient primitivement l'Amérique méridionale, entre les fleuves Orénoque et Amazone. Les conquérants anthropophages n'avaient conservé de l'ancienne population que les femmes, dont ils avaient fait leurs épouses ou leurs esclaves.

José Gumilla (1) raconte que les Salibas ou Salivas, peuple habitant les rives de l'Orénoque, disent qu'un affreux serpent dévorait leurs ancêtres. Le Dieu Puru envoya du ciel sur la terre son fils pour le délivrer. Ce dernier, à la grande joie des populations, vainquit le monstre et le tua.

Alors Puru dit au démon (le serpent): « Va en enfer, maudit, « jamais tu n'entreras dans ma maison. » Cependant l'allégresse fut de courte durée, car le corps du serpent étant tombé en putréfaction, on vit sortir de ses entrailles une multitude d'horribles vers. Chacun d'eux, à son tour, donna naissance à un Caraïbe, accompagné de sa femme. L'humeur farouche et belliqueuse du reptile s'est conservée dans ses descendants et aujourd'hui encore les Caraïbes sont, pour la nation Saliva, les plus redoutables ennemis. »

Rappelons ce que dit Ovide dans ses Métamorphoses (livre I) du serpent Python, enfanté par la terre encore humide du déluge, mais rendue féconde par l'action des rayons solaires. Pour triompher du monstre, Apollon dût vider son carquois. Et dans cette même légende nous trouvons le serpent (le démon) qui tenta Adam et Eve dans le paradis terrestre, le Fils de Dieu (Jésus), qui vint sur la terre pour sauver les hommes, Saint-Georges qui terrassa le dragon.

Sur les rochers des Trois Rivières (Guadeloupe), on peut voir, gravée, cette légende (planche N° 1) et nous avons là une preuve irréfutable de l'origine des Caraïbes et de communications entre les Antilles et la Côte ferme, bien antérieures à l'époque des navigations scandinaves et de Colomb.

Sir Walter Raleigh, lors de son expédition à Cayenne, en 1595, conclut un traité avec une peuplade de la région qui parlait la même langue que les Caraïbes de la Guadeloupe et de la Dominique. (2)

---

(1) José Gumilla, *Historia Natural*, civil y geografica de las naciones situadas en las rivas del Rio Orinoco.
(2) Walter Raleigh, *The discovery of the large, rich and beautiful empire of Guyana*. Londres 1596.

PLANCHE I

J. B. Leclerc (2) dans son fort intéressant travail, nous dit que, n'ayant pas d'histoire et les Caraïbes étant complètement illétrés, la tradition seule peut nous éclairer sur les premiers et les plus anciens habitants des Antilles. C'est à la même source qu'ont puisé les R. P. Raymond Breton, du Tertre, Mathias du Puy, de Rochefort, Pierre Pelleprat, Labat et de la Borde.

CALLINAGO

Le P. Raymond Breton, religieux de l'ordre des Frères prêcheurs, est le premier qui arriva à la Guadeloupe. Comme il habita le pays longtemps et fut en relation constante avec les Caraïbes, n us devons nous rapporter entièrement à sa version. Les autres ne font que le confirmer. Dans son dictionnaire caraïbe-français, il primé à Auxerre par Gilles Bouquet en MDCLXV, au

(2) ,.-B. Leclerc, *Fables et Conjectures sur l'origine des Caraïbes.* (*Gazette nationale*, 1er Germinal an X-22 Mars 1802).

mot « Gallinago », nous trouvons. « Véritable nom des Caraïbes insulaires » et au mot « Galibi », « caraïbes de la Terre-ferme ». Les mots Gallinago et Galibi distinguaient donc les indiens de la Terre ferme avec ceux qui s'étaient détachés du continent pour conquérir les îles. La vérité est que, le capitaine qui avait conduit les guerriers conquérants aux Antilles s'appelait « Gallinago », ou « Collinago », que les européens firent « Galibi » et enfin « Caraïbe ». Ce capitaine était petit de taille (disaient les Caraïbes); il mangeait peu, buvait encore moins et, après avoir exterminé tous les naturels du pays, à la réserve des femmes qui ont gardé leur langage, il fit porter toutes les têtes de ses ennemis dans une grotte se trouvant au bord de la mer, (1) afin de conserver la mémoire à leurs enfants et successivement à tous ceux qui descendraient de leur postérité. Les premiers occupants européens purent voir ces reliques. C'est aussi là qu'il fit graver la légende du serpent, origine de sa race conquérante.

Callinago, après avoir établi trois grands carbets à la Guadeloupe: Trois-Rivières, Anse Bertrand et Marie Galante, alla s'installer avec sa famille à la Dominique, que les Caraïbes appelaient « Oouairoucoubouli ». De là il maintint des relations constantes avec les îles du Nord et du Sud: la Guadeloupe (Caloucaera), les Saintes (Caaroucaera), Marie Galante (Aichi), la Désirade (Jouanacaera), la Martinique (Madinina), Sainte Lucie (Jounalao), Vincent (Iouloumain), la Barbade (Ichirouganain), la Grenade (Camahogne), Tobago (Aloubaera), Trinidad (Chaleibé), et jusqu'à Guyana (Coste Sauvage) et Surinam, trafiquant avec les Arrouagues, troquant leurs denrées contre des haches ou en rapportant d'autres, ainsi que des bijoux et des amulettes. (2) Avec leurs frêles pirogues (canoa), creusées dans le tronc des arbres, ils poussèrent leurs entreprises dans le Nord jusqu'à la côte du Mexique, visitant Sainte Croix (Iahi), Saba (Ainonhana), Saint Martin (Ooualichi), Anguille (Mallicouhana), Saint Barthélemy (Ouanalao), Saint Eustache (Aloi), Saint Christophe (Lilmaiga), Nevis (Ooualiri), Antigue (Oooualadli), Barbuda (Oouahamoni) et Montserrat (Alliougana).

Callinago créa un gros noyau d'insulaires et fut, pendant de longues années, le chef incontesté de la tribu, mais ses fils l'empoisonnèrent et, suivant la légende, il devint, après sa mort, un poisson épouvantable, vivant dans les rivières, qui reçut le nom de

---

(1) Grotte de Trois-Rivières.
(2) Les Arrouagues habitaient l'île de Cayenne jusqu'au grand fleuve Orénoque.

HOMMES CARAIBES

« Atraioman » (corruption du nom caïman), que les Caraïbes appelaient « acaryouman ». De nos jours, les noirs ont conservé la légende et vous parlent avec frayeur d'un poisson effrayant « Maman Balaou », qui est la terreur des pêcheurs. En Guyane, c'est le « Maman di-l'eau ».

Les Caraïbes étaient des guerriers, des pirates, et par goût autant que par religion, ils étaient, comme les premiers mexicains, des anthropophages. Pour accroître leur courage, ils mangeaient le cœur de l'ennemi. Faisant constamment la guerre aux Arrouagues du continent, toute leur éducation tendait à maintenir une race forte, agile et vaillante. Ils étaient petits, musclés, bien proportionnés et la peau d'un teint jaune cuivré. Le front était large et plat, l'œil petit mais vif, les cheveux noirs, luisants et plats, coupés sur le front, tombaient longs derrière la tête, les oreilles percées, étaient ornées d'anneaux (aricaela) faits avec des arêtes de poissons travaillées. Il en était de même de la cloison des narines et de la lèvre inférieure, qui portaient un morceau d'écaille de caret, des dents enlevées à un ennemi tué en combat personnel ou une plume de perroquet.

Le Caraibe était toujours imberbe, se défigurait les joues en les déchirant par des incisions ou des balafres teintes en noir, afin de rendre le visage plus effrayant à l'ennemi et se bariolait le corps de raies noires et rouges. Il portait aux bras et aux jambes des bracelets (enega) (il en est encore ainsi au Brésil et tout le long des côtes du Vénézuéla et de la Colombie), au cou des colliers en os, en coquillages ou en graines de couleur (icachourou). Un tablier de coton lui servait de ceinture (niouaicouli) et les jours de fête il fixait dans ses cheveux des plumes de aras ou de paille-en-cul.

Les femmes, plus petites que les hommes, étaient grasses, bien potelées, la démarche gracieuse, la bouche petite, les dents très blanches. Par pudeur elles couvraient leur nudité avec une chemise (camicha) de huit à dix pouces de long sur quatre à cinq de haut, bordée de franges de grains de différentes couleurs et attachée aux reins par un cordon de coton. Les Caraïbes ne connaissaient que quatre couleurs: le blanc, le noir, le jaune et le rouge. Au cou, elles portaient des colliers de graines, aussi de différentes couleurs, de pierres vertes, d'ambre, de cristal, qui venaient du continent. Les poignets et les bras étaient ornés de bracelets (arrenari) ayant cinq à six rangs, ainsi que les jambes au dessus de la cheville. Leur coiffure était semblable aux hommes.

Hommes et femmes avaient le reste du corps entièrement nu.

FEMMES CARAÏBES

Les Indiens de l'Orénoque et de la Guyane, sont les descendants de ces guerriers. Ils se nomment eux-mêmes « Calinas » (de Callinago). Nul doute à cet égard, quoique certains auteurs ont voulu les allier aux Indiens du Mexique. Si nous comparons les descriptions qui ont été faites par les P.P. Breton et Labat sur les caraïbes des Antilles et celles de Jean Léry (1) sur les indiens du Brésil, tous les trois contemporains, nous sommes immédiatement fixés. Les mêmes mœurs, les mêmes coutumes, les mêmes armes, les mêmes couleurs. Léry donne des indications précises sur leur façon de vivre, le langage, etc.

« Les sauvages du Brésil, nous dit-il, hommes et femmes, sont
« tous comme ils sortirent du ventre de leur mère. Ils vivent de la
« farine faite d'une racine, le manioc, qu'ils mangent au lieu de
« pain, de la chair d'une espèce de sangliers — le pécari —, de
« fruits à suffisance, de chair humaine, car ils sont anthropopha-
« ges.

« A la façon des moines, ils ont la tête tondue en couronne,
« très près sur le devant de la tête, les cheveux longs derrière.
« Les lèvres inférieures sont trouées et ils y portent une pierre
« verte, bien polie, proprement enchassée dans du bois, ou un os
« blanc.

« Outre la couronne sur le devant et les cheveux qui pendent
« par derrière, ils lient et arrangent des plumes d'ailes d'oiseaux,
« incarnates, rouges et d'autres couleurs, desquelles ils font des
« fronteaux.

« Ils ont des pendants d'oreilles, faits d'os blanc, bien poli,
« ou de pierre verte. Les grands guerriers s'incisent la poitrine, les
« bras, les cuisses, pour montrer leur vaillance et surtout combien
« ils ont tué de leurs ennemis et massacré de prisonniers pour les
« manger. Ils frottent ces déchiquetures d'une certaine poudre
« noire qui les fait subsister toute leur vie. (2)

« Ils portent des colliers composés d'une infinité de petites
« pièces tirées d'une grosse coquille de mer qu'ils appellent
« vignol » (le lambi), terminé sur la poitrine par un croissant d'os
« ou de pierre polie si c'était un grand chef. »

Léry parle aussi de trois nations voisines, trois races farouches et sauvages (les Margaïa, Caraîa ou Topinambou et Ouetacas) ayant les mêmes mœurs, les mêmes coutumes, parlant la même lan-

---

(1) Jean Léry, *Voyage au Brésil*, 1556-1558.
(2) C'est le jus de « genipat » qui résiste même au contact continu de l'eau pendant 10 à 12 jours.

DANSEURS CARAIBES

gue, qui ne pouvaient demeurer en paix et se faisaient continuellement la guerre.

Comme ceux des Antilles, ils étaient polygames. Les hommes qui avaient le plus grand nombre de femmes étaient estimés les plus vaillants et les plus hardis. C'étaient aussi d'habiles marins. Leurs barques (Ygat,) faites chacune d'un tronc d'arbre, pouvaient contenir 40 à 50 personnes. A terre, ils dormaient dans des «hamacs» qui ont l'avantage d'être suspendus, à l'abri de la vermine. .

Leur breuvage ordinaire était le « caouin », fait avec les racines de « manioc » et d'aypi.

Les découvertes récentes archéologiques démontrent bien une civilisation qui aurait eu pour siège l'embouchure de l'Amazone, et tout récemment des fouilles ont mis à jour, près de Santarem, des urnes funéraires, des poteries modelées et peintes et des vases de forme élégante aux reliefs de style vraiment baroque.

*
*

De toutes les Antilles, Caloucaera était l'île préférée des Caraïbes, à cause de son admirable situation au centre de l'archipel, la fertilité de son sol et la richesse de ses forêts.

Ils craignaient Madinina (la Martinique), à cause de son volcan (le Mont Pelé), qu'ils appelaient « la Montagne de feu », une violente éruption ayant, dans le passé, ravagé le nord de l'île et causé de multiples morts. Nous savons que ce volcan, complètement éteint, s'est réveillé en 1902 et a détruit entièrement la ville de Saint-Pierre, avec 30.000 habitants.

Caloucaera (la Guadeloupe), regorge de plantes variées et la nature a vraiment prodigué ses dons à cette île délicieuse, qui serait le paradis terrestre, si les tremblements de terre et les cyclones n'étaient des fléaux trop souvent répétés. Les arbres donnaient en abondance aux Caraïbes des bois de construction incorruptibles, soit pour leurs maisons, soit pour leurs embarcations; d'autres, des fruits succulents. Des racines savoureuses (l'igname, la patate, la couscouche, le malanga) des plantes potagères assuraient leur nourriture, tandis que la mer, les rivières et même les étangs, leur procuraient du poisson en abondance et des crustacés exquis (ouassou). Encore, de nos jours, la langouste est commune le long des côtes, et dans les rivières on trouve d'énormes écrevisses (ouassou), que les clients de Prunier paieraient très cher.

Le cotonnier, les fruits de certains arbres, des lianes, des écorces, des plantes, leur fournissaient les tissus, les fils, les cordes

CARAIBES PRÉPARANT LEUR REPAS

et les cordages des hamacs et des embarcations. Du rocou ils tiraient la couleur rouge dont ils aimaient se tatouer et la nature tropicale, si prodigieusement intense, si grandiose, était l'officine de multiples remèdes dont les Caraïbes connaissaient le secret. Ils se servaient aussi de redoutables poisons végétaux pour empoisonner leurs flèches.

Nous avons vu plus haut que les Caraïbes n'hésitaient pas à accomplir, dans leurs pirogues, de longues randonnées, navigant de terre en terre en se dirigeant sur le soleil et les étoiles. Ces pirogues étaient de deux sortes : « Canoa » et « couliala ». Le « canoa » avait l'avant élevé, pointu, l'arrière plat et coupé en poupe et mesurait de 40 à 60 pieds de long sur sept à dix pieds de large. Il pouvait porter de 50 à 60 hommes. Colomb dit en avoir vu qui portaient 150 personnes. De nos jours, les « canoa ou bois fouillé », construits à la Dominique par les Caraïbes derniers descendants de ceux qui virent débarquer Colomb, traversent continuellement le canal mouvementé qui les sépare de la Martinique et ces hardis marins parviennent à faire passer un bœuf d'une rive à l'autre.

Le « coulialia » n'excédait jamais 20 pieds de long sur 3 ou 4 de large et était pointu par les deux bouts. L'arbre qui donnait ces embarcations est le gommier blanc (chibou). Lorsque les caraïbes partaient en guerre, ils attachaient à l'avant des « canoa » une tête de marmouset, barbouillé de blanc, de noir et de rouge, avec un bras d'homme boucané.

Ces canots avaient, suivant leur importance, deux ou trois mats et des voiles carrées. Un homme, assis ou debout, à l'arrière, les dirigeait avec une pagaie (taboucoura). Lorsque le vent manquait, des rameurs nageaient mais la figure tournée en avant, rejetant l'eau en arrière. Tout l'équipage chantait. Le capitaine improvisait même des chansons et en chœur les rameurs reprenaient le refrain. Deux spécimens de ces canots sont exposés au National Museum à Washington, l'un pour toute une famille, mesurant 60 pieds de long, l'autre pour la pêche, mesurant 12 pieds (1). Les deux ont été travaillés dans un tronc de « thuja gigantea ». De nos jours, on peut en voir en Guyane, qui peuvent porter aisément cinq tonnes.

Pour la pêche, ils employaient de petits canots (aoulloubouli) et le « pripri », composé de cinq ou six morceaux de bois léger ou de gros bambou, réunis par deux ou trois autres en travers, liés au moyen de cordes en coton, en « mahot » ou en fibres de palmier et d'aloès. On voit encore aux Antilles des « aoulloubouli »

---

(1) On peut aussi en voir un specimen au Musée du Trocadéro.

et des « pripri » et le voyageur peur assister, un matin, à l'arrivée d'une pirogue venant d'une commune lointaine qui, après une nuit de navigation le long de la côte, est une évocation des caraïbes. Manœuvrée par six ou huit habiles marins, l'équipage rame en cadence, au chant d'une romance créole.

Au retour des expéditions lointaines ou de la pêche, ils annonçaient leur retour en cornant avec des coquilles de lambi. La coutume est aussi restée. Les habitants du « carbet » s'empressaient de venir sur le rivage assister au débarquement et, si c'était la nuit, on allumait des torches faites avec le « bois chandelle » (touli).

Mais laissons parler M. Jules Ballet (1) qui a résumé tout ce que les R.P. Breton, Labat et Dutertre, ces missionnaires de la première heure, ont écrit. Ils ont su décrire le pays tel qu'il apparut aux premiers européens, ainsi que les hommes, les animaux et les plantes.

Les Caraïbes vivaient dans des « carbets » toujours élevés près d'une rivière. Le carbet, qui avait parfois cent pieds de long, était construit en bois incorruptible et logeait une centaine de personnes. Des troncs d'arbre, fichés en terre, formaient les piliers; la toiture et les parois étaient faits en feuilles de balisier ou latanier, de palmiste ou en herbes coupantes attachées aux poteaux avec des lianes de mahot ou de siguine. C'était, dit le Père Breton, « la « salle, le hall, l'ouvroir, le réservoir, le réfectoire, le dortoir et « la case commune des sauvages.... On y entre par quatre trous « diamétralement opposés, de quatre pieds de hauteur, sans autres « portes ni fenestres, sans chevilles ny clous, sans estages ni chambres et sans autres séparations ny embarras qui empêchent de « s'y pourmener douze personnes de front. Seulement, à la hauteur de sept pieds, il y a des travers sur dix de longueur pour « y suspendre 100 ou 120 lits de coton (hamacs) où ils reposent « paisiblement avec une intelligence très parfaite, sans querelle et « sans bruit. Les femmes n'y entrent que très rarement et encore « pour les y servir. »

Près du carbet s'élevaient deux « ajoupas » servant de cuisine et de dépôt. La face était ouverte et la construction faite de quatre poteaux, la toiture en feuilles de latanier ou de balisier.

Autour du carbet, les cases (manna) s'élevaient pour le chef, les pères de famille et les femmes avec leurs enfants. Les

---

(1) Jules Ballet, *La Guadeloupe*. Renseignements sur l'histoire, la flore, la aune, etc., 1894.

cases avaient des portes, toujours en bois dur, munies de serrures, aussi en bois dur, dont l'auteur a pu obtenir des reliques et il **est** curieux de constater que ces serrures sont du système adopté de **nos** jours par les Américains du Nord, différant totalement des **serrures** européennes (voir planche).

Au petit jour, tout le monde était debout. Les plus adroits jouaient de la flûte (china) et avant même le lever du soleil on allait à la rivière pour se baigner. Revenu au carbet ,le caraïbe s'asseyait sur un siège en bois et une de ses femmes, car il en avait plusieurs, venait démêler ses cheveux et le peignait avec le plus grand soin, l'homme tirant vanité d'une belle chevelure. Elle l'enduisait ensuite de rocou (bichet) broyé avec la poussière de charbon de sandal dans de l'huile de ricin. Cette peinture, qui était l'ornement des deux sexes, « fermait les pores, empeschait l'eau de la mer de « figer sur le corps, faisait fuir les moustiques et mourir les « chi-« ques ». Lorsqu'il devait aller à la guerre on ajoutait des **bandes** noires du dessus des sourcils et le long des paupières, avec du suc de génipat ou de gommier blanc (chibou) brûlé.

Durant ce temps, les autres femmes préparaient le repas. Les hommes mangeaient dans le carbet, les femmes dans les cases. La nourriture se composait principalement, comme aujourd'hui dans les campagnes, de poisson, de crabe, de lambi, de burgaux, de manioc (kiere), de banane (balaranna), de patate (mabi), de chou-cou (igname), de taya (chou caraïbe), de mauconti (malanga), **de** cassaves de manioc. Très sobre, le caraïbe ne buvait que de l'eau (sauf aux jours de fête) qui circulait dans des « callebasse ». Il prenait trois repas par jour.

Après le premier, ajoute le Père Breton, il se livrait à un doux farniente ou aux travaux réservés aux hommes. Les uns se couchaient paresseusement en rond, en travers de leur hamac et fumaient, ou s'accroupissaient sur les talons autour du feu. D'au-tres allaient s'asseoir sur une pointe de rochers, dominant le rivage, et les joues appuyées sur les paumes des mains, passaient de lon-gues heures à méditer, car ils étaient étrangement mélancoliques, songeurs et taciturnes. Immobiles, perchés sur leurs rochers, dont la couleur s'harmonisait avec leurs corps rougeâtre, ils semblaient des statues de la mélancolie. Les plus habiles fabriquaient des lignes de pêche avec du coton, des paniers (1), des ustensiles de ménage,

---

(1) Ces paniers se fabriquent encore de nos jours. Ils sont faits avec du latanier et un petit roseau (calumé), tressé très serré, peints avec des filets noirs et rouges et de manière à être imperméables sont doublés avec des feuilles de cachibou ou de balisier.

des corbeilles, des nattes façonnées avec un goût parfait de fibres de palmier, de latanier, de carata, de mahaut-piment; des flèches, des arcs, des « boutous », des coins, des ciseaux et des haches de pierre, des vases destinés à recevoir le sang des victimes, des colliers pour le « sorcier » (boyez), des ornements pour le carbet, des poupées en bois de gayac pour les enfants. Tous ces travaux étaient exécutés à l'aide d'outils de pierre sur de la pierre, dans la pierre ou du bois très dur, avec une merveilleuse patience.

La chasse et la pêche étaient leur grande passion. C'est avec adresse qu'ils chassaient souvent fort loin, dans la montagne, l' « agouti » qui, de nos jours, tend à disparaître. Pour dormir dans la forêt, ils construisaient des « ajoupas » et ceux qui avaient apporté leurs hamacs les suspendaient à deux arbres. La pêche préférée était celle du « coulirou » et ils y développaient une science remarquable. Dans leurs petits canots, ils allaient pêcher jusqu'en plein océan.

Les Caraïbes n'avaient pas de religion, mais ils avaient le sentiment confus d'un être supérieur dirigeant l'Univers: Ils admettaient, dit Rochefort (1) que la terre est la bonne mère qui leur donna toutes les bonnes choses de la vie et qu'il y avait au plus haut des cieux un esprit (Akambou) dont la bonté était grande et qui ne faisait de mal à personne, mais les événements atmosphériques, les tremblements de terre « qui faisaient disparaître dans « l'abîme des portions entières de contrées, les ouragans qui englou- « tissaient dans la mer des nations », (2) dérangeaient toutes leurs idées sur cet être suprême et invisble qui, quoique très bon, les frappaient souvent d'une manière si cruelle. Aussi ils ne professaient aucun culte pour ce dieu inexorable dans sa colère.

Par suite, deux principes se disputaient leur existence: le bon (icheiricou) et le mauvais (maboya). C'est « Maboya » qui déchaînait les ouragans, remuait le sol, détruisait les récoltes, envoyait la mort. Pour apaiser sa colère, ils offraient des sacrifices et se déchiraient le corps avec des dents d'agouti, essayant de le calmer par l'offrande de leur sang.

Questionnés par de Rochefort, ils lui dirent que « leurs ances- « tres étoyent de pauvres sauvages, vivant comme bestes au milieu « des bois, sans maisons, et sans couvert pour se retirer, et se « nourrissant des herbes et fruits que la terre leur produisoit d'elle « même, sans estre aucunement cultivée. Comme ils étoient en ce

---

(1) R. P. Charles de Rochefort, *Histoire naturelle et morale des Antilles de l'Amérique*. Rotterdam 1658.
(2) Sans doute une allusion à Atlantide.

« pitoyable état, un veillard d'entr'eus extrèmement ennuyé de
« cette brutale fasson de vivre, fondoit en larmes très amères, et
« tout abattu de douleur, déploroit sa misérable condition. Mais
« sur cela un homme blanc s'apparut à luy descendant du ciel, et
« s'étant approché, il consola ce vieillard désolé en lui disant qu'il
« était venu pour secourir luy et ses compatriotes, et pour leur
« enseigner le moyen de mener à l'avenir une vie plus douce et
« plus raisonnable. Que si quelcun d'eux eut plutôt formé des
« plaintes et poussé vers le ciel des gémissemens, ils eussent été
« plus prontement soulagez. Que le rivage de la mer étoit couvert
« de pierres aigues et tranchantes dont ils pourroyent couper et
« tailler des arbres pour se faire des maisons. Et que les palmiers
« portoyent des feuilles que seroient fort propres à couvrir leurs
« toits contre les injures de l'air. Que pour leur témoigner le soin
« particulier qu'il avoit d'eus, et le singulier amour dont il favo-
« risait leur espèce, sur toutes celles des animaux, il leur avoit
« apporté une racine excellente (le manioc) qui leur serviroit à
« faire du pain et que nulle beste n'oserait toucher, quand elle
« seroit plantée; et qu'il vouloit que désormais ce fut leur nourri-
« ture ordinaire. Les Caraïbes ajoutent que là dessus ce charitable
« Inconnu rompit en trois ou quatre morceaux un bâton qu'il avoit
« à la main et que les donnant au vieillard, il luy commanda de
« les mettre en terre, l'asseurant que peu après y fouïssant, il y
« trouveroit une puissante racine et que le bois qu'elle auroit poussé
« dehors auroit la vertu de produire la même plante. Il luy enseigna
« puis après comme en devoit user, disant qu'il falloit raper cette
« racine avec une pierre dure et picotée qui se trouvoit au bord de
« la mer: exprimer soigneúsement le jus de cette rapure, comme un
« poison dangereux; et du reste, à l'ayde du feu en faire un pain
« qui leur seroit savoureux, et dont ils vivroient avec plaisir. Le
« vieillard fit ce qui lui avait été enjoint, et au bout de neuf lunes
« (comme ils disent) ayant la curiosité de savoir quel succès auroit
« eu la révélation, il fut visiter les batons qu'il avoit plantez en
« terre, et il trouva que chacun d'eus avoit produit plusieurs belles
« et grosses racines dont il fit entièrement comme il lui avoit été
« ordonné. Ceus de la Dominique qui font le conte disent de plus
« que si le veillard eut visité ces bâtons au bout de trois jours, au
« lieu de neuf lunes, il auroit trouvé les racines creues de même
« grosseur, et qu'elles auroient esté toujours produites en aussi peu
« de temps. Mais parce qu'il n'y fouilla qu'après un si long terme,
« le Manioc demeure encore à présent tout ce tems-là en terre,
« avant qu'il soit bon à faire la cassave. »

.·.

Le manioc (Jatropha manihot) est un arbrisseau à écorce grise (kiere belehuera des caraïbes), rouge (kiere miriti) ou violette (kiere iticaheu) qui leur donnait le pain et qui encore de nos jours est la principale nourriture des populations des Antilles et de l'Amérique du Sud. Il a sept à huit pieds de hauteur. Le tronc et les branches sont remplis de nœuds assez rapprochés les uns des autres, avec de petites excrescences marquant les endroits où se trouvaient les feuilles qui tombent à mesure que l'arbre croit. Le bois est mou, cassant et vient de boutures. La feuille est en forme de trèfle allongé ou semblable à une feuille de vigne que l'on aurait fendue le long de ses nervures et à laquelle on n'aurait laissé de chaque côté qu'un demi-doigt de large. Ces feuilles sont glabres, un peu fermes, d'un vert clair en dessus, éparses sur la tige, ramassées vers le sommet des rameaux et portées sur de très longs pétioles. Les fleurs sont rougeâtres, épanouies en bouquets, et donnent naissance à un fruit capsulaire à trois coques monospermes dont les graines sont luisantes et d'un gris blanchâtre entremêlé de petites taches un peu foncées et ayant de la ressemblance avec celles du ricin. Autour de la racine principale, poussent de trois à sept autres de différentes grosseurs, égalant ordinairement les plus fortes betteraves. Elles ne pénètrent pas profondément dans la terre et s'arrachent facilement. Leur écorce est pareille à celle du bois, mais la substance qu'elle enveloppe est toujours blanche. Le manioc blanc ou d'osier a ses racines mûres à huit mois; les autres espèces ne mûrissent qu'en quatorze et dix-huit mois.

Quant la muaturité est arrivée, on arrache l'arbre tout entier avec les racines.

On détache ces dernières, on en gratte l'écorce, puis ont les jette dans un canot ou auge en bois (bataya) pour les bien laver et ensuite on le grage.

Grager le manioc, c'est le réduire en une espèce de farine très humide ressemblant à de la grosse sciure de bois. On ne grageait que la quantité nécessaire pour le jour suivant.

L'opération de la grage s'accomplissait au moyen d'une planche faite avec des racines ou des cuisses d'arbres, dans laquelle étaient plantés de petits éclats de cailloux très pointus, ou des éclats d'une coquille appelée « boettê ». La racine était promenée sur cette planche et la poudre tombait dans une auge, puis était portée à la presse pour en exprimer le jus (inhali), poison très violent qui paraît être de l'acide cyanhydrique ou un corps facile à se transformer en cet acide et heureusement très volatile.

Les Caraïbes employaient contre cet empoisonnement l'eau de mer pour les hommes et pour les animaux cette même eau avec adjoinction de jeunes feuilles de roucouyer. Les Européens l'ont combattu par le sucre brut à haute dose, les mucilagineux et quelquefois les antispasmodiques. Les Caraïbes se servaient de la râpure toute fraîche de la racine, pour la guérison des ulcères extérieurs.

Disons qu'une espèce de la plante, appelée Camanioc (Camagnem), mot qui signifie, d'après le père Labat, chef des maniocs, ne possède aucune propriété vénéneuse.

On pressait ainsi:

Le manioc gragé était mis dans une « couleuvre » en roseau refendu, ou en latanier dont un bout était attaché à une branche d'arbre ou au faîte du carbet. A l'autre bout, on amarrait une grosse pierre, dont le poids tirant en bas la couleuvre la faisait retrécir en exprimant tout le suc.

La couleuvre (amatabi), était un cylindre de six à sept pieds de diamètre, composée de roseaux refendus ou de lataniers nattés et tressés à peu près comme des bas de coton. « On foule, on presse « le manioc », dit le père Labat, « à mesure qu'on le fait entrer « dans la couleuvre, ce qui augmente beaucoup son diamètre en « même temps que sa longueur diminue; mais le poids qu'on attache « à son extrémité la fait allonger en diminuant son diamètre, ce qui « ne peut arriver qu'en comprimant ce qui est dedans et en expri- « mant le suc. On peut se convaincre de cette expérience par « l'exemple d'un bas de chausse dont on augmenterait considéra- « blement le diamètre en l'emplissant de beaucoup de pâte ou « d'autre matière semblable, et dont on diminuerait en même temps « la longueur, mais à qui on restituerait toute sa longueur, en dimi- « nuant son diamètre, si en le suspendant à l'air on attachait un « poids à son extrémité, parce que la pesanteur du poids compri- « merait la matière qui y serait renfermée, et la réduirait en un « moindre volume. »

La femme qui avait terminé la première l'opération de la presse, mettait la tête hors de la case et criait aux autres: « Hamourouca », c'est-à-dire, « venez presser la farine ». Toutes arrivaient avec leurs coüis et se rangeaient autour de la farine, en prenaient entre leurs mains et la pressaient dans les coüis, puis la remettaient où elles l'avaient prise et s'en allaient chez une autre jusqu'à ce qu'elles eussent suffisamment exprimé l'eau de la farine.

OUTILS CARAIBES

Couleuvre (AMATABI)

Long. 2 m.

Long. 48 cm.

Long. 45 cm.

Long. 42 cm.

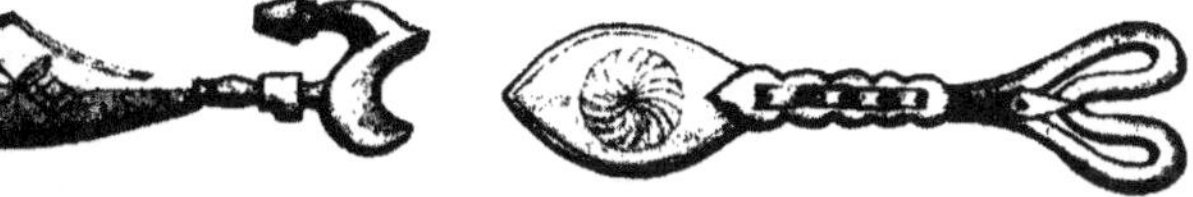

Long. 40 cm.

SPATULES CARAIBES (ICHERECOU)

Elles plaçaient le coüi dans un coin de leur case et le lendemain l'eau étant reposée, elles s'en servaient pour faire cuire ce qu'elles voulaient.

La racine pressée, on faisait la cassave (alleiba ou marou), le pain des Caraïbes, sur de grandes pierres plates et minces ajustées ensemble en diminuant sur leur épaisseur et ayant ordinairement vingt-deux pouces de longueur sur quatorze et demi de large et trois pouces d'épaisseur. Elles étaient fort unies, couleur de feu, ovales, chauffés pour en enlever facilement des éclats et les réduire à la forme voulue. Elles étaient posées sur des pierres et on faisait du feu dessous. Lorsqu'on ne pouvait plus les toucher du doigt, à cause de leur chaleur, on prenait un « huibichet » (ébechet ou ibichet), ou crible fait en roseau, queues de latanier, ou première écorce de oualloman, ayant des trous carrés d'environ deux lignes en tous sens, on jetait dessus le manioc gragé pour rompre les grumeaux formés sous la presse, retenir les parties mal gragées, la subtiliser autant que possible. La farine passée tombait sur la pierre, et on arrêtait l'opération lorsqu'elle avait atteint trois doigts d'épaisseur. Cette farine s'abaissait à mesure qu'elle cuisait et toutes ses parties se joignaient ensemble, mais on avait soin d'aider à cette liaison en passant dessus et en appuyant légèrement une spatule de bois (icherecou) tenue dans la main droite. Quand le côté touchant la pierre était cuit, ce qu'on reconnaissait à son adhérence et à sa couleur rousse, ou tournait de l'autre côté en passant la spatule toute entière entre la pierre et la cassave qu'on élevait assez pour y pouvoir passer la main gauche et on la faisait retomber sur le côté non cuit. Quand la cassave était cuite, on le retirait pour l'exposer au soleil pendant deux ou trois heures afin d'achever de dessécher l'humidité qui pouvait y être restée. Elle avait alors de trois à quatre lignes d'épaisseur dans ses bords et un peu davantage dans son milieu. L'intérieur était blanc et les deux côtés avaient une couleur d'or pâle.

Le suc de manioc, desséché au soleil, donne une fécule éclatante de blancheur, appelée Mouchache (enkekeu), ou « fine fleur de manioc », comme dirait, écrit le père Labat, « enfant du manioc, car le mot mouchache qui est espagnol, signifie un enfant ». On en fait de l'amidon et une farine désignée par les Européens sous le nom de farine de mouchache et qui est délicieuse.

La mouchache déposée au fond des coüis servant à contenir le jus de manioc, était réduite en poussière et mêlée à l'autre farine pour rendre la cassave meilleure. Les jeunes filles, avec la mouchache même, formaient des petits pains pas plus épais que la langue d'un chat, qui, étant rissolés, grésillaient sous la dent et étaient fort appétissants.

Les grumeaux qui n'avait pu passer à travers l'ébichet, les petits morceaux de manioc échappés de la grage, séchés sur la pierre et pilés, donnaient une farine avec laquelle on faisait de la bouillie (ayoüirone).

Les Français ont inventé deux manières de presser le manioc:

« La première, dit le père Labat, est de mettre la farine, aussitôt qu'elle est gragée, dans un canot ou auge de bois, dont le fond et les côtés sont percés de trous de tarrière, dans laquelle on a étendu une natte de roseaux refendus, afin d'envelopper la farine et l'empêcher de s'écouler par les trous de l'auge; et quand l'auge est pleine, on remplit par dessus ce qui reste de la natte que l'on couvre avec une planche de la grandeur de l'ouverture du canot. On appuye pour l'ordinaire le canot contre un arbre ou du moins contre un poteau bien enfoncé en terre, où il y a une mortaise où l'on fait entre le bout d'une pièce de bois de huit à dix pieds de long, qui passe à angles droits sur le milieu du canot; on met sur la planche qui le couvre quelques morceaux de bois, afin que le bout de la pièce de bois, opposé à celui qui est dans la mortaise, soit beaucoup plus élevé. Ce bout est accomodé et élargi avec quelques petites planches qu'on y a clouées, qui le rendent propre à recevoir de grosses pièces dont on le charge, afin que par leurs poids, on fasse enfoncer la planche qui couvre le canot, et qu'ainsi on comprime la farine qui est renfermée. Cette pièce de bois ainsi chargée fait l'effet d'un levier. »

La seconde manière consiste à mettre le manioc gragé dans des sacs de grosse et forte toile. C'est sacs, séparés les uns des autres, par des planches, sont mis sous presse sans faire usage du canot.

Les Européens font leur cassave sur une platine de fer fondu, ronde, épaisse d'un demi-pouce et large d'envrion deux pieds. Elle est posée sur un trépied ou sur des pierres et le feu est mis dessus. Ce mode a été plus tard perfectionné et sur chaque habitation existe une case à platine. La platine est scellée dans un mur et est chauffée au moyen d'un fourneau. Les habitants, au lieu de cassave, ont fabriqué pour leur commodité de la farine de manioc (keletona). La farine tombée sur la platine est sans cesse remuée avec un petit rabot en bois qui empêche toute liaison. « Elle reste, dit le père Labat, comme de gros sels roux quand elle est cuite ».

La boisson ordinaire des Caraïbes était l'oüicou (oüecou). Elle se faisait ainsi:

L'oüicou se macérait dans des vases en terre grise, désignés sous

CARAIBES FABRIQUANT LE ROCOU

le nom de « Canaris », appellation générique s'étendant à tous les vaisseaux de terre quelle que fût leur capacité et qui est encore en usage de nos jours. Le canaris contenait depuis une pinte jusqu'à quatre-vingt pots. L'oüicou se faisait dans les plus grands canaris. On les remplissait d'eau jusqu'à cinq ou six pouces près du bord, on y jetait deux cassaves rompues, une douzaine de patates coupées par quartier, une douzaine de cannes, bien mûres coupées en morceaux et écrasées, avec autant de bananes aussi bien mûres et coupées en morceaux et écrasées. On bouchait le canaris et on laissait fermenter pendant deux ou trois jours; on enlevait alors le marc, qui avait formé une croûte au-dessus, au moyen d'une calebasse percée de petits trous. La liqueur était rougeâtre, fort nourrissante, rafraîchissante, mais enivrait facilement.

Avec des cassaves de farine non pressée, épaisses d'un demi-pied, tirées à moité cuites, mises sur des feuillles de bananier posées sur une une planche, arrosées d'eau de mer, enveloppées dans les mêmes feuilles, retirées toutes rouges au bout de huit jours, ensuite pétries et enveloppées de nouveau, et ainsi conservées pendant deux mois, on faisait un oüicou d'une force si grande, que le Père Breton en ayant bu un jour deux verres, en eut des fumées pendant toute la journée.

Les autres boissons étaient les suivantes:

« Mabi » fait avec des patates : « Estant cuites elles (les « femmes caraïbes) les maschent et les recrachent dans un coüi (1) « plein d'eau et en brouillant une poignée dedans et le font boire « à leurs maris. »

Avec les cannes dont les peaux ont été enlevées, pilées en un mortier (annua) avec un pilon (annehuera), puis jetées dans un canaris plein d'eau, on faisait « de bonnes boissons qu'ils prennent après « qu'elle a bien bouilli » dit le Père Breton.

Les Caraïbes avaient encore une autre boisson (laopali), faite avec les racines cuites des choux caraïbes.

Le Roucou qui servait à les peinturer était d'une beauté magnifique et d'un rouge éclatant presque comme le carmin et les Européens n'ont jamais pu donner à celui qu'ils fabriquaient une aussi belle couleur.

Le Père Breton dit que les femmes Caraïbes faisaient bouillir lefruit dans l'eau et, quand l'eau était tiède, y plongeaient les mains entre lesquelles elles le frottaient. Le roucou tombait au fond du canaris et formait un pain de cire. Elles mêlaient de la poussière de charbon de bois chandelle avec cette pâte pour amortir l'éclat de la

---

(1) Récipient tiré de la *calebasse*.

couleur, et s'en servaient après l'avoir détrempée dans de l'huile.

Le Père Labat rapporte une autre manière de faire le rocou:
« Trempant leurs mains dans l'huile de carapat (1), elles prenaient les
« graines de roucou et les frottaient entre leurs mains jusqu'à ce que
« la pellicule incarnate qui les enveloppait fut détachée et réduite
« en une pâte très claire et très fine. Elles enlevaient cette pâte en
« la râclant avec une spatule et la mettaient sur une feuille bien pro-
« pre. Elle était mise à sécher à l'ombre pour que le soleil ne
« mangeât ni ne diminuât sa couleur, et quand elle était sèche, on
« en faisait des pelotes grosses comme le poing et on les enveloppait
« dans des feuilles de balisier ou de cachibou. »

L'œuvre de patience des femmes caraïbes était la confection
des lits (ébou ou amac) que les Européens ont appelé hamacs et
qu'ils n'ont jamais pu réussir à faire avec la même perfection.

Laissons le père du Tertre nous dire la manière dont on tissait
le hamac et l'employait :

« Nos sauvages n'ont aucun usage de couches, mais ils ont
« des licts de coton qu'ils portent partout avec eux; et ceux qui
« n'ont pas de licts de coton couchent sur des cabanes composées
« de quatre bastons, tissus par dedans d'esguillettes d'écorces de
« mahot. Leurs femmes employent quelquefois un an entier à faire
« un de ces licts. Lorsqu'elles ont filé sept à huit livres de fil de
« coton un peu gros : mais très-uny et bien tord, elles les ourdissent
« sur un métier, comme pour faire de la toile, et puis elles les tis-
« sent comme les tisserans : mais en façon de créseau, laissant à
« chaque bout de la pièce un bon pied de filets sans les tisser. Le
« tout porte environ dix à douze pieds de large, et six ou sept de
« longueur. Pour se servir de ces licts, ils prennent dix ou douze
« brasses de cordes de pites un peu plus grosses que du foit, et ayant
« lié huit ou dix de ces filets, ils font un ply de cette corde longue
« de deux pieds puis repassent cette corde dans huit ou dix autres
« filets; et refont encore un ply, et ainsi consécutivement jusqu'à
« la fin. Cela fait, ils prennent une autre corde de pite, grosse
« comme le doigt, avec laquelle ils lient les plis de cette première
« corde ensemble, et en font autant à l'autre bout. Quant ils
« s'en vont coucher, ils pendent ces lits par ces deux grosses cordes
« à des arbres ou à deux fourches de la case, sans toutefois le ban-
« der beaucoup, mais le laissant un peu courbé.

« Ces licts sont assez commodes et fort sains, car on y est
« toujours à l'air : et il y a du plaisir à s'y reposer pendant la
« chaleur du jour, à la fraischeur sous des arbres. Presque tous

____
(1) Ricin.

« nos Français s'en servent, principalement ceux qui ne sont pas
« mariez : car pour dormir à son aise dans un lict de coton, il ne
« faut ny compagnon ny compagne.

« Lors que ces licts sont neufs, ils sont blancs comme de la
« neige, mais les Sauvages ont soin de les peindre de rustiques et
« de moresques à leur mode, avec une peinture noire qui ne déteint
« jamais; enfin, ils les graissent d'huile et les peignent de roücou,
« pour les garantir de la pluye.

« Les sauvages font toujours du feu sous leurs licts, car ils sont
« fort frilleux. Cela les garantit aussi des « Maringoins » : mais
« surtout, à ce qu'ils disent, des « Maboyas » et des malins esprits ».

Les rabans s'appelaient : « tichirou » et les grosses cordes
« iéouali ».

La nuit arrivée, tous les travaux cessaient. Le firmament
montrait successivement ses étoiles innombrables; l'immense tache
lumineuse de la poussinière (iromouboulème) le traversait splendide-
ment, la lune versait sur cette belle nature tropicale sa lumière
argentée; la brise de la nuit rafraîchissait l'air embaumé par les
mille senteurs des plantes; la rivière coulait murmurante dans son
lit ombragé d'arbres séculaires; la mer plus calme blanchissait de
ses écumes le sable du rivage où se brisait en grondant sur les rochers
ou les falaises de la côte, ou soufflait rejaillissante, chassée des
cavernes où elle s'engouffrait (pfou pfouli). Les Caraïbes venaient
alors s'assembler sur la place située entre les cases et le carbet.
Les uns causaient ou fumaient ou, immobiles, tenaient entre la lèvre
et la gencive la pincée de tabac qu'ils avaient préparée pour cet
usage. Ceux-ci faisaient le geste qui leur était habituel (faire peter
la main sous les aisselles), ceux-là modulaient des airs sur la flûte.
Parfois on entendait ce cri : « kiouacoulou ànoumakê », puise-moi
du oüicou, et une femme apportait la boisson dans une calebasse
en forme de poire.

Cette radieuse soirée se passait ainsi et n'était troublée que par
le son d'une corne de lambi (atoronê) qui annonçait l'arrivée tardive
d'un canot de pêche.

Les Caraïbes vivaient heureux, oubliant que cette île, ils
l'avaient ravis à ses premiers habitants, et que d'autres, un jour
pouvaient les en déposséder. « Il ne manque rien aux Sauvages, » dit
le père Breton, « pour estre au rang des pauvres de l'Evangile,
« que de l'estre pour l'amour de Jésus-Christ, et en veue du
« Royaume des cieux : car ils ne possèdent ny or ny argent, ils
« ne portent ny poche ny besace, ny habit, ny baston, n'ont pas
« mesme d'attache pour en acquérir : une chaumière pour deffendre

« les injures de l'air contente leur ambition : leur tomali fait tout
« leur ragoust, les crabes sont les plus friands morceaux qu'ils
« ayent, les callebasses leur servent de vaiselles; les paniers de cof-
« fres, les pots à terre, de marmites et de chaudrons : quand ils
« changent d'Isles, quand ils vont en un autre quartier ou « carbet »,
« on ne leur refuse point à boire, à manger, ils font la réciproque
« en pareil cas, pourveu qu'on ne vienne pas trop tard, car on ne
« réserve rien pour le lendemain. »

Le moment du sommeil est arrivé, chacun se dit : « Kichi-
coulama », allons nous coucher, et leurs hamacs les reçoivent.

Ils dorment sans crainte, les courageux Caraïbes, les marins
consommés, les hardis navigateurs : qui pourrait les attaquer, eux
qui sur leurs frêles embarcations vont jusqu'à la Côte-Ferme et jusqu'aux Grandes-Antilles porter le ravage et la mort aux Arroüagues,
leurs ennemis par excellence !

Pour avoir plus de crédit parmi la nation, un grand chef devait
avoir une nombreuse famille. La polygamie existait chez les Caraïbes
et cette institution a pesé et pèse encore d'une manière cruelle sur
le sort des femmes indiennes des nations intérieures de l'Amérique
du Sud. Les Caraïbes ne voyaient dans la femme qu'un être sans
valeur, un peu au-dessus d'une captive. Aussi l'amour n'exerçait
sur les hommes qu'une très faible domination et leur insensibilité
envers leurs épouses était complète. Souvent les femmes passaient
des bras d'un guerrier dans ceux d'un autre, sans jalousie et sans
fracas. Lorsqu'un chef revenait d'une expédition guerrière, chargé
de gloire, il était reçu en triomphe par sa peuplade et, pour récompenser sa valeur, ses compagnons de combat lui permettaient de
prendre plusieurs captives à son goût et ses compatriotes considé-
raient comme un honneur de lui faire choisir parmi leurs femmes
celles qui lui plaisaient le plus.

Les Caraïbes avaient jusqu'à sept femmes, sans compter celles
qu'ils épousaient dans chaque île où ils se rendaient fréquemment.
La prédominance des passions, sous un climat qui prédisposait à la
volupté, a contribué largement à l'établissement de cette coutume,
parce que les hommes, se formant de bonne heure, voyaient se
développer plus tôt que dans les autres régions leurs brutales incli-
naisons. Un autre motif avait aussi fait admettre la pluralité des
femmes, motif que des sentiments religieux avaient fait naître pour
venir, sans doute, en aide à une loi physique reconnue nécessaire.
Les hommes se séparaient de la femme, aussitôt la conception et
ne cohabitaient avec elle que six mois après l'accouchement.

Les Caraïbes n'avaient aucun degré de consanguinité prohibé.

Des pères épousaient leurs filles, des mères, leurs fils, quoique la chose fut cependant assez rare, « mais tous les autres, » dit le père Breton, « les hayssoient à cause de cela : le fils de l'un de « ceux là suyvit en France les RR. Pères Capucins, parce qu'il « éstoit honteux de l'infamie de son père. J'en ay veu un autre « qui avait la mère et la fille; d'autres prétendoient qu'elles leur « appartenoient de droit, « kaboyen honi coüatium nhaonicoüa », « (disent-ils) ils se les ravissent les uns aux autres, et ceux qui les « enlèvent les appellent « nabogoni ». Les vieillards prennent quel- « quefois des filles de 14 à 15 ans, aussi toutes les esclaves, que « les jeunes gens prennent, ils les donnent à leurs pères ou grand- « pères et les enfans qu'ils ont d'elles sont estimez et traitez en « légitimes ».

Ils se mariaient aussi avec ces femmes esclaves qui étaient obligées de porter toujours leurs cheveux ras et n'avaient pas de brodequins. Quelquefois, après en avoir joui, ils les tuaient d'un coup de boutou.

Chaque femme avait sa case dans laquelle s'établissait le mari, selon le caprice qui le portait vers une de ses épouses. Celle ainsi choisie apprêtait la nourriture de son époux et le suivait dans ses expéditions. Toutes ces épouses vivaient dans la plus étroite amitié et ne laissaient éclater aucune jalousie. Il arrivait souvent que le mari abandonnait, pendant des années entières, ses autres femmes. Alors, si elles étaient filles d'un chef, leur père s'intéressait à leur sort, reprochait au mari cet abandon et le menaçait de lui retirer sa fille pour la marier à un autre.

Des désordres étaient provoqués par cet abandon. Les femmes oubliées se livraient à des amants. Le mari pardonnait quelquefois à la femme son infidélité, mais jamais à l'amant.

Aucune cérémonie religieuse ne présidait au mariage qui s'accomplissait sur le consentement du père de la femme. Le consentement n'était pas nécessaire quand l'homme épousait une cousine germaine descendant de la ligne féminine.

Si un Caraïbe épousait la fille d'un chef, ou si le fils d'un chef se mariait, le père et la mère conduisait leur fille chez son mari. Celle-ci apportait un repas sur un « matoutou ». On lui disait « Pouliba lone », porte à manger à ton futur. Les accordés assis au milieu de la case, mangeaient ensemble. Circonstance extraordinaire, car c'était l'unique fois qu'une femme prenait un repas avec un homme. Après le repas, on disait « rayani ali », il a une femme, il est marié : « pouliarou lone », elle est mariée. Quelquefois, les parents qui ne faisaient qu'assister à ce repas, se livraient

à une réjouissance. La femme demeurait chez son mari, car pour
les autres mariages l'homme venait demeurer avec son beau-père.
« Ainsi, écrit le père Breton, ceux qui ont beaucoup de filles sont
« les plus advantagez : car leurs gendres viennent demeurer avec
« eux, abattent leurs jardins, font leurs cases et vont à la pesche
« pour eux. Les gendres étaient alors désignés sous le nom de :
« coyemanocou ou coyemericou » alliés dans un autre carbet. »

Les mariés changeaient leurs noms : « iéti clée iatekê » donne-
moi un nom, disaient-ils. « Les Caraïbes mariez, et leurs femmes
« mesmes sont rarement appelés de leur nom, car il semble que
« ce soit un crime d'y penser; ils ne font seulement que prononcer
« les premières syllabes (je dis en leur absence, car en leur présence
« ils s'en offenseroient), ils usent de circonlocution, et disent, le
« père d'un tel (car on ne feint pas de nommer les enfans), ce
« nonobstant, quand ils sont dans leur vin, à moitié saouls, ils
« affectent comme un grand honneur qu'on les qualifie du nom de
« l'Arroüague qu'ils ont tué. »

Les jeunes femmes avaient sur leurs maris habitant chez leurs
père un avantage « qui est, dit le père du Tertre, qu'elles peuvent
« parler à toutes sortes de personnes, mais le mary n'ose s'entre-
« tenir avec les parens de sa femme, s'il n'en est dispensé, ou par
« leur bas âge, ou par leur yvrognerie. Ils évitent leur rencontre
« par de grands circuits qu'ils font, et s'ils sont surpris dans un
« lieu dans lequel il ne s'en peuvent dédire, celuy auquel on parle
« tourne son visage d'un autre costé pour n'être pas obligé de voir
« celuy qui luy parle, s'il est obligé de l'entendre. Cette estrange
« coustume m'a esté rapporté par un jeune homme, qui avoit esté
« long temps esclave parmi eux ».

Le père Breton raconte à son tour que lorsqu'il leur demandait
pourquoi ils fuyaient la conversation « de telles personnes qui leur
« sont si advantageuses, ils répondaient : « inébéti none », il ne
« m'est pas permis, je n'ose ».

Le mariage se rompait par la déclaration du mari qu'il faisait divorce; par la volonté du père, lorsqu'il reprenait sa fille
envers laquelle le mari ne remplissait pas les devoirs conjugaux. La
femme ne pouvait obtenir le divorce que si son mari y consentait.

Les Caraïbes n'avaient ni amour ni tendresse pour leurs femmes, conséquence forcée de l'avilissement et de la dégradation de
la nature humaine chez tout peuple sans civilisation. Leurs femmes étaient astreintes à une soumission sans bornes. « Il n'y a que
les femmes, » dit le père Labat, « qui soient obligées à l'obéis-
« sance, et dont les hommes soient absolument maîtres. Ils portent

« cette supériorité jusqu'à l'excès, et les tuent pour des sujets
« très légers. Un soupçon d'infidélité, bien ou mal fondé, suffit,
« sans autre formalité, pour les mettre en droit de leur casser la
« tête. »

Les vieilles femmes s'ingéniaient à empirer le sort de ces infor-
tunées, troublaient sans cesse leur ménage en éveillant les soupçons
de leurs maris sur leur fidélité, et causaient souvent leur mort, en
les faisant passer pour sorcières. Immédiatement le boutou se levait
et brisait le crâne de la sorcière.

Les femmes caraïbes étaient nubiles dans un âge encore tendre
et enfantaient dans un âge avancé. « L'on trouve, » dit du Tertre,
« dans les registres de la Guadeloupe, le nom d'une vieille sau-
« vagesse appelée « Madame », âgée de cent ans et sa fille âgée
« de cinq ans, j'ay veu la femme et l'enfant, et bien que l'on ne
« seut son âge que par des conjectures, il est très-assuré qu'elle
« ne pouvait avoir moins de 80 ans, quand elle l'a mise au monde. »

L'enfantement s'opérait sans douleur bien vive et si les travaux
de l'accouchement étaient rudes, elles savaient les faciliter au
moyen d'une plante que du Tertre décrit ainsi :

« Les Sauvages nous ont apporté une espèce de jonc semblable
« à ceux de nos rivières, et assez rare dans la Guadeloupe. Sa
« racine est composée de certaines bulbes en forme de boutons,
« grosses comme le bout des doigts, lesquelles estant desseichées
« et mises en poudre, exhalent une odeur fort aromatique, et qui
« témoigne assez les excellentes vertus de cette plante. C'est un
« thrésor inestimable pour les femmes mariées; le poids d'un escu
« ou quelque peu davantage de cette racine pulvérisée, les fait
« délivrer sur le champ avec beaucoup de faciliter. »

Cette plante est le « scripe » ou jonc odorant (riboulichi),
très rare à la Guadeloupe.

Aussitôt la naissance d'un enfant, il était lavé et mis dans un
petit hamac. La mère, comme si elle ne venait pas d'accomplir un
travail, qui, dans les autres régions, est l'objet de grandes précautions, ne restait pas couchée. Elle vaquait à ses occupations jour-
nalières.

Les Caraïbes avaient tous le front plat et ils applatissaient le
front des enfants. Le père Breton va nous faire connaître comment cette coutume s'est établie. « Tous les sauvages, hommes
« et femmes ont une mesme coëfure, et afin qu'elle soit accomplie
« à leur mode, bien tost après que l'enfant est né, la femme qui
« est choisie pour cela, pestrissant de nouveau sa teste l'eslargit
« par le haut et l'unie comme en penchant par le bas jusqu'aux

« yeux, applatissant le front à l'égal du reste (et en cela ils veulent
« faire consister leur beauté), tout le poids du devant de la teste,
« tombe par devant, et se coupe comme les garsettes des Damoi-
« les de pardeça, les moustaches couvrent seullement les oreilles,
« on laisse croistre le reste par derrière, tant aux hommes qu'aux
« femmes: la mère près de deux ans de temps, pendant le jour, pose
« les jambes de l'enfant sur une de ses cuisses (estant assise) et la
« teste sur l'autre, l'enfant estant endormi, elle ouvre sa main droite,
« la pose sur le devant de la teste de l'enfant, appuye son coude
« gauche dessus, panche sa teste sur sa main, et dort ainsi avec
« l'enfant, afin de faire subsister la forme qu'on lui a donnée, cela
« fait qu'ils ont de gros yeux qui leur sortent hors de la teste, je
« ne me suis pas aperceu que cela les rendit ordinairement camus. »

On avait, sans doute, observé que le rapprochement des sexes,
après l'accouchement, était un acte nuisible. Pour l'empêcher, on
avait établi une coutume qui parut bizarre aux Européens. En cette
circonstance, la superstition vint en aide à la nature. Le père, peu
après l'enfantement, commençait par pousser de petites plaintes
qui allaient en augmentant. On s'empressait autour de lui, on lui
demandait avec sollicitude la cause de sa douleur, on pendait son
hamac dans lequel il se couchait. Ses parents, ses amis venaient le
visiter comme malade. Assujetti à une diète sévère, il ne mangeait
ni ne buvait pendant les cinq premiers jours, pendant les cinq jours
suivants, il ne buvait que de l' « ouycou ». Le onzième jour, il commençait à manger de la cassave et continuait à prendre cette nourriture pendant un mois, ne buvant que de l' « ouïcou ». Il ne mangeait
que le dedans de la cassave, et le reste appelé « noubpute onàgani »,
ressemblant aux bords d'un chapeau, était soigneusement conservé
et suspendu dans la case par une corde.

A l'expiration de quarante jours, les parents et amis étaient
invités à un festin qui se donnait dans le carbet et dans lequel on
mangeait tous les bords de cassave conservés. Mais auparavant, ils
se rendaient dans la chambre du patient, lui déchiraient la peau
avec des dents d'agouti, lavaient les plaies avec une mixture dans
laquelle on faisait entrer de 60 à 80 grains du piment le plus fort
broyé dans de l'eau. Le père supportait héroïquement ces atroces
cruautés. Pas une plainte ne s'échappait de sa bouche. Il était ensuite
replacé dans son hamac d'où il ne bougeait pas pendant plusieurs
jours. Puis les convives se rendaient au carbet pour prendre leur
repas. Pendant six mois, après cette cruelle cérémonie, le père
s'abstenait de manger de la chair de certains animaux. De là est
venu, sans doute, leur horreur pour certaines chairs.

« Ce n'est pas encore tout, dit du Tertre, car par l'espace
« de six mois entier, il ne mange ny oyseaux, ny poissons, croyant
« fermement que cela feroit mal au ventre de l'enfant, et qu'il
« participeroit aux défauts naturels des animaux desquels le père
« se seroit repu: par exemple si le père mangeoit de la tortue,
« que l'enfant seroit sourd et n'auroit point de cervelle comme cet
« animal; s'il mangeoit du lamentin, qu'il auroit les yeux petits
« et ronds comme le lamentin et ainsi des autres. »

La mère jeûnait aussi, mais pas aussi rigoureusement que son
mari.

Cette étrange coutume qui ne se pratiquait ordinairement qu'à
la naissance du premier enfant, était désignée sous le nom de
« inenematobou », mon premier né, le sujet de mon jeûne.

Huit jours après ses six mois, le père choisissait un parrain
(tamachicali), si l'enfant était du sexe masculin; une marraine si
c'était une fille.

Alors avait lieu le festin solennel, appelé « élètouac », auquel
tous les habitants prenaient part. Le repas achevé, on donnait à
l'enfant la coiffure nationale, on lui coupait les cheveux pour les
faire tomber sur le front bien uniment (tabourracàtoni ittoari), s'il
avait une forte constitution, le capitaine du carbet lui faisait des
incisions sur le corps : lui perçait les oreilles, la cloison des narines
et la lèvre inférieure, sinon l'opération était renvoyée lorsqu'il avait
un an. Le parrain ou la marraine lui donnait le nom qu'il devait
porter toujours, même lorsque plus tard, il en prenait un autre.
Le père et la mère en signe de reconnaissance, oignaient, avec de
l'huile de palmiste, le cou et la teste du parrain ou de la marraine.

Avant de se retirer, les invités mettaient au pillage (iboüicanum)
tout ce qui avait servi au repas. Les Caraïbes livraient aussi au
pillage les ustensiles d'une pirogue après son premier voyage, les
bijoux d'un enfant dont on le dépouillait lors de sa première sortie.

Les enfants n'étaient pas emmaillotés et étaient jour comme
nuit suspendus au sein de leurs mères, dont la sollicitude pour eux
était touchante. Quand ils étaient devenus plus robustes, outre le
lait, les mères leur donnaient une bouillie de patate et de banane
préalablement mâchée par elles. Quand ils pouvaient se soutenir,
elles enlevaient de la terre toutes les pierres, les faisaient s'asseoir
et les laissaient jouer et se patrouiller dans la poussière, se levant
debout, tombant à chaque instant, tantôt sur les mains, tantôt sur
le derrière. A quatre mois, ils marchaient à quatre pattes. Ils couchaient avec leurs mères, qui, dit le père Breton, « prennent un
enfant de terre ou du lict, par le poing, et le lèvent en haut, sans

« crainte de le blesser, et l'enfant suivant l'habitude qu'on luy a
« donné ploye le genouil gauche et pose sur le costé de sa mère,
« laissant l'autre pied pendu, outre que la mère l'embrasse par-
« dessous le bras droit et le porte de la sorte pendant le voyage à
« moins qu'il soit long car alors, elle a un petit lict de coton qu'elle
« passe autour de son col et le laisse pendre sur le costé dans
« lequel elle le porte. »

En cas de divorce, les enfants sont retenus par la mère (icha-
noucou) qui ne les laissent au père que par contrainte, car quand ils
sont grands ils deviennent son appui et la font subsister.

Devenus grands, les garçons suivaient leurs pères et mangeaient
avec eux; les filles n'abandonnaient jamais leurs mères qui leur
apprenaient à tisser les hamacs et les exerçaient aux travaux cham-
pêtres. A l'âge de puberté, les enfanst des deux sexes étaient
astreints à un jeûne de trois semaines ou un mois, et on leur décou-
pait la peau avec des dents d'agouti.

L'éducation des garçons entièrement livrée au père était l'objet
de soins constants. Dès l'enfance, on leur apprenait à bander l'arc,
à enlever, au moyen de flèches, leur nourriture posée sur une branche
d'arbre, à viser un but, à tirer des oiseaux, à nager, à prendre du
poisson, à fabriquer tous les objets réservés au travail de l'homme,
à exceller dans tous les exercices du corps.

Le père Breton, dans son dictionnaire, s'exprime ainsi :
« Attata obaca », elle pousse par devant. Les enfans des Caraïbes
« soit pour s'apprendre à nager, soit pour s'habituer aux vagues
« de la mer, soit pour se divertir, prennent des petites planches sur
« lesquelles ils se couchent et se laissent aller, les uns au gré de
« la vague qui les pousse, par derrière dans l'embouchure des
« rivières; les autres qui sont plus forts, se laissent aller au courant
« de la rivière, et affrontent les flots de la mer qui sont grands et
« effroyables, au contre-choc des deux eaux, particulièrement au
« quartier de la Cabester où les mers sont bien plus rudes et les
« rivières bien plus rapides; néanmoins, quand ils les voyent dans
« ces vagues les uns la teste en bas et les pieds en haut, et les autres
« les pieds en bas, et le corps quasi debout; c'est à dire où nous
« frisonnerions de peur, c'est la signification de ces deux mots»(1)

Les Caraïbes leur donnaient, en même temps, des leçons de
patience et de fermeté, et tout en s'efforçant de leur inspirer le
courage à la guerre, le mépris de la mort et des dangers, leur
inculquaient leur haine héréditaire et implacable contre les Arrouagues.

____

(1) Cet exercice est encore en vogue à la Guadeloupe.

Quand un garçon avait acquis tous les talents indispensables à un homme, qu'il savait supporter, sans se plaindre, les souffrances les plus cruelles, endurer les tortures de la faim, il sollicitait l'honneur d'être admis parmi les guerriers.

Une cérémonie imposante et cruelle avait lieu dans le carbet. Les parents, les amis, les guerriers des villages voisins y étaient conviés.

« Les cruautés exercées en cette circonstance par les pères sur
« les enfans, dit Byran Edwards, montrent l'influence de la supers-
« tition sur les sentiments ordinairement si puissans de la nature.
« Mais cette pratique n'est pas sans exemple. Plutarque fait con-
« naître l'existence d'une pareille coutume chez les Lacédémo-
« niens. « A Sparte, dit cet historien, les jeunes garçons sont
« fouettés un jour durant, souvent jusqu'à la mort devant l'autel
« de Diane, et c'est une merveilleuse émulation entre eux à qui
« supportera le plus grand nombre de coups. » La jeunesse Caraïbe
ne le cédait pas en courage à celle de Sparte.

Des épreuves préliminaires démontraient d'abord qu'à la force du corps le candidat joignait l'énergie du caractère et savait supporter la douleur et les longues privations. Quand elles étaient terminées à la satisfaction générale, le jour de l'épreuve décisive était fixée.

Le récipiendaire, introduit dans le carbet, allait s'asseoir sur une bille de bois placée au milieu.

Son père se présentait alors. Aucune émotion ne se trahissait sur son visage. Croyant fermement que le courage qu'il avait déployé en cette circonstance, il l'avait transmis à son fils, il ne pouvait douter que ce dernier ne supportât héroïquement les tortures. Si une crainte se glissait dans son âme, c'était celle de savoir si cet enfant supporterait jusqu'au bout les épreuves. Cette crainte il la chassait de son esprit.

Tenant par les pattes, le petit aigle des Antilles, appelé « Mansfenil » il en brisait la tête sur le crâne de son enfant. L'oiseau tué, était emporté pour être bouilli dans une sauce pimentée.

Le corps du patient était ensuite déchiré avec des dents d'agouti, et les plaies lavées avec une sauce au piment. On lui apportait alors le cœur du Mansfenil; il le mangeait. Cette nourriture passait pour lui donner plus de courage.

Son père le fustigeait d'une manière cruelle, se précipitait sur lui et, le tenant à la gorge, l'étranglait presque. De vieilles femmes, armées des feuilles acérées de l'ananas le frappaient avec furie.

Quand la série des tortures était épuisée, on le plaçait dans un hamac qu'on hissait jusqu'au faîte du carbet. Il restait alors ainsi suspendu pendant trois jours, sans boire ni manger et dans une immobilité complète.

Descendu du hamac, il fournissait une longue course, puis, armé d'un boutou, il faisait toutes sortes d'évolutions pour montrer qu'il savait se servir avec habileté de cette massue.

Au milieu d'unanimes applaudissements, il était alors proclamé guerrier et avait le droit de prendre un nouveau nom : « Cheboïtou-main-ali », disait-on alors, il a passé par les piques.

**

Les Caraïbes avaient toujours un chef (ouboutou), qu'ils élisaient, leur choix se portant toujours sur les guerriers âgés estimés pour la maturité de leur esprit, leur longue connaissance des armes et leur courage. Des échecs subis à la guerre, leur avaient sans doute inculqué le principe que la subordination à un chef suprême, expérimenté, était nécessaire et ils écartaient les jeunes dont la témérité pouvait être préjudiciable.

L'Assemblée convoquée pour procéder à l'élection durait plusieurs jours pendant lesquels les candidats haranguaient les assistants et exposaient leurs titres. Ils étaient soumis à une épreuve d'une odieuse barbarie, et le plus digne nommé chef, « ouboutou ». Il conservait sa charge jusqu'à sa mort ou sa démission. « Quand les « vieillards, dit le père Du Tertre, connoissent qu'ils ne sont plus « capables de supporter le fardeau de leurs charges, ny des courses « pénibles qu'il faut faire assez souvent dans ces emplois, ils s'en « déportent et n'acquièrent pas moins d'honneur pour cette ingénue « confession de leur faiblesse que s'ils avoient remporté des victoires; « mais afin que la pluralité de ces capitaines ne fasse perdre le « respect qu'on leur doit, il n'y en a quelquefois qu'un seul dans « une isle. Il y a en deux dans la Dominique, qui demeurent fort « éloignez l'un de l'autre, de peur que leur authorité ne se choque, « et que la jalousie ne les perdre. Leur puissance est pourtant limi- « tée, parce qu'ils ne commandent que dans les affaires de la « guerre. »

Le capitaine soulevait facilement le peuple quand il avait le dessein de faire la guerre (liüetoucouli), guerre étant « outoucou ».

Les assemblées convoquées pour la décider étaient l'occasion de scènes sauvages. Lorsque les assistants étaient plongés dans la plus crapuleuse ivresse, des vieilles femmes prenaient l'une après l'autre ou toutes ensemble, la parole. Par des discours fougueux,

elles essayaient d'exciter une fureur général; elle faisaient le dénom-
brement des parents et amis tombés sous les coups des ennemis,
énuméraient les torts et les outrages dont ces derniers s'étaient
rendus coupables, bref, faisaient, dit du Tertre, un « caramémo »
de plaintes confuses si étranges que tous les assistants, émus jusqu'aux larmes, s'excitaient mutuellement à la vengeance. Alors,
elles jetaient au milieu du carbet, quelques membres boucanés
d'ennemis qui étaient immédiatement dévorés avec une dégoûtante
voracité.

Sur un geste du chef, le silence se rétablissait. Alors s'adressant aux guerriers, dans la langue qu'ils comprenaient seuls, il leur
présentait leurs pères massacrés, leurs frères égorgés, leurs enfants
réduits en esclavage. Il vantait ses exploits, racontait les victoires
qu'il avait remportées, les exhortaient à se confier à sa valeur et à
combattre intrépidement.

La guerre était résolue, le lieu du rendez-vous assigné, le jour
du départ fixé.

Quand il s'agissait de simples expéditions qui ne demandaient
pas le concours des forces de toute la nation, le chef envoyait un
guerrier renommé dans chaque « toubana » pour rassembler une
bande de volontaires.

Pour connaître l'époque fixée pour le départ de chaque
village, on remplissait une calebasse, choisie à cet effet, de pierres.
Tous les jours on en retirait une, et lorsque la calebasse était vide,
les guerriers marchaient vers le lieu assigné pour le rendez-vous

Pendant ce temps, les pirogues étaient mises en état, les
femmes préparaient les vivres, assemblaient la provision de cassave
(ayabouï), et faisaient la pâte de bananes, qui dans le besoin,
servait de nourriture et de boisson; cette pâte était faite avec des
bananes bien mûres écrasées et passées à travers un hébichet fin.
Elle était façonnée en forme de petits pains qui, après avoir été
enveloppés dans des feuilles de balisier, étaient séchés au soleil ou
dans des cendres chaudes. « Lorsqu'ils veulent, dit Labat, se servir
« de cette pâte, ils la délayent dans de l'eau, ce qui se fait très fa-
« cilement. Elle épaissit l'eau, et lui donne une petite pointe d'ai-
« greur agréable qui réjouit, qui désaltère beaucoup, et qui nour-
« rit en même temps. »

Cette pâte, ainsi que les vivres qui étaient sujets à s'avarier,
étaient enfermés dans de grands « coyemboucs » : « ce sont, ajoute
« le même historien, de grosses calebasses d'arbres que l'on coupe
« à la quatrième ou cinquième partie de leur longueur, on couvre
« cette ouverture avec une autre calebasse et ces deux pièces sont

« jointes ensemble avec une ficelle de mahot ou de pite, à peu
« près comme le dessous d'un encensoir est joint à son dessus; les
« deux morceaux de calebasse ainsi ajustez s'appellent un « coyem-
« bouc » : ce mot, aussi bien que l'invention, vient des Sauva-
« ges. » Le père Breton désigne le coyembouc sous le nom de
« chapou ».

Lorsque le « coyembouc » était rempli de ce qu'on voulait y
mettre, on serrait le couvercle avec la corde.

Les hommes apprêtaient leurs armes consistant en :

Arcs (Chimala) longs d'environ six pieds. Les deux bouts
étaient ronds et avaient un diamètre d'environ neuf à dix lignes.
Deux hoches étaient à la corde. La grosseur s'augmentait également des deux bouts en venant vers le milieu, qui était ovale en
dehors, plat en dedans, et avait un pouce et demi de diamètre.
L'arc était taillé dans un bois vert ou dans le « bois de lettres »,
à couleur brune mêlée d'ondes d'un rouge brun, bois pesant,
compact et fort raide. La corde tordue avec le carata, grosse de
deux ou trois lignes, était étendue le long de l'arc, qui était droit
et sans courbure.

Flèches. La tige du roseau, appelée « bouléoüa », au moment
de la floraison, servait de corps à la flèche. Elles étaient grosses
comme le petit doigt, longues de quatre à cinq pouces, légères. Dans
le gros bout on ajustait un morceau de bois dur pointu, des écailles
de tortue, l'extrémité de la queue d'une raie. Elles s'appelaient :

« *Aboucoutaliti* », garnies de buchette la traversant comme
un canot d'avirons.

« *Hipe* » à pointe ayant la forme d'un harpon.

Ces ardillons agrandissaient la plaie quand on retirait la flèche.

« *Chibarali* », quand la pointe était une queue de raie.
C'était la plus dangereuse, étant pointue par le bout, s'élargissant
en montant, outre qu'elle était dentelée comme une scie et veni-
meuse par elle-même.

Elles étaient unies avec une petite hoche (hipe erebe) au bout,
pour les empêcher de glisser ou de s'échapper de la corde, et étaient
parfois ornées de plumes de perroquet refendues et collées à six
pouces près du bout.

Elles étaient empoisonnées. Les pères Breton, du Tertre et
Labat, disent que ce poison n'est autre que le lait du mancenillier.
La science moderne a rejeté cette opinion. Les Caraïbes n'ayant
jamais livré leur secret, on a conjecturé que ce poison venait de la
Côte-Ferme et devait provenir des plantes appelées : « carouachi »

ARMES CARAÏBES

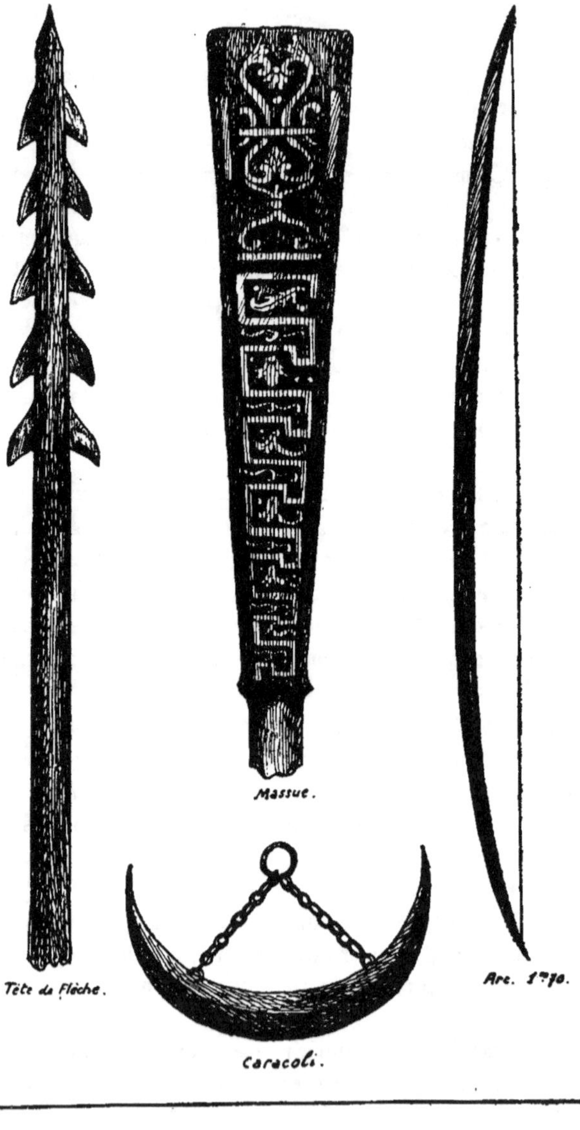

Massue.

Tête de Flèche.

Caracoli.

Arc. 1770.

(ticum lama curare) ou « wooara antiar » (curare ou vejuco de mavacure).

Les flèches destinées pour la chasse n'avaient pas d'ardillons et étaient désignées sous le nom de : « lacàto ». Quand on voulait tuer des petits oiseaux, on y appliquait un bouton de coton et la volatille tombait sans être percée. Celles servant à la pêche (acheùragle ou choùchouman) étaient en bois d'une seule pièce avec un long ardillon; au bout opposé à la pointe était attachée une corde longue ayant à son extrémité un morceau de bois léger, lequel indiquait l'endroit où le poisson s'était arrêté.

« *Boutou* » (boùtou ou iboùtoulou), massue en bois de bresil-let, bois vert ou autre bois massif et pesant comme du plomb. Elle avait jusqu'à trois pieds de long, et large comme la main jusque sur l'extrémité, où elle s'élargissait un peu.

*
* *

Les Caraïbes n'avaient pas de lieu spécial de sépulture. Aussitôt le décès, les femmes lavaient le corps, l'enduisait d'une magnifique couche de roucou, graissaient ses cheveux avec de l'huile de palme, le coiffait, l'ajustait, comme s'il devait paraître dans une grande assemblée et le plaçait ensuite dans un hamac qui n'avait jamais servi.

On creusait une fosse profonde de dix à sept pieds, large de quatre. Une bille de bois était placée au fond du trou. Le corps enveloppé du hamac, était déposé dans la fosse, assis sur la bille, les coudes portant sur les genoux et les paumes des mains soutenant les joues(1).

Si le mort était un guerrier, on plaçait a côté de lui ses arcs, ses flèches, boutous et des provisions pour le voyage au pays que Dieu lui réservait. La famille et les amis entouraient la fosse et commençaient à soupirer, puis entonnaient un chant lugubre, interrompu de temps en temps par des soupirs et des sanglots déchirants; ils levaient les bras vers le ciel, poussaient des cris lamentables et versaient ensuite des torrents de larmes. Leur douleur gagnait toute l'assistance.

Pendant quelques temps, le soir, bien tard, et le matin à l'aube, on renouvelait ces lamentations.

« Au bout d'un an, dit le père Raymond, la cérémonie des « funérailles solennelles avait lieu. Tous les parents étaient réunis « autour de la fosse. Cette réunion avait pour but de faire constater « que la mort avait été naturelle. Des parents absents au moment

____

(1) Comme au Pérou et au Mexique.

« de la mort d'un de leurs proches, étant revenus longtemps après
« l'enterrement, s'étant persuadés que le défunt avait été assassiné,
« par point d'honneur avaient tué celui qu'ils supposaient auteur
« du meurtre. Pour éviter ces vengeances qui entretenaient des dis-
« cordes, on avait établi la coutume de faire les funérailles en
« présence de tous les parents. »

Tout à coup un silence profond régnait, le plus ancien des
chefs de guerre s'approchait de la fosse et improvisait un discours
pour célébrer les exploits du mort.

Après cette oraison funèbre, les femmes brûlaient toutes les
hardes et les petits objets ayant appartenu au défunt. On levait alors
les planches, on jetait la terre dans la fosse, puis on la foulait aux
pieds.

A la mort d'un père de famille, sa femme et ses enfants se
coupaient les cheveux (itibouri) et les gardaient ainsi pendant un
an. Ils jeûnaient pendant une lune, ne mangeant que de la cassave
et ne buvant que de l'eau. Toutes les esclaves étaient immolées sur
la fosse; aussi, pour se soustrairer à ce sort cruel, s'empressaient-
elles, aussitôt le décès, de prendre la fuite. Cette coutume avait été
considérée comme trop barbare, puisqu'on ne poursuivait pas ces
esclaves.

A la mort d'une mère, les hommes criaient en larmoyant :
« Kélan nicotamin ioüinclam », les femmes : « iyou nouchouroura
« ahoetibounoaria », Ah! ma pauvre mère, vous voilà enfin morte
pour moi.

.*.

Nous avons vu que les Arrouagues du continent et les Caraïbes
se faisaient héréditairement la guerre avec la même haine implacable

Au retour de ces expéditions, les Caraïbes célébraient leur
triomphe dans une fête solennelle où toute la peuplade était conviée.

Le chef racontait les exploits des guerriers qui s'étaient les
plus dinstigués par leur courage et leur prudence. L'Assemblée
éclatait en frénétiques applaudissements.

Un silence religieux suivait, puis les prirsonniers réservés à
l'honneur d'être mangés dans cette fête de la vaillance heureuse,
étaient introduits dans le carbet.

Une scène d'une épouvantable horreur se passait alors.

Les prisonniers, soumis aux traitements les plus barbares, les
supportaient avec une héroïque intrépidité. Leur sérénité admirable
provoquait la rage des Caraïbes qui ne pouvait réussir à leur arracher

le moindre cri de douleur, ni parvenir à faire cesser leur chant de
mort, dans lequel ils racontaient leur vaillance, prodiguaient
l'insulte à leurs vainqueurs dont ils cherchaient à exciter la fureur.
Un vieillard se levait alors et leur donnait un coup de boutou sur
la tête et les assistants les achevaient ensuite. Les corps découpés
étaient jetés sur un gros boucan. Les plus valeureux guerriers mangeaient le cœur, les femmes avaient en partage les jambes et les
cuisses, les hommes tous les autres morceaux.

Les Mexicains d'avant la découverte, étaient eux aussi antropophages. Jean Babelon (1) raconte « que le soir de la bataille de
« Tapeaca, par Cortès, les indiens Tlascaltèques qui accompa-
« gnaient le Conquistador soupèrent des jambes et des bras des
« Mexicains, leurs ennemis, qu'ils firent rôtir congrûment sur des
« brasiers, tandis que les Espagnols marquaient au fer rouge ceux
« qui étaient restés vivants. Des fers spéciaux avaient été forgés à
« cet effet, portant la lettre « G », initiale du mot « guerra ». En
« 40 jours, il n'y eut plus dans la contrée que des esclaves. »

.•.

Comme les Peaux-Rouges de l'Amérique du Nord, les Caraïbes avaient leur grand prêtre-médecin, qu'ils appelaient « Boyez ».
C'est lui qui offrait les sacrifices, soignait les malades, présidait aux
graves événements.

Une préparation était nécessaire pour devenir « boyez ». Dès
la jeunesse on était consacré à ce ministère. L'aspirant faisait des
jeûnes fréquents et des effusions de sang en se balafrant le corps. Il
était choisi avec soin parmi les enfants dont l'esprit était le plus
éveillé et le plus sagace. Quand ses études lui avaient permis de
bien connaître les plantes médicinales et d'en faire un emploi utile,
on procédait à la cérémonie de l'intronisation.

Après un jeûne long et rigoureux, le récipiendraie était introduit dans le carbet commun au bout duquel était placé un « mata-
tou » chargé d'offrandes et autour duquel brûlait des feuilles de
tabac dont la fumée répandait une bonne odeur et remplaçait
l'encens.

Se plaçant devant cette espèce d'autel, le boyez qui procédait
à la réception, chantait sur un ton lugubre une chanson pour appeler
son dieu (lerelericayem boye loubara araliracautium) le boyez
chante pour faire descendre ses dieux (araliracautium, disaient les

---

(1) Jean Babelon. *La vie de Cortès*, Paris, 1928.

Caraïbes), puis soufflait un peu de fumée de tabac. En ce moment
le dieu invoqué tombait comme un sac de farine au milieu du
carbet. Le boyez le faisait s'asseoir dans un hamac et lui offrait le
sacrifice pour boire et manger. Toutes les lumières étaient éteintes
à l'instant où le dieu tombait.

Le boyez lui adressait une harangue, puis lui demandait un
dieu pour le nouveau ministre.

« Cecy estant fait, dit le père du Tertre, ce Dieu ou ce
« Diable luy en donne un, qui paroist en forme d'homme, et si
« c'est une femme, il lui donne une déesse qui paroist aussy en
« forme de femme; et l'on ne dit pas parmi eux que ce soient les
« Dieux des Sauvages, mais le Dieu d'un tel, ou la Déesse d'une
« telle. » « Nichiguienli iouloucayem l'one », je lui ai donné un
« Dieu disait alors le boyez. »

Le père du Tertre raconte que le père Charles avait connu à
la Dominique un boyez qui avait un dieu appelé « Iris » et qui
était une des plus méchantes de ces divinités secondaires; qu'un jour
cet Iris était rentré dans le corps d'une femme et l'avait transporté
plusieurs fois au-dessus du soleil et lui avait fait voir des terres d'une
merveilleuse beauté hérissées de montagnes d'où jaillissaient de
belles sources d'eau vive, en lui promettant qu'après sa mort elle
y vivrait avec lui.

Ces boyez entretenaient les superstitions du peuple.

Ils prenaient des os d'un mort, tirés du sépulcre et les enveloppaient dans du coton. Ils faisaient accroire qu'un « mâpoya »
s'était niché dans l'os et rendait des oracles quand on l'interrogeait.
L'âme du mort répondait. Ils se servaient de ces os parlants pour
ensorceler tous ceux contre lesquels ils avaient conçu de la rancune,
ce qu'ils faisaient ainsi, dit le père du Tertre.

« Les boyez confectionnaient des popottes en coton appelées
« marmousets » (unharaheucoua) et par la bouche desquels, à ce
« qu'ils disent, le diable leur parle. Ils les jettent dans la mer
« quand ils vont faire un voyage; s'ils coulent à fond, ils disent
« que c'est signe de la tempeste et de risque; s'ils flottent sur l'eau,
« que c'est un pronostique assuré de beau temps. Aussi, les Caraïbes
« avant de s'embarquer, consultaient toujours le marmouset, et s'il
« coulait, renonçaient à leur entreprise. »

Ils sculptaient des petites statuettes de bois qu'ils prétendaient
être les figures de « maboyas », notamment en bois de gayac; on
les portait suspendues au cou pour conjurer toute espèce de sortilège
ou guérir de certaines maladies. On usait particulièrement pour ce
dernier cas, de deux pierres venant de la Côte-Ferme: « tacaoua »

pierre verte, « tacoulaoua » pierre verte plus blâfarde, ayant géné-
ralement la forme d'une grenouille. Elles servaient pour la gravelle,
pour faire accoucher les femmes et pour le mal caduc. Ces amulettes étaient très recherchées et d'un grand prix pour leurs posses-
seurs.

La terreur inspirée par les mauvais esprits était si profonde,
que lorsqu'il y avait une éclipse de lune (liüeckekèbouli nônum),
les Caraïbes pensaient qu'un maboya l'avait mangée. Ils dansaient
alors toute la nuit, hommes, femmes, vieillards, enfants, sautelant
sur les deux pieds joints, une main sur la tête, l'autre sur la fesse,
sans chanter mais en jetant de temps en temps des cris lugubres.
Cette danse, qu'une jeune fille accompagnait aux sons d'un
« coïcoï », durait jusqu'au point du jour, et nul, sous aucun pré-
texte, ne pouvait l'interrompre.

Outre ces boyez, les malheureux Caraïbes étaient les victimes
de certains de leurs concitoyens, plus intelligents, plus adroits et
plus rusés qu'eux, qui, pour se donner plus d'autorité et de réputation, faisaient accroire qu'ils avaient des intelligences secrètes avec
les maboyas. Ces sorciers que l'on appelait « piais », d'où est sans
doute venue l'expression encore en usage aux Antilles de « piaye »,
étaient consultés sur toutes choses et leurs réponses passaient pour
des oracles infaillibles. On exécutait l'ordre ainsi reçu, ce qui
souvent entretenait des inimitiés irréconciliables parmi eux, car il y
avait alors quelquefois mort d'homme et par suite représailles.

Le père Raymond écrit : « Les Sauvages rejettent les causes
« de leurs maux sur les dieux des « Boyez », sur les « mapoyas »
« ou sur les sorciers; c'est pourquoy ils craignent plus les premiers
« qu'ils ne les ayment: ils haïssent les seconds et se vengent sou-
« vent (bien mal à propos) de ceux qu'ils croyent être les troisièmes
« et qui ne sont rien moins: j'ay veu un vieillard qui estoit un peu
« chauve, et il se plaignoit qu'on l'avoit ensorcelé comme si on ne
« devenoit pas chauve que par sort. »

La puissance exercée par les boyez était d'autant plus dangereuse que l'imagination frappée des Caraïbes, gens simples et
grossiers, les portait à accepter toutes les niaiseries que leur débi-
taient ces ministres du mauvais principe. On croyait aveuglement à
leurs affirmations, et quand l'un d'eux disait : « Hàmànhatina »,
je m'en suis envolé « nhamanhàcayem », je vole, le Caraïbe ne
contredisait pas. « Nos boyez, dit le Père Raymond, sont assés
« téméraires pour dire qu'ils volent jusqu'au ciel de la lune; mais
« m'estant informé un jour d'un comme il estoit fait, et m'ayant dit
« qu'il estoit semblable à des rochers entr'ouverts qui distillent l'eau

« de toutes parts, je cognus sa sottise; on dit pourtant que quelque-
« fois leurs dieux prétendus les enlèvent visiblement, et qu'on voit
« mesme la case s'entr'ouvrir par le feste pour leur donner passage,
« d'où vient que les simples gens ne comprennent pas que cela se
« fait par enchantements ils disent par grande admiration: « Kàrè-
« nati », il a des aisles.

Cette croyance est restée aux Antilles, les « nhamanhacayem »
étant appelés aujourd'hui simplement « volants ».

Nous avons dit que lorsque la science des femmes était impuis-
sante pour guérir un malade, on avait recours au Boyez :

On nettoyait et purifiait la case, et le boyez introduit près du
malade, ce dernier lui disait : « Kaboyeicàtiba nàacheem », fais
sur moi les fonctions de boyez et de médecin, c'est-à-dire fais
descendre ton dieu pour lui demander des remèdes.

Tout avait été préparé pour offrir le sacrifice, ainsi que nous
l'avons décrit plus haut à propos de la réception d'un boyez, et
toutes les lumières éteintes, car les mapoyas ne descendaient que
pendant la nuit.

Le sacrifice offert, l'invocation ou chanson (léremericani)
terminée, le dieu tombait en faisant cliqueter ses doigts, puis s'ap-
prochant du malade, il répondait aux questions qui lui étaient
posées : S'il déclarait que le malade devait mourir, on l'abandonnait immédiatement; s'il annonçait la guérison, et que le malade
ne fut atteint par exemple que d'une fluxion au genou ou autres
jointures, dieux et boyez le tâtaient, maniaient la partie affligée en
soufflant dessus, puis la suçaient, et se rendaient dehors pour vomir
le venin. « Kachoulacatitie boye », le boyez suce, disait-on. En
opérant, ils semblaient faire sortir soit des pierres, soit des bouts de
flèches, des queues de raies, des épines de palmiste, des petits os
ou des éclats de bois, et affirmaient que c'était le dieu de tel boyez
qui leur avait donné le mal.

L'opération terminée et le malade bien assuré de sa guérison,
le dieu et son boyez faisaient semblant de vider les canaris où se trouvait « l'oüicou » du sacrifice, avec un bruit infernal, puis se retiraient.
Le lendematn matin en entrant dans la case, on trouvait les canaris
pleins, on criait au miracle, et la boisson bue par le dieu et son boyez,
et cependant retrouvée intacte, devenait alors si précieuse qu'il
n'était permis qu'aux vieillards et aux principaux Caraïbes de la
boire. « Mais il y a de ces dieux prétendus qui ordonnent que ce
« soit à jeun, à condition qu'ils n'auront pas touchez leur femme
« cette nuit-là, et, sans bruit, dit le père Breton. »

On appelait quelquefois plusieurs boyez qui faisaient tomber chacun son dieu. La consultation se terminait souvent par des querelles, des injures et une bataille générale.

Le malade guéri (ierénapou) donnait un cadeau à son médecin et un « oüicou » à la fin duquel ce dernier lui peinturait le corps avec du jus de génipat. Ce festin s'appelait : « apouloumàgali ».

Quand le malade était condamné par le boyez, ce dernier, en se retirant, lui disait pour toute consolation que son dieu voulait le conduire au ciel avec lui pour y mener une vie fortunée, exempte de toute maladie.

Les Caraïbes croyaient donc à une vie future et à l'immortalité de l'âme, et ils étaient heureux de penser que leurs parents morts assistaient à tous les actes de leur existence, sympathisaient à leurs souffrances et participaient à toutes leurs joies.

Mais cette croyance était entourée de bien d'obscurité et ils n'avaient pas de l'immortalité de l'âme l'idée précise qu'en ont les peuples policés. Ils pensaient qu'ils avaient autant d'âmes que leur corps avait de battements d'artères, outre celui du cœur.

Aussi avaient-ils une seule expression pour désigner cœur et âme « anichi », et pour le pouls, ils l'appelaient l'âme de la main « noucabo anichi ».

La principale de ces âmes était celle du cœur qui, après sa mort, s'en allait au ciel avec son « ichéiricou » pour y vivre avec les autres dieux, mais en continuant la même existence que sur la terre, dans des conditions plus heureuses. Ces dieux, par conséquent, vivaient comme eux. En effet, ils s'imaginaient qu'il y avait entre ces dieux diversités de sexes, qu'ils multipliaient et qu'ils avaient été autrefois des hommes comme ceux sur la terre. La coutume de tuer des esclaves sur la tombe d'un mort n'avait été établie que pour permettre à ce dernier d'avoir des serviteurs dans l'autre monde.

Quant aux autres âmes, les unes appelées « Oumécou », erraient au bord de la mer, où elles faisaient tourner les pirogues, et les autres désignées sous le nom de « maboya », emplissaient les bois et les forêts.

Le paradis imaginé par les Caraïbes était placé dans des îles fortunées où tout venait à souhait pour la récompense de ceux qui avaient été sur la terre des hommes. De larges et grands fleuves donnaient pour la natation des eaux fraîches, cristallines et paisibles; la mer sans tempête enveloppait ces lieux de délices de son immense nappe bleue où se jouaient des quantités innombrables de poissons; la terre produisait en abondance et sans cultures, des fruits excellents.

Les Caraïbes y avaient des épouses merveilleusement jolies et des captives de la plus grande beauté.

Danses, jeux ,festins, se succédaient sans interruption, et, suprême bonheur, des guerres permettaient, de temps en temps, de briser la tête d'un Arrouagne avec un boutou pesant.

Rien ne manquait donc à la félicité de ces malheureux; tandis que ceux qui avaient été des lâches dans leur vie terrestre, voyaient leurs âmes transportées sur le continent dans une contrée stérile où, esclaves d'un Arrouague, ils menaient une existence affreuse, accablés sous le poids du travail pénible de la terre. (1)

Les Caraïbes sculptaient la pierre. En dehors des inscriptions que nous voyons encore de nos jours à Trois Rivières, ils ont laissé des statuettes grossières taillées dans le jade, le jaspe, la lave, le porphyre (Collection Louis Guesde (Guadeloupe) et Georges Latimer (Porto-Rico) ou dans le bois.

A Trois Rivières, sur l'habitation Petit-Carbet, près le rivage de la mer, se dresse un formidable amoncellement de rochers contenant dans ses flancs une caverne à multiples ramifications où l'on compte une demi-douzaine de chambres reliées entre elles par des couloirs sinueux et des voûtes basses. Un peu plus loin, au pied de la falaise, on rencontre une grotte s'ouvrant entre d'imposantes dalles et qui revêt l'aspect d'une crypte mégalithique. Une source est là qui coule au pied des rochers rangés en demi-cercle et l'on se trouve en face d'un vénérable vestige des premières industries humaines : un polissoir pour les artistes de la pierre, où une vingtaine de cuvettes attestent l'importance des patients travaux qui s'y faisaient. Tout autour un chaos de rochers, d'énormes blocs, d'où l'on domine le magnifique panorama des Saintes et de la Dominique.

C'était là le réduit de guerre de Callinago. Un terrain propice à la défense avec des abris souterrains, de l'eau vive, des postes-vigies pour les sentinelles, et tout un matériel primitif pour le polissage des haches, des frondes et des massues.

Sur la face orientée au couchant des plus gros rochers, on voit des dessins variés. Trois d'entre eux, séparés par des intervalles égaux, offrent tout particulièrement une ornementation des plus intéressantes (planches I, II, III, IV et V). (2).

Sur le N° 1 (voir page 56), à côté d'une tortue et d'un serpent, se distinguent des figures humaines aux oreilles élargies, au crâne rasé,

---

(1) Jules Ballet. La Guadeloupe. Renseignements sur l'histoire, etc.
(2) Les lecteurs apprécieront la naïve habileté de la composition.

PLANCHE II

PLANCHE III

PLANCHE IV

PLANCHE V

PLANCHE VI

PLANCHE VII

ÉVOLUTION DE L'OUTILLAGE LITHIQUE DES CARAIBES

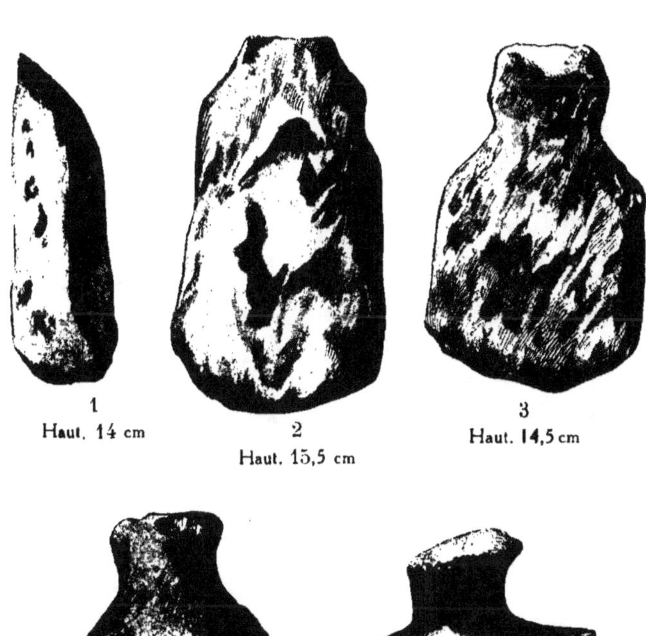

1
Haut. 14 cm

2
Haut. 15,5 cm

3
Haut. 14,5 cm

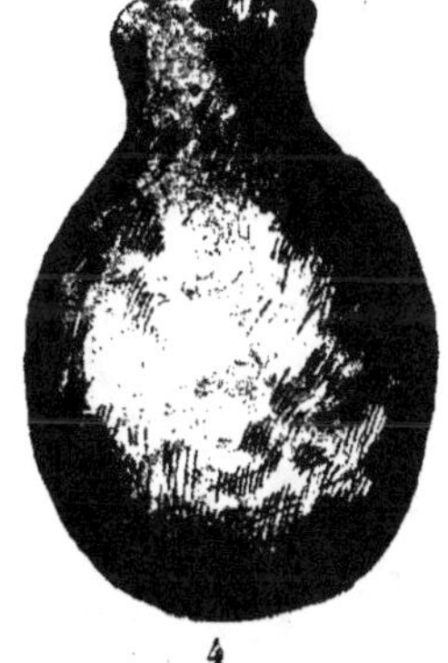

4
Haut. 15 cm

5
Haut. 11 cm

COLLECTION DE L'AUTEUR

ÉVOLUTION DE L'OUTILLAGE LITHIQUE DES CARAIBES

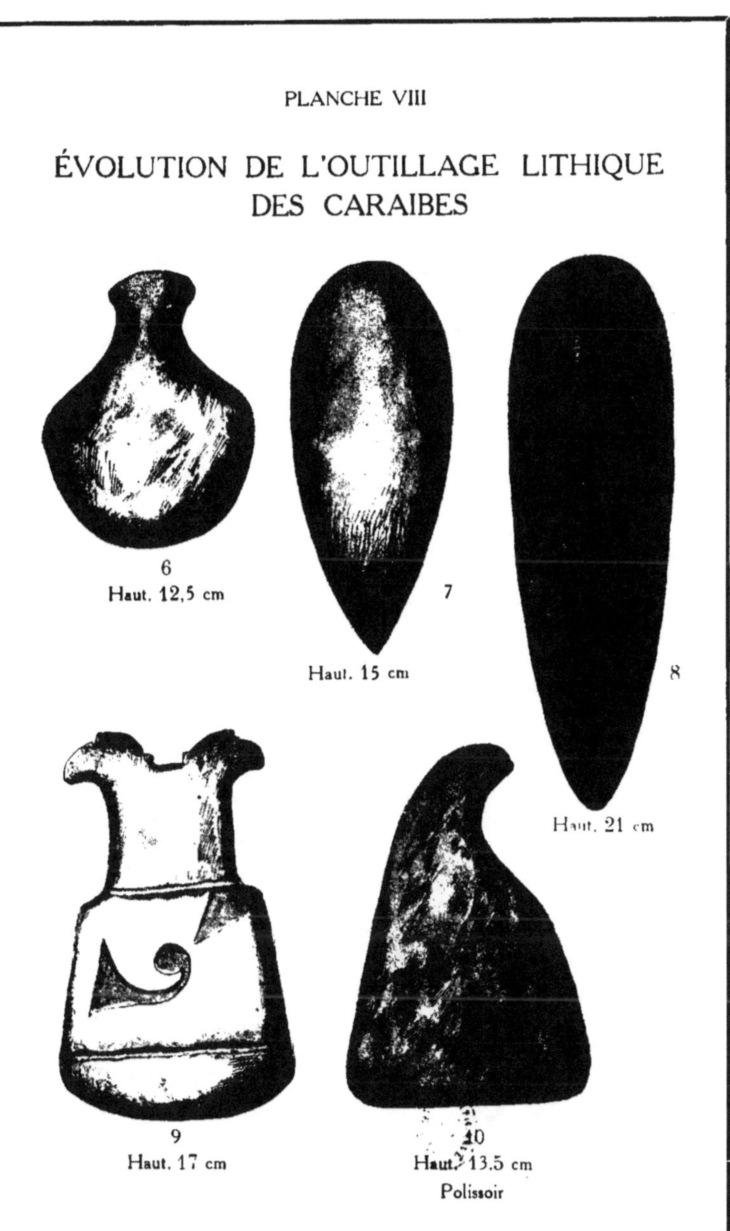

HACHES ET OUTILS CARAIBES

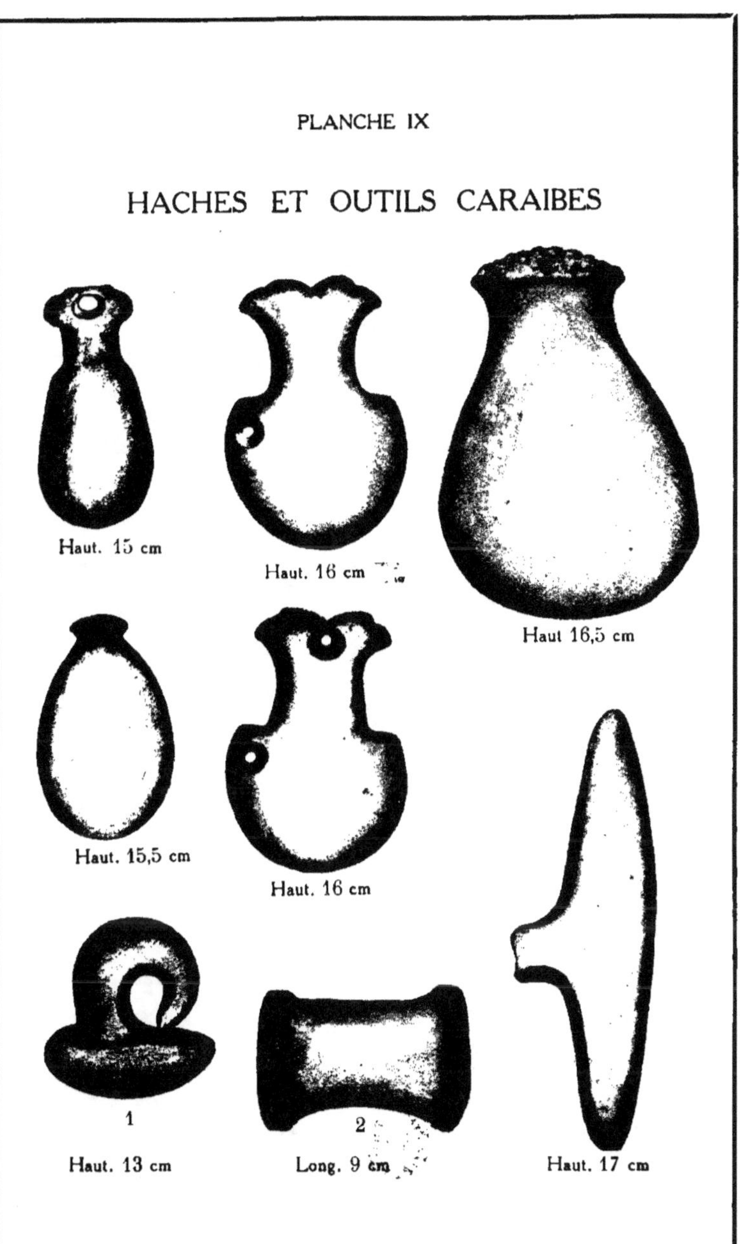

Haut. 15 cm

Haut. 16 cm

Haut 16,5 cm

Haut. 15,5 cm

Haut. 16 cm

1

Haut. 13 cm

2

Long. 9 cm

Haut. 17 cm

COLLECTION LOUIS GUESDE

SCULPTURES CARAÏBES.

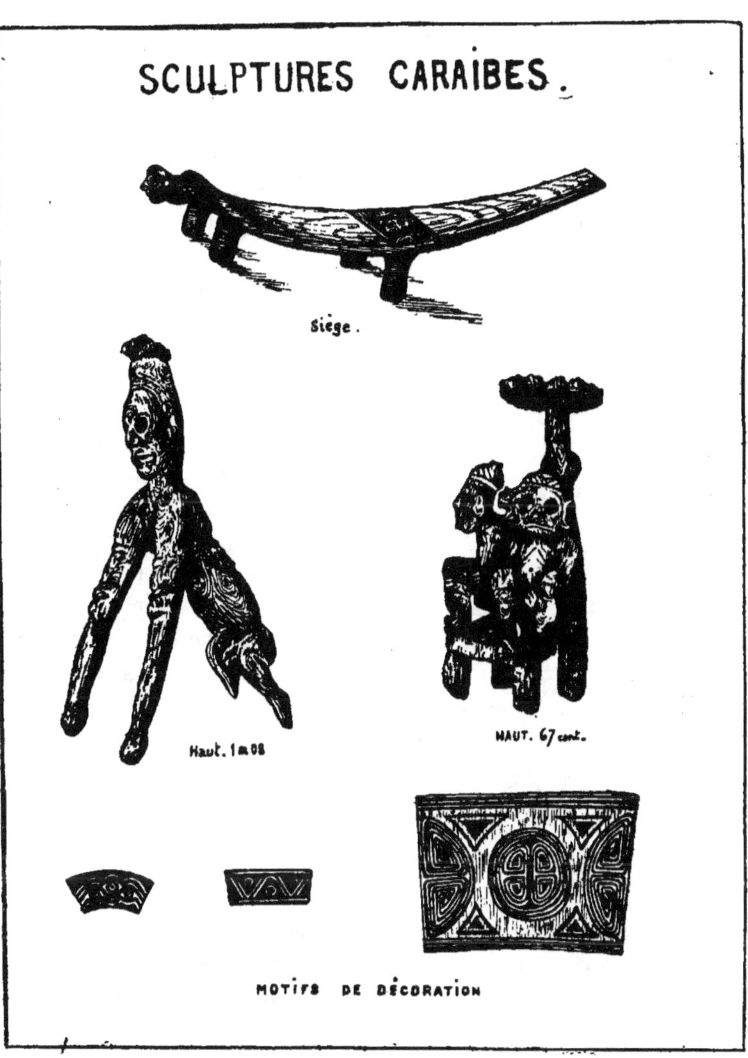

Collection Louis Guesde

surmonté d'une touffe, et au visage strié de lignes symétriques. Ces figures se prolongent dans la direction du buste par des motifs ornementaux. Auprès d'elles s'en voient d'autres réduites au seul contour de la face sectionnée au ras du menton, sans oreilles et sans nez, comme le seraient des têtes scalpées ou décapitée. Nous avons déjà donné l'explication de ces dessins.

Sur le N° II, le portrait sans doute de Calinago, portant un collier de forme spéciale et dont le front ceint d'un bandeau et couronné d'un diadème de plumes droites flanquées d'aigrettes courbes, implique le chef.

Sous le N° III s'alignent trois figures portant des parures de plumes.

Le N° IV, un superbe monolithe, figurait autrefois, isolé, près de la grotte et fût, après une taille délicate qui a duré plusieurs semaines, exposé par l'auteur à Buffalo, U.S.A., à l'exposition internationale, où il a représenté la Guadeloupe comme Commissaire. Ce fragment, qui a attiré l'attention du monde savant, est aujourd'hui au Museum d'Histoire Naturelle de New-York. Ce qu'il y a de très intéressant dans cette inscription, c'est qu'elle se rapproche beaucoup de celles relevées par M. de Mortillet, dans le Morbihan. Nous ne saurions prétendre que c'est là l'indice de communications entre les Antilles et l'Europe à une époque très lointaine, avant la disparition d'Atlantide, mais nous signalons cette similitude aux spécialistes des antiquités précolombiennes.

La planche V donne la reproduction d'un spécimen d'art du même genre en Guyane, que les Indiens descendants des caraïbes appellent « Timehri ». Là, le rapprochement peut être fait avec les Antilles.

Ces monuments sont de la plus haute importance pour l'histoire et d'un très grand intérêt archéologique.

Il existait, il y a encore vingt ans, beaucoup de ces dessins mais le service des Travaux publics de la Guadeloupe, ignorant leur valeur préhistorique, a permis leur destruction (planche IV). Lors de l'empierrement du chemin dit du « bord de mer », à Trois Rivières, les rochers ont été brisés pour l'édification de la route.

Dans le cimetière de Trois-Rivières, il existe une pierre de sacrifice (la pierre étant là travaillée horizontalement), entièrement recouverte par la végétation. C'est la seule qui ne soit pas taillée verticalement.

Les piliers du pont du Grand-Carbet, à Capesterre, reposent sur d'énormes rochers. Il y a une vingtaine d'années, à la suite d'un débordement, la rivière quitta son lit et je fus appelé à constater de très intéressants dessins sur ces rochers. Un barrage a été construit et l'eau recouvre aujourd'hui ces reliques.

Partout à la Guadeloupe, et principalement à Trois-Rivières, Marie-Galante et Anse Bertrand, le dernier refuge des Caraïbes, on a trouvé et on trouve encore, mais plus rarement, au bord de la mer aussi bien que dans la montagne (jusqu'à 900 mètres d'altitude), des haches, des fétiches, des outils en pierre, des jougs et des colliers dont on peut voir des spécimens au Musée du Trocadéro. (1) Beaucoup de ces haches viennent de la Côte-Ferme, ce qui est encore une preuve de l'origine et des relations constantes ayant existé entre les Antilles et le continent Sud-Américain. Le strata des îles ne comporte pas les pierres qui ont servi à leur fabrication. Avant de parvenir à la période de la pierre éclatée, puis polie, les premiers habitants des Antilles employèrent pour la fabrication de leurs armes les conques (lambi) qui abondent dans les eaux tropicales (planche VII, n° 1). Dans certaines îles, de formation madréporique, comme Grande Terre et Barbade, la pierre volcanique faisait d'ailleurs totalement défaut. Les haches en « jade », les plus récentes, furent introduites par les conquérants, les Caraïbes, qui les importèrent du bassin de l'Amazone, cette pierre n'existant pas dans les petites Antilles.

Les numéros 7 et 8 de la planche VIII sont en jade. Le premier est recouvert d'une couche grisâtre provenant d'un long séjour dans le sol calcaire, le second est d'un vert foncé au poli magnifique.

Le numéro 9 est l'un des plus beaux spécimens existant. La partie supérieure est ornementée de deux têtes d'aigles, opposées ; le poli est remarquable et sur la lame on voit un polissoir, l'artiste ayant voulu marquer qu'il était parvenu à la perfection.

Le numéro 1 de la planche IX est une pièce très intéressante. Elle est certainement postérieure à l'arrivée de Colomb. Sans nul doute, les Caraïbes continuèrent pendant de longues années la fabrication de leurs armes et nous avons là une imitation d'un des crochets des caravelles du Découvreur. Le numéro II est un marteau, ancêtre de notre outil de charpentier. Des marteaux exactement semblables ont été retrouvés parmi les tribus indiennes de la côte est du continent nord-américain: Thlinkits, Haida, Chimsian, Bithoula.

Certaines haches sont si petites qu'elles évoquent de suite un peuple de pygmées, d'autres sont si grandes et si lourdes que l'on rêve de géants. Une hache trouvée à Trois-Rivières par M. Léo

---

(1) La collection Louis Guesde est au Museum für Volkerkunde, à Berlin. Celle de Georges Latimer au Smithsonian, à Washington.

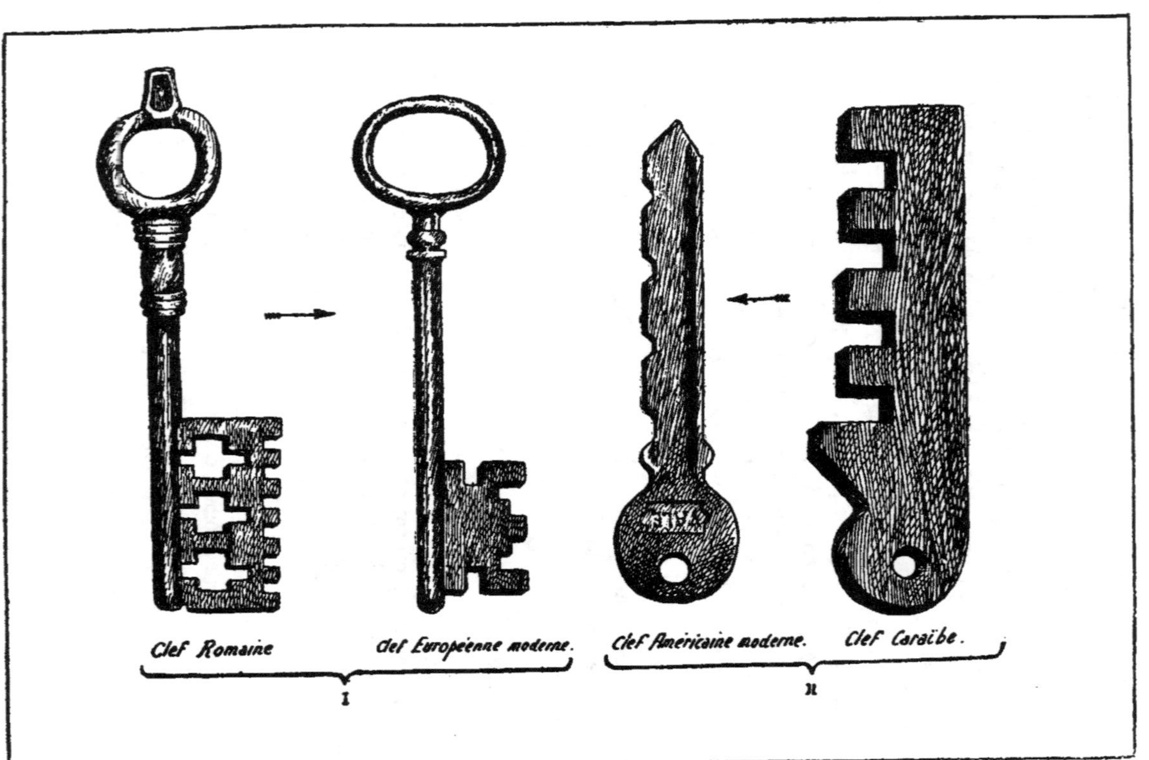

PLANCHE VII. — COLLECTION DE L'AUTEUR

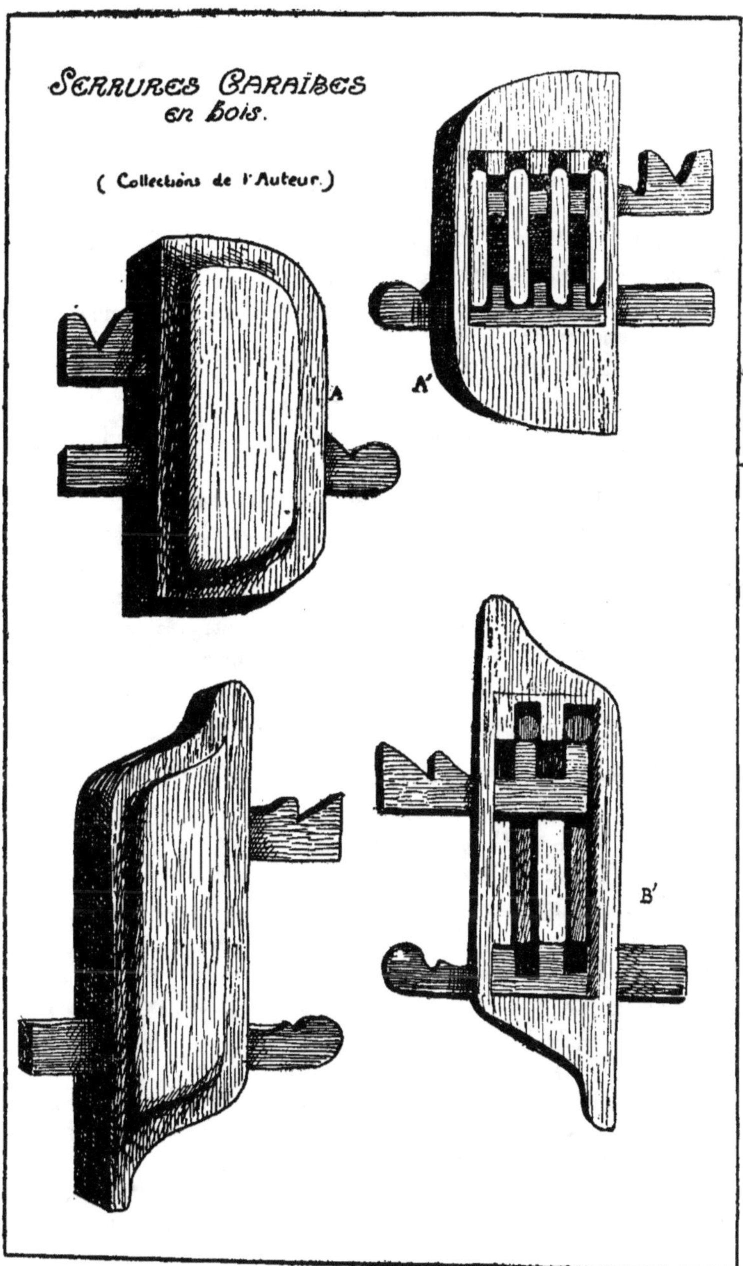

PLANCHE VII. — COLLECTION DE L'AUTEUR

Dufau, à 600 mètres d'altitude, mesurait 60 × 25 centimètres et pesait 25 kilos. Les premières étaient sans doute attribuées aux enfants, les secondes servaient d'ornements, avec les colliers, aux demeures des chefs.

Il y a lieu ici de signaler la similitude qu'il y a entre les jougs et colliers trouvés à la Vera-Cruz, à Puebla, à Porto-Rico et à la Guadeloupe (planche X).

Les Caraïbes avaient des serrures et des clés en bois pour fermer leur demeure. Il y a un demi siècle, on en voyait encore à la Guadeloupe. L'auteur en a conservé plusieurs spécimens, qui dénotent une grande ingéniosité.

La clé caraïbe diffère de la clé européenne en ce qu'elle est plate et la similitude est par ailleurs frappante avec la clé américaine, léguée par les Peaux-Rouges de l'Amérique du Nord (voir planche II).

Nous savons par le Père du Tertre que les chefs Caraïbes (ouboutou), portaient suspendu au cou par un cordon, comme marque distinctive du commandement, une amulette (caracoli), morceau de métal en forme de croissant, enchassé dans du bois, que les Caraïbes disaient provenir des Arrouagues de la Terre-Ferme, qui les retiraient des montagnes inaccessibles de l'intérieur. (1) Ces caracolis étaient très rares et les européens n'ont jamais réussi à connaître la composition du métal, ni à contrefaire cet ornement.

Le Père Labat prétend que ce métal était composé d'or, d'argent et de cuivre. La possession de ce bijou, deux fois de la grandeur d'un écu d'argent, imposait le respect et la plus grande révérance C'était le signe de la plus haute richesse.

Aucune migration Chibcha n'ayant jamais atteint le bassin de l'Orénoque et les Guyanes, nous avons de ce qui précède la preuve que les Caraïbes ont autrefois envahi le haut plateau colombien, où ils ont encore des représentants et nous savons, par les anciens chroniqueurs, que le mot « Karacoli », « Caracoli », ou « Karikuri » a pénétré lui aussi dans cette région.

Le centre primitif de découverte de la technique du travail de l'or doit donc être reporté dans l'arrière pays Guyanais, précisément dans cette région où la légende situait le fameux Eldorado, ce pays aux richesses prodigieuses que tant d'aventuriers s'efforcèrent en vain d'atteindre. Une fois de plus, à la base d'une légende, on

---

(1) Les Arrouagues l'appelaient « guanin ».

trouve un fait exact que l'imagination des hommes s'est complue à déformer en l'amplifiant. (1)

Dans la Haute-Guyane, on compte 36 tribus sauvages d'indiens ou Peaux-Rouges, dont plusieurs sont encore anthropophages et se font la guerre entre elles. Les autres, plus ou moins sociables, vivent nues et ont peu de contact avec la civilisation.

Ce sont les Galibis sur la côte, à Sinnamary, à Iracoubo, à Mana, au Maroni; dans le Bas-Oyapock les Arouas; à Ouassa les Palicours; à Rocaoua, les Caripounes, les Nouragues.

Dans le Haut-Approuague, à l'Inani et à l'Ouagui, ce sont les Emerillons qui ont une dizaine de villages; les Iayras qui occupent les sources de la Mana et de l'Abouanami; les Poupourouis sur la rivière Tamouri; les Paricouras dans le Bas-Canopi.

Entre l'Itany et Tapanahoni, les Trios, les Oyaricoulets, que les anciens auteurs ont désigné sous le nom de Amikouanes ou « longues oreilles » et qui s'étendent sur une grande étendue de la région occupée par les nègres Bonis ( ) et les indiens Trios, dirigeant de temps en temps des attaques contre les deux tribus ; les Connanayas et le Japocoyes.

Dans les Tumuc-Humas orientales, les Coussaris, les Tarripis, les Oyampis, les Caicouchianes, les Yaouararapis et les Tamacomes. Entre le Moyen-Jary et le Moyen-Parou, les Calayouas et les Couciachis.

Entre les Tumuc-Humac Orientales et Occidentales, les Eléninas, aux sources du Ouanapi et les Coussaris, aux sources du Couyary.

Dans les Tumuc-Hamac occidentales, les Cantachianas, les Caouyours, les Canaraouyanas, les Taouahinayes, les Pianayes, les Campoyanas, les Poitopitianes, les Chinquianas, les Orichianas et les Taunayamas.

Enfin, au Nord des Tumuc-Humac, les Amarichaux entre l'Ouanapi et l'Araroua; les Acoquas entre l'Araoua et le Yaroupi, et occupant le Haut-Parou, le Haut-Yary et les sources du Maroni,

---

(1) P. Rivet. L'orfèvrerie précolombienne des Antilles, des Guyanes et du Vénézuela.

(2) Descendants d'anciens esclaves marrons, dont le chef s'appelle le « Grand Man ». Il reçoit chaque année du gouvernement français un cadeau de 3.000 francs et 400 francs pour frais d'uniforme! C'est le 23 février 1892 que Occhi, Grand Man, au nom des membres du Grand Conseil des Bonis qui habitaient alors la rive gauche de l'Awa, au village Cottica, demanda au Gouvernement français l'autorisation de s'établir sur la rive droite de ce fleuve, sur une étendue de cinq kilomètres et cinq kilomètres de profondeur et d'y fixer sa tribu, prenant l'engagement de faire le canotage pour les placériens français, dans les conditions usuelles, et d'organiser un service régulier avec Saint-Laurent.

sur plus de cent kilomètres, l'importante tribu des Roucouyennes, intelligente, policée et laborieuse, qui compte plus de trente villages et 150 « parolos ». Ils gardent jalousement cette région, qui est celle de Manoa-El Dorado, la ville des bains d'or.

Certains auteurs ont parlé des Maskilis, femmes prodigieusement musclées, mais qui sont des naines. Elles emportent l'étranger dans leurs carbets et le font mourir d'amour !

.*.

Le Père Labat a déclaré qu'aucune nation de la terre n'était plus jalouse de son indépendance que ces insulaires et pour montrer la fierté de leurs sentiments, il ajoute : « Regarder de travers un « Caraïbe, c'est le battre; le battre, c'est le tuer ou être tué par lui ».

Colomb, qui le premier a connu les Caraïbes, a écrit : « Ils « ont l'âge d'or. Ils ne fossoyent ni enferment de hayes leurs pos- « sessions, ils laissent leurs jardins ouvertz; sans loix, sans livres, « sans juges; mais de leur nature suyvant ce qui est juste, et répu- « tants mauvais et injuste celuy qui se délecte à faire injure à « autruy ».

Tous les auteurs ont reconnu que ces sauvages, antropophages, « polygames et athées, étaient « bons gentz, loialx, pleins de « toutes vertus, denués de vice et toutz péchez ».

Las Casas, parlant des sauvages de l'Amérique, nous dit:

« Tous ces peuples sont naturellement simples, ils ne savent « ce que c'est que ficelle ni détours, ni artifices, ni tromperies. Il « semble que Dieu ait inspiré à ces peuples une douceur semblable « à celle des agneaux et que les Espagnols qui sont venus troubler « leur repos ressemblaient à des tigres féroces, à des loups, à des « lions pressés d'une longue faim, qui les rendaient comme furieux. « Pendant quarante ans ils ne se sont appliqués à autre chose qu'à « massacrer ces pauvres insulaires, en leur faisant souffrir toutes « sortes de tourments et de supplices inconnus jusqu'alors parmi « eux, en telle sorte que cette île (Haïti), qui contenait trois mil- « lions de personnes n'en contient pas maintenant 300. L'île de « Cuba, dont la longueur est égale à la distance qui est depuis « Valladolid jusqu'à Rome et plus de trente îles contiguës, ont été « entièrement dépeuplées et en ce qui concerne la Terre-Ferme, « les Espagnols y ont ruiné dix royaumes plus grands que toute « l'Espagne, après y avoir commis toutes sortes d'excès et de « cruautés inouïes. Durant les quarante années que les Espagnols « ont exercé leur insupportable tyranie dans ce nouveau monde, ils

« y ont fait périr injustement plus de cinquante millions de personnes.

« Montés sur de beaux chevaux, armés de lances et d'épées,
« ils parcouraient les villes en faisant impunément d'horribles bou-
« cheries, n'épargnant ni âge ni sexe, ni femmes, ni enfants; ils
« ouvraient le ventre aux femmes enceintes pour faire périr leur
« fruit avec elles. Ils faisaient entre eux des gageures à qui fendrait
« un homme avec plus d'adresse d'un seul coup d'épée ou qui lui
« enlèverait de meilleure grace la teste de dessus les épaules; ils
« arrachaient les enfants des bras de leurs mères et leur brisoient la
« teste en les lançant de furie contre les rochers; ils jetaient les
« autres dans la rivière pour se divertir à un jeu si brutal. J'ai été
« témoin occulaire de toutes ces cruautés. » (1).

Hathney, cacique de Cuba, fut brûlé vif. Tandis qu'il était
au milieu des flammes, attaché à un pieu, un religieux de l'ordre
de Saint François se mit en devoir de lui parler de Dieu et de notre
religion, dont il n'avait jamais entendu parler, lui promettant la
béatitude céleste s'il voulait seulement croire et le menaçant de
supplices éternels s'il s'opiniatait à demeurer dans son infidélité.
Le cacique se contenta de lui répondre par le mépris pour un Dieu
qui ordonnait de pareils crimes.

Les Espagnols, pas plus que les Français, ne purent jamais
réduire en esclavage ces intrépides caraïbes, faits pour la liberté et
la guerre. Comme les Peaux-Rouges de l'Amérique du Nord,
leurs frères, ils ne purent se soumettre aux exigences et aux vexations des Européens, préférant la mort à l'esclavage. Les conquérants voulurent, bien entendu, les contraindre à travailler pour eux,
sans jamais y parvenir. Ne pouvant les dompter, on les chargea de
chaînes pour les empêcher de fuir, mais cette rigueur n'aboutit à
rien. Le viol, le meurtre, le pillage, marquèrent le pas des premiers
aventuriers qui occupèrent ces îles.

Plus tard, un gouverneur anglais, de Montserrat, fit mieux.
Il leur fit crever les yeux. Cruauté inutile, ils se laissaient mourir
de tristesse et de faim, plutôt que de devenir esclaves.

Lorsque le 2 mars 1739, le Conseil d'Etat interdit complètement aux Colonies françaises le trafic des indiens, il n'en restait
presque plus.

En 1796, les Anglais, qui continuaient la traite des indiens,
pour se venger de ce que les Caraïbes avaient pris le parti de la
France dans le conflit existant au sujet de la possession de Saint-
Vincent et les autres îles des Antilles, exportèrent 5.000 d'entre

---

(1) Las Casas. Historia de Las Indias.

eux aux îles Mosquitos et dans la baie de Honduras, où ils furent vendus comme esclaves.

De nos jours, on trouve encore des descendants de caraïbes à Saint-Vincent et à la Dominique. Dans cette dernière île, ils occupent, au nombre de 300 environ, un territoire qui leur a été concédé par la Couronne d'Angleterre, dans la partie ouest de l'île.

J'ai visité leur chef qui s'intitule roi (Ouboutoutimani). Chaque année, au jour de l'an, le Gouverneur de l'île anglaise lui fait parvenir, au nom de Sa Majesté Britannique, quelques provisions et en retour le dernier Roi des Caraïbes, descendant de Callinago, adresse à son « puissant frère, le Roi d'Angleterre, ses souhaits de bonne année. »

De trois millions d'habitants qu'avaient les Antilles (grandes et petites), il ne restait, au XVIe siècle, que quelques centaines. (1)

Vivant de la pensée romaine, s'appuyant sur la force, les nations européennes n'ont pas compris que l'on n'édifie rien de durable avec l'épée. Tout rêve de paix et de fraternité internationale sera toujours précaire et ne se réalisera jamais si l'amour n'est pas à sa base. Or, l'amour entre les peuples ne peut s'acquérir que par la pénétration des pensées, l'éducation de la masse et la communion des âmes. Le savoir lie les intelligences, les rapports constants lient les êtres, le chemin de fer, l'automobile, l'avion, la T.S.F., auront fait plus pour la paix universelle que tous les conquérants ou les démagogues du monde.

L'or a été la visée, le mirage de tous les conquistadors qui s'aventurèrent à la conquête de l'Amérique. C'est le trésor de Moctchuzoma Xoyocotl (dont on a fait Montezuma) au Mexique, le trésor d'Atahualpa au Pérou, l'Eldorado dans la Nouvelle-Grenade ! Ces soldats de fortune, ces aventuriers de romans, les Cortès, les Pizarro, les Aalmageo, les Balboa, les Valdivia, furent des hommes de proie. Deux crimes lèse-humanité ont présidé à leurs exploits : le meurtre et l'esclavage. C'est dans le sang qu'ils ont marqué leurs conquêtes.

Au Mexique, Guatimozin, le fils de Montezuma, dernier des rois Aztecs, subit la torture. Comme on lui brûlait les pieds avec de l'huile bouillante, afin de connaître le lieu où était caché son trésor, il prononça, impassible, ces paroles restées sublimes : « Et « moi, crois-tu que je sois sur un lit de roses », s'adressant à son premier ministre qui subissait la même torture.

Montesclaros, vice-roi du Pérou, fit détruire plus de mille

---

(1) Choppenbruck (S.-E.). Le miroir de la tyranie espagnole.

CORTÈS FAIT ARRÊTER GUATIMOZIN

idôles et brûler les « guiepus », après que Cortès eut déjà fait jeter
bas les statues des divinités Aztecs pour recueillir l'or et les pierreries.

Juan de Zumarraga fit à Mexico un autodafé de manuscrits,
comme plus tard le Cardinal Cisneros fera brûler, à Tolède, les
manuscrits arabes. Au nom de Dieu, ils brûlent, détruisent et tuent.

« Le 15 mai 1522 (1) Cortès prit Mexico. Ce fut une bou-
« cherie sans nom, puis la ville fut évacuée. Des troupeaux de
« misérables, qui avaient survécu au carnage, à la maladie et à la
« famine, défilèrent sur les chaussées. Affreuse théorie de spectres
« crépis de boue et de sang, squelettes couverts de haillons, s'appu-
« yant les uns sur les autres, accompagnés de femmes et d'enfants
« hâves et souillés, s'arrêtant à tout instant jour jeter sur leur cité
« morte le regard vague de ceux qu'opprime le destin démesuré.
« Sur leur passage c'était une puanteur de peste.

« Il fallut purifier la ville ruinée. Toutes les maisons étaient
« pleines d'indiens morts, au milieu desquels s'agitaient encore
« péniblement ceux à qui il n'était pas resté assez de force pour
« suivre les émigrants. Les rues étaient pavées de cadavres et l'on
« n'eut pu mettre les pieds ailleurs que sur un corps humain gisant
« dans des nappes de sang noirâtre. »

C'est la même désolation décrite par les historiens pour Jérusalem, Ninive, Babylone, Carthage, etc. Et toutes ces horreurs au
nom de la civilisation, au nom d'un Dieu de bonté et de pardon,
sous la bénédiction d'un moine fanatique, le Père de Olmedo !

De toute cette pléiade de bourreaux, Cortès était le seul qui
fût d'origine noble. Né en 1485 à Madellin, d'un capitaine
d'infanterie, Martin Cortès de Monroy et Dona Catalina Pizarro
Altamirano. A 17 ans, il est enrôlé sous les drapeaux du grand
capitaine Gonzalve de Cordoue, et 12 ans plus tard, en 1504, il
part à la conquête du Mexique.

Pizarro, qui était le fils d'une courtisane, ancien porcher de
Trujillo, après avoir étranglé Amagro, un enfant trouvé, meurt
massacré par les soldats de celui-ci; Pedrarias d'Avila assassine
Balboa, le découvreur du Pacifique, un ancien valet de Don Pedro
de Portocarrero, ainsi que Hernandez de Cordova; Christobal de
Oli est égorgé par Francisco de las Casas; Parfilo di Narvaez,
Hernando de Soto, Belacazad qui n'a qu'un surnom, Valdinia,
Alvarado, Gonzalo de Sandoval, tous ces héros enfin de la mer-
veilleuse épopée, qui savent à peine lire pour la plupart, ne sont

____

(1) Jean Babelon. La Vie de Cortès.

que des forcenés à la tête chaude, bourrée de fables et de romans d'aventures, de grands rapaces faméliques et magnifiques qui n'ont peur de rien, vont toujours de l'avant, se faisant précéder de moines élevant des christs, pillant, assassinant et plantant des croix avec leurs mains ensanglantées.

Et je pense à cette exclamation du poète hindou, Rabindranath Tagore :

« O civilisation, orgueil européen, charnier d'innocents, tu « bâtis ton royaume sur des cadavres. A ta vue, les larmes de « sourdre et la douleur de crier. Tu es la force qui prime le droit. « Tu n'es pas un flambeau mais un incendie Tout ce à quoi tu « touches tu consumes. »

N'est-ce pas ainsi que parlerait un Caraïbe des Antilles, un Peau-Rouge de l'Amérique du Nord, un Mexicain, un Péruvien, un Africain? Toutes les races primitives périssent au nom de la civilisation.

CARAIBES MODERNES DE LA GUYANE

CHAPITRE IV

ATLANTIDE

Sur les rocs où jadis broutait la chèvre agile,
On voit des phoques lourds traîner leurs corps difformes,
Les Néroïdes voient sous les eaux, étonnés,
Les bois sacrés, les toits des maisons et des villas.
OVIDE (Métamorphoses).

Les Sargasses (Sargassum bacciferum) dont il a été parlé dans le premier voyage de Colomb, sont des algues qui constituent une espèce spéciale que l'on ne rencontre que dans la Mer des Sargasses. Elles ne proviennent ni des côtes des Antilles, ni de celles du continent américain (1). Suivant MM. L. Germain, le savant professeur L. Joubin et Ed. Le Danois, ce sont les derniers débris du vaste continent disparu : l'Atlantide.

Pour ces auteurs, l'Atlantique de la période écocène joignait l'Amérique centrale et l'Amérique du Sud, au nord de l'Afrique et au sud de l'Europe. L'Atlantide miocène devint un continent vaguement trapézoidal qui s'étendait des Bernudes aux Azores et aux îles du Cap Vert, et recouvrait la mer actuelle des Sargasses.

A l'aurore du pléistocène, l'Atlantide n'est plus qu'un chapelet d'îles clairsemées et une dernière commotion marquera sa disparition finale par la séparation des Canaries et de l'Afrique.

C'est à cette Atlantide que Platon fait allusion dans les récits célèbres du Critias et du Timée et parlant de l'océan qui la recouvre, il écrit : « Par cette raison aussi, la mer qui se trouve là « n'est ni navigable, ni reconnue par personne, puisqu'il s'y est

---

(1) Louis Germain, L. Joubin et Ed. Le Danois. Une exquisse du passé de l'Atlantique nord.

« formé peu à peu un limon (les sargasses), provenant de cette île
« submergée. »

Les arguments qui sont invoqués par les trois savants ci-dessus,
s'appuient sur l'analogie des faunes et des fossiles rencontrés à
Madère, aux Açores, aux Canaries, au Cap Vert, aux Antilles,
en Amérique centrale, un peu en Europe. Ils font ressortir que les
animaux que l'on retrouve vivants dans les Sargasses sont essentiellement des individus de la faune littorale. Planaires, Nemertes,
Bryozoaires, Crabes (Colomb avait conservé un « Nautillus grapsus
minutus) sont, avec les Sargasses elles-mêmes, d'une espèce
spéciale, sans affinités immédiates avec celles du littoral américain
ou européen.

C'est également dans la mer des Sargasses qu'on trouve le
seul insecte marin connu, un hémistère, l' « Hallobathes wullers-
troffi » qui court à la surafce de l'eau comme les Hydromètres de
nos lacs et rivières. Les très beaux travaux du célébre biologiste et
océanographe danois J. Schmidt, ont prouvé que les anguilles de
nos rivières accomplissent, pendant six mois, sur le fond de l'Océan,
le long voyage de nos côtes jusqu'à la région des Sargasses, pour
se reproduire sous cette mer.

« Nos anguilles, disent MM. Germain, Joubin et Le Danois,
« sont les descendants des anguilles tertiaires qui peuplaient le
« littoral et les estuaires des fleuves de la côte nord-ouest du conti-
« nent Atlantide, plus particulièrement les Bermudes. Par suite de
« l'effondrement de l'Atlantide, de l'ouest à l'est, ces anguilles
« ont reculé vers l'Europe; mais par habitude héréditaire, elles ont
« continué, pour se reproduire, à se rendre dans les eaux tradition-
« nelles, dans ces eaux devenues Mer des Sargasses, en faisant, de
« siècle en siècle, un voyage de plus en plus long, à mesure que
« l'effondrement de l'Atlantide s'accentuait. »

Enfin, les courants actuels auraient été créés à l'époque
miocène de l'Atlantide et suivraient encore son ex-contour, qui est
celui de la Mer des Sargasses.

Si l'hypothèse, d'ailleurs séduisante, de MM. Germain,
Joubin et Le Danois est fondée, Christophe Colomb mériterait encore
bien plus son titre de Découvreur, puisqu'en explorant la mer des
Sargasses, avant de découvrir un nouveau continent, il aurait
retrouvé l'Atlantide, le plus ancien des continents disparus ! (1)

.•.

------

(1) Dr J.-B. Charcot. Christoph Colomb vu par un marin. Paris, 1928.

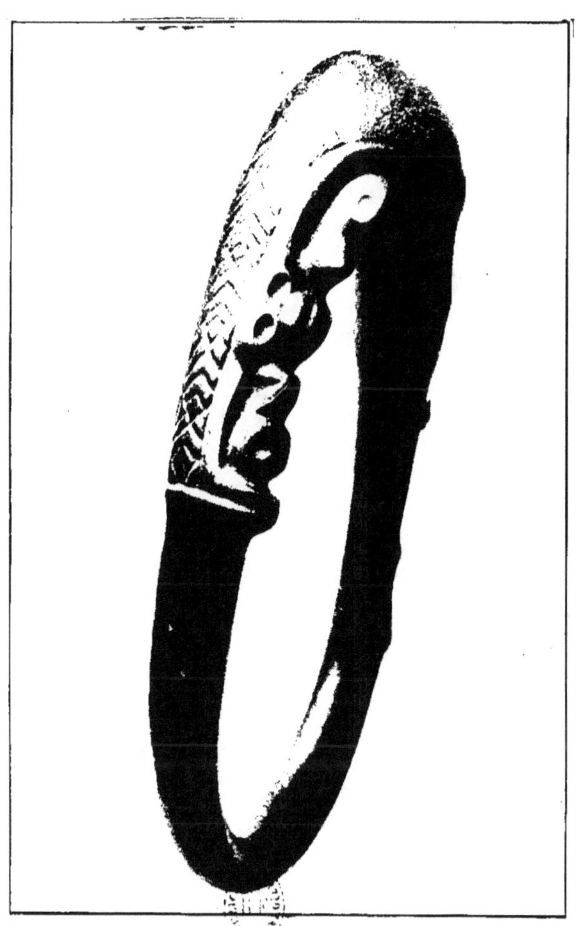

COLLIER (MUSÉE DU TROCADÉRO)

Les Antilles sont-elles les derniers vestiges d'un monde englouti, rattaché jadis au continent, et les îles qui forment l'archipel actuel sont-elles les hautes parties d'un territoire submergé, qui disparaîtront un jour dans un nouvel affaissement, sous un ciel indifférent?

Les premiers explorateurs ont cru reconnaître que toute la chaîne des Antilles se rattachait jadis au continent, dont elle avait été détachée par un cataclysme qui n'avait laissé debout que les points culminants. Les Caraïbes, interrogés par Colomb et les premiers occupants des îles, ont toujours répondu qu'il croyaient « que ces îles étaient autrefois jointes au continent et que le déluge « de l'ouragan les avait séparées en envahissant les parties basses ». Il y a là collaboration avec le déluge de la Bible et nous retrouvons ici la légende d'Atlantide, rapportée par Platon et les prêtres Egyptiens.

Pour d'autres marins ou géologues, ces îles ne sont que les violents soubresauts d'un gigantesque soulèvement sous-marin, un acte de désespoir de la terre, des profondeurs vers la lumière.

Des savants comme Raynal, Dupujat, Leblond, Isert, Dauxion Lavaysse, L'Herminier, ont adopté la tradition des premiers habitants, tandis que d'autres, comme Moreau de Jonnès, ont déclaré que le prétendu granit de Raynal n'est autre que de la lave porphyritique et enritique des volcans éteints de l'archipel, que la terre argileuse qui résulte de sa décomposition n'est qu'une couche d'argile sur un noyau de pierre ou de roc vif; les gneiss du botaniste Isert, des laves cornées de structure fossile; les montagnes secondaires de L'Herminier, des bancs de corail et de madrépores superposant des roches volcaniques; enfin que les montagnes primitives dont l'existence est attesté et a servi de base aux conjectures systématiques et aux assertions de Buffon, Raynal, Fleurieu et autres, ne sont que des projections qui doivent uniquement leur origine à des volcans et dont les matériaux ne ressemblent, ni par leur ordre, ni par leur configuration, ni par leur nature, à ceux constituant l'ossature primordiale du globe.

De tous temps, des géologues et des érudits ont voulu savoir si le récit que nous fait Platon du cataclysme qui aurait brusquement englouti tout un continent est imaginaire ou repose sur un fait réel. Il est curieux de noter que, lors de la découverte des Antilles, les habitants croyaient que ces îles avaient été séparées du continent par un déluge.

Tous les anciens auteurs ont tenu pour vraie l'existence des Atlantes : Homère, Diodon de Sicile, Strabon, Plutarque, Solon,

Pline, Pomponius Méla, Aruobe, Platon, Théophile, Dioscore, Ptolémée, Jean d'Alexandrie, Philoponus, Ovide, Proclus, Cantor. Durant toute l'antiquité et tout le Moyen-Age, de Solon à Colomb, la région océanique qui fut le théâtre de l'effrayant cataclysme porte le nom de « Mer ténébreuse ». C'est avec terreur que les matelots regardaient au-delà des brumes ce gouffre où dormait le pays englouti avec ses palais et ses richesses. L'on comprend l'effroi de l'équipage de Colomb, affrontant, pour la première fois, la traversée de cette mer.

Dans l'existence du monde, que de peuples se sont élevés au plus haut degré de la civilisation pour disparaître et rentrer dans l'oubli ! Tout a un commencement, tout a une fin. Les peuples, même les plus forts, n'échappent pas à cette règle immuable. Quand on se représente les cataclysmes formidables que décèle cet ensemble de témoignages tirés de la géologie, on se prend à songer que l'engloutissement de. la ville d'Ys, la destruction de Sodome et de Gomorrhe, de Pompéi; l'explosion du Krakatoa, du Mont Pelée; la destruction de Saint-Pierre; les tremblement de terre de Lisbonne, de San-Francisco, de Yokohama, n'ont été que des incidents d'infinie banalité, à côté de ceux auxquels assistèrent, dans les âges lointains, nos pères pétrifiés.

Solon, avant Platon, nous rapporte que les prêtres de Saïs, durant son séjour en Egypte, lui firent connaître que, suivant les ouvrages des anciens, Athènes existait avant le déluge : « riche,
« prospère, elle étendait sa puissance sur les peuples voisins. Ses
« lois étaient sages, de beaux ouvrages étaient composés par des
« savants. Cette race excellente et illustre fut détruite par le déluge.
« Ceux qui survécurent à ce désastre universel, et leurs descen-
« dants, reconstituèrent la race qui, plus d'une fois, pendant une
« suite de 8.000 ans, dût résister à des ennemis innombrables venus
« de la mer Atlantique et qui envahirent l'Europe et l'Asie.

« Athènes se montra alors, par le courage de ses habitants,
« supérieure aux autres villes et autres peuples. Son courage, son
« habileté dans la guerre, brillèrent d'un vif éclat. Réduite par la
« lâcheté des peuples voisins à ses propres forces, elle vainquit ses
« ennemis et rendit au monde le bien précieux de la liberté. »

Platon qui parle du voyage de Solon à Saïs, dans le delta d'Egypte, va plus loin. Il nous donne une description de la beauté du pays qu'il dit être une grande île : « les forêts fournissaient
« les essences les plus précieuses, les mines, des métaux comme
« l'oricalque, des pierres diversement colorées dont on bâtissait
« les temples et les habitations; de toutes parts l'eau abondait et

« alimentait les villes, les thermes publics, les terres verdoyantes
« et fertiles » (1).

Développant la tradition égyptienne sur l'origine fabuleuse
d'Atlantide, Platon décrit ainsi le berceau de la race des Atlantes :
« Une plaine fertile, située près de la mer et s'ouvrant dans la
« partie médiane de l'île; autour, un cercle de montagnes s'éten-
« dant jusqu'à la mer, cercle ouvert au milieu et protégeant la
« plaine contre les soufles glacés du Nord. Dans ces montagnes
« superbes, de nombreux villages, riches et populeux. Dans la plaine,
« une ville magnifique dont les palais et les temples sont construits
« en pierres de trois couleurs, blanches, noires et rouges (2) tirées
« des flancs même de l'île. Ça et là, des mines produisant tous les
« métaux utiles à l'homme; enfin les bords de l'île, coupés à pic
« et dominant de haut la mer tumultueuse. »

Platon ajoute : « Révélant les origines d'Athènes au sage
« législateur Solon, un vieux prêtre égyptien lui aurait dit : « Je
« ne t'en ferai pas un secret. Je consens à satisfaire ta curiosité par
« égard pour toi, et pour ta patrie, et surtout pour honorer la déesse,
« notre commune protectrice, qui a élevé et institué la ville d'Athè-
« nes, issue de la terre et de Vulcain, et mille ans plus tard, notre
« ville Saïs. Depuis la fondation de celle-ci, nos livres sacrés parlent
« d'une durée de huit mille ans. Je vais donc t'entretenir brièvement
« des lois et des plus beaux exploits des Athéniens pendant les neuf
« mille ans écoulés depuis qu'Athènes existe.

« Parmi tant de grandes actions de tes concitoyens, il en est
« une qu'il faut placer au-dessus de toutes les autres. Les livres
« nous apprennent la destruction par Athènes d'une armée singulière-
« ment puissante, armée venue de la mer Atlantique et qui envahit
« insolemment l'Europe et l'Asie. Cette mer était alors pratiquable
« aux vaisseaux et il y avait, au delà du détroit que vous appelez « les
« colonnes d'Hercule », une île, plus grande que la Lybie et que
« l'Asie. De cette île, on pouvait facilement passer à d'autres îles
« et de celles-là à tous les continents qui entourent la mer intérieure.
« Dans l'île « Atlantide » régnaient des rois d'une grande et mer-
« veilleuse puissance. Ils avaient sous leur domination l'île entière
« ainsi que plusieurs autres îles et une partie du continent. En
« outre, de ce côté-ci du détroit, ils régnaient encore sur la Lybie,
« jusqu'à l'Egypte et sur l'Europe jusqu'à la Tyrrhénie. Toute cette
« puissance se réunit un jour pour asservir d'un seul coup votre pays

---

(1) Platon. Traduction Victor Cousin (Critias).
(2) Il est curieux de noter que ce sont les trois couleurs employées par les
Caraïbes.

« et le nôtre, ainsi que tous les peuples vivant de ce côté-ci du
« détroit. Ce fut alors qu'éclatèrent au grand jour la force et le
« courage d'Athènes. Par la valeur de ses soldats et leur supériorité
« dans l'art militaire, elle avait la suprématie sur tous les Hellènes,
« mais ceux-ci l'ayant abandonné, elle brava seule l'effrayant dan-
« ger, arrêta l'invasion, entassa victoires sur victoires, préserva de
« l'esclavage les peuples encore libres et rendit à une entière indé-
« pendance tous ceux qui, comme nous, demeurent en deça des
« Colonnes d'Hercule. Plus tard, de grands tremblements de terre
« et des inondations engloutirent, en un seul jour et une seule nuit,
« tout ce qu'il y avait chez eux de guerriers. L'île d'Atlantide
« disparut sous la mer (1). »

Atlantide a existé. Jadis puissante, redoutée, envoyant ses fils
à Athènes, à Tyr, en Egypte, étendant le bénéfice de ses connaissances au Mexique, au Pérou et à bien d'autres pays engloutis sans
doute dans la même catastrophe, elle n'a pas subie la disgrâce du
temps. L'œuvre de destruction de la nature s'est faite en un seul jour
et une seule nuit.

Atlantide fut un continent plus grand que l'Asie Mineure et
la Lybie réunies, situé dans l'océan Atlantique, en face des Colonnes
d'Hercule, à une distance assez rapprochée pour que ses habitants,
les Atlantes, pussent facilement passer sur le continent d'Europe.
Ils avaient conquis une grande partie de l'Afrique et de l'Europe
occidentale et c'est pendant une de leurs guerres contre les Grecs
primitifs et alors qu'ils assiégeaient Athènes, que se produisit l'effondrement de leur pays sous les flots. Un tremblement de terre et un
déluge ! C'est ce dernier dont parle la Bible. Cette catastrophe enlevant aux guerriers toute base de ravitaillement, ils durent lever le
siège et abandonner la poursuite de la guerre. Montés sur leurs esquifs,
ils se dirigèrent vers l'Orient de la Méditerranée pour s'éloigner le
plus possible des lieux du désastre où avait sombré leur patrie.

Pierre Termier, dans une conférence faite le 30 novembre 1912,
à l'Institut Océanographique de Paris (2), a affirmé qu'il n'existe
aucun doute sur la jeunesse d'Atlantide. « Au début du tertiaire,
« de vastes terres continentales s'étendaient au soleil, sur l'empla-
« cement d'une grande partie de l'océan Atlantique; de vastes terres
« qui formaient ponts entre l'Europe et l'Amérique du Nord, entre
« l'Afrique et l'Amérique du Sud. Ces ponts se sont progressivement
« ruinés pendant les temps tertiaires et, au miocène, leur ruine n'était

---

(1) Platon. Timée XII.
(2) Revue Scientifique (Paris, 1913) et Smithsonian Report (Washington, 1915).

« pas encore tout à fait complète. La disparition d'Atlantide, au
« quaternaire, a été sans doute le dernier épisode de l'immense
« écroulement. »

Et il termina ainsi sa lecture:

« Dans l'été de 1898, un navire employé à la pose du câble
« télégraphique sous-marin qui relie Brest au Cap Cod, en recher-
« chant au moyen de grapins à repêcher le câble rompu, par 47° de
« latitude Nord et 29°40' de longitude Ouest de Paris, à 500 kilo-
« mètres environ au Nord des Açores, à une profondeur moyenne
« de 3.100 mètres, constata que le fond de la mer dans ces parages
« présente les caractères d'un pays montagneux, avec de hauts som-
« mets, des pentes raides et des vallées profondes. » (Il en est ainsi
au nord de Porto-Rico.) « Les esquilles ramenées à la surface,
« entre les dents des grappins, arrachées à des effleurements de rochers
« du fond de l'océan, étaient des éclats d'une lave vitreuse ayant la
« composition chimique des basaltes et appelée « tachylyte » par
« les pétrographes. Ces précieux fragments sont conservés au Musée
« de l'Ecole des Mines, à Paris. Or, une telle lave, comparable
« à certains verres basaltiques des volcans des îles Sandwich, n'a
« pu se consolider à cet état que sous la pression atmosphérique.
« Sous 3.000 mètres d'eau, elle aurait certainement cristallisé. Elle
« apparaîtrait formée de cristaux enchevêtrés au lieu d'être faite
« uniquement de matière colloïdale. » Les observations du Professeur Lacroix sur les laves de la montagne Pelée (Martinique), sont
concluantes. Le fond de l'Atlantique, à 500 kilomètres au nord des
Açores et par 3.000 mètres de profondeur, a donc été recouvert de
coulées de lave, quand il était encore émergé. Ce fait est de la plus
haute importance.

Louis Germain (1), le savant zoologiste français, qui a étudié
la faune terrestre actuelle des quatre archipels : Açores, Madère,
Canaries, Cap Vert, reste convaincu de l'origine nettement conti-
nentale de cette faune et il admet « l'existence d'un continent Atlan-
« tique lié autrefois à la péninsule ibérique et à la Maurétanie et
« se prolongeant assez loin vers le Sud, de façon à posséder quelques
« régions du climat désertique. Au miocène encore, ce continent
« allait jusqu'aux Antilles. Il se morcelle ensuite, d'abord du côté
« des Antilles, puis dans le Sud, et le dernier grand débris s'abime
« finalement dans les flots, ne laissant d'autres vestiges que les som-
« mets des montagnes ».

Moreau de Jonès, lui, a écrit : « L'examen du massif minéra-

---

(1) Louis Germain. Une esquisse du passé de l'Atlantique nord.

« logique des Antilles calcaires, donne la preuve d'une série de
« révolutions géologiques embrassant une prodigieuse durée et rat-
« tachant leur formation aux époques des annales de la terre. A leur
« surface, nous reconnaissons les traces d'un cataclysme récent, vio-
« lent et passager. Il est récent, car, lorsqu'il advint, le niveau de
« la mer n'était pas plus élevé qu'aujourd'hui; le grand courant de
« l'Atlantique avait la même direction. Ce cataclysme fut violent,
« car il a brisé l'ancien rivage, déchiré ses rochers et formé entre
« le Sud et le Levant, des îlots escarpés dont la constitution ne
« diffère point de celle du littoral voisin. Les phénomènes qui carac-
« térisent principalement la puissance du cataclysme, sont : les escar-
« pements des îles et terrains calcaires, la rupture en blocs parallé-
« logrammatiques des lits de chaux, carbonatée, superposant les
« mornes de l'archipel, les traces de l'inondation des vallées à une
« hauteur de plus de 1.250 mètres et l'existence en grand nombre
« des patifications silicieuses. »

Des deux côtés de l'Atlantique on étudie avec acharnement
la question au point de vue géologique. Dans les forêts vierges qui
recouvrent une grande partie du Guatémala, du Honduras et du
Yucatan, des ruines de villes magnifiques se cachent sous d'impéné-
trables rideaux de verdure. Ce sont autant de témoins d'une civilisation qui paraît être unique dans les annales de l'espèce humaine.
Les hérioglyphes qui les recouvrent ont été récemment déchiffrés et
nous savons notamment que la race qui éleva ces édifices, avant l'ère
chrétienne, possédait de profondes notions d'astronomie. Ses calen-
driers lunaires étaient d'une exactitude mathématique. Ses savants
prédisaient les éclipses longtemps à l'avance. Bien qu'on ne soit
qu'au début du déchiffrage des inscriptions, les preuves abondent
que cette race doit être classée sans conteste parmi les races supérieures. Trois grandes institutions scientifiques : le Peabody-Museum
de l'Université de Harvard, le Carnegie Institution de Washington et
l'American Museum de New-York, étudient l'origine et le développement de ce peuple disparu et il faut s'attendre à de curieuses
découvertes.

Le « Popol-Vuk », le livre national des Maya-Qu'itché, qui
habitaient le Yucatan, parle ainsi (1) :

« Ainsi arriva leur destruction. Ils furent inondés, une résine
« épaisse descendit du ciel... la face de la terre s'obscurcit et une
« pluie ténébreuse commença, pluie de jour et de nuit... Alors, on

---

(1) Découvert à la fin du XVIIᵉ siècle dans le bourg de Santo-Thomas de
Chichicastenango, traduit et publié par Brasseur de Bourbourg.

« vit les hommes courir en se poussant, remplis de désespoir. Ils
« voulaient monter sur les maisons, sur les arbres, mais les arbres les
« secouaient au loin, ils voulaient entrer dans les cavernes et les caver-
« nes se fermaient devant eux. »

Frappé du fait que la société hautement civilisée des Mayas se
trouvait isolée parmi des races barbares, un archéologue, M. Schliemann, fils du savant qui découvrit les ruines de Troie et le fameux
« trésor de Priam », vers la fin du XIXᵉ siècle, a émis l'opinion que
les Mayas étaient les descendants des Atlantes et qu'ils trouvèrent
refuge sur le rivage de l'Amérique Centrale quand un cataclysme
fit disparaître Atlantide.

L'hypothèse est acceptable. On imagine volontiers l'exode
des survivants de la fantatique catastrophe vers des rivages inconnus où ils replantèrent la civilisation des glorieux ancêtres. Il y a
quelques années, M. Schliemann entreprit des sondages dans la mer
des Antilles, avec l'espoir que des trouvailles confirmeraient sa théorie. Ses recherches n'ont malheureusement pas donnés de résultats
convaincants, mais le dernier mot n'est pas dit.

D'après M. Sylvanus G. Morley, qui a publié de nombreux
et importants ouvrages sur le sujet, la période brillante de la civilisation des Mayas, doit être placée entre les débuts de notre ère et
l'an 600. Ce fut durant ces six siècles qu'ils édifièrent leurs plus
beaux monuments, en prenant soin de les dater suivant leur chronolo-
gie lunaire. Leur admirable civilisation paraît s'être éteinte brusquement et c'est là une énigme que l'on s'efforce à résoudre.

Un fait certain, c'est que les Espagnols, lorsqu'ils débarquèrent pour la première fois sur les rivages de l'Amérique Centrale,
n'y trouvèrent que des villes désertes, déjà recouvertes par une épaisse
jungle où erraient de misérables Indiens. Ces sauvages descendaient-
ils des savants et des artistes qui avaient édifié ces cités magnifiques ?
Cela paraît impossible. Interrogés par les missionnaires, ils ne purent
répondre que ceci : « Nous et nos pères avons toujours connues ces
« ruines en leur état actuel. »

Un savant, M. William J. Showalter, attribue la disparition
de cette race supérieure à la soudaine apparition de la fièvre jaune (1).
L'hypothèse est admissible, mais si le fait est exact, quelle émouvante fin ! M. Showalter signale que dans les inscriptions ou manuscrits laissés par les derniers Mayas, on lit la terreur que leur inspirait
une nouvelle maladie qui provoque des vomissements et qu'ils appellent « oc-nat-tchucil », littéralement « le pourvoyeur des vautours ».

---

(1) National geographical magazine.

Quand on se souvient des hécatombes causées à Panama par l'effroyable fléau, malgré la médecine moderne, et que l'on songe que les Mayas ignoraient l'existence de la quinine, on peut admettre que leur race fût anéantie par le fléau.

Une race supérieure qui, elle aussi, disparut soudain de la surface du globe, celle qui construisit Angkor-Vat, dont nous admirons les ruines au Cambodge, a sans doute subie un sort semblable !

Lors de la découverte, les Caraïbes qui habitaient les Antilles, n'hésitaient pas à faire sur leurs frêles esquifs des trajets considérables; non seulement ils allaient jusqu'à la terre ferme, à Cayenne, mais ils dépassaient aussi le détroit de Bahama et, côtoyant les grandes îles, se rendaient au Mexique, au Yucatan, en Floride. Le fait est indéniable. Ce sont eux, sans doute, qui ont succédé aux Mayas. Le langage, les mœurs, la religion, ont beaucoup de ressemblance et c'est même pour cela que plusieurs auteurs ont cru que les Caraïbes sont venus du Nord de l'Amérique et qu'ils étaient des colons aztèques, Maya-Quiché ou Peaux-Rouges, descendants des Appalachites.

Les explorations récentes de Frank Hamilton-Cushing, à San-Marco, dans la Floride, ont révélé des trésors archéologiques qui allient étroitement les anciens habitants de la Floride à ceux des Antilles et de l'Amérique Centrale. Il en est de même des travaux de Clarence Moore (1) et de William H. Holmes (2). Ce dernier, qui a étudié les reliques céramiques de la Floride, fait la preuve de ce qu'avance Cushing, datant ces reliques d'avant la découverte, de la période Timuquanan-Musklogean.

Si les Caraïbes ont été en relation avec le Nord-Amérique et l'Amérique Centrale, pourquoi pas les Atlantes qui étaient plus civilisés et possédaient des bateaux plus perfectionnés ?

Les mystères et les légendes ne manquent pas dans le Nouveau Monde. Plus on pénètre dans les anciennes civilisations du Mexique, de l'Amérique Centrale, et de la Côte Occidentale de l'Amérique du Sud, plus le mystère de l'origine des peuples s'obscurcit. Est-il de problème plus séduisant pour l'archéologue et l'anthropologue que celui du peuple Chimu, du Pérou ? Les chroniques espagnoles des premiers temps de la conquête, ont célébré la haute civilisation des Incas, et de nos jours les temples en ruine, les murs des palais richement ornés de bas-reliefs, les tumulus renfermant les sépultures de souverains autrefois très puissants, nous prouvent que les anciens

---

(1) Clarence B. Moore. Certain mounds of Florida, etc.
(2) William H. Holmes. Caribbean influence on the prehistoric ceramic art of the Southern States. Washington, 1894.

Chimus étaient de dignes rivaux des « enfants du ciel » qui finirent par les conquérir.

De cette race éteinte, nous avons les preuves vraiment très remarquables d'une civilisation très avancée, de l'ordre élevé de leurs entreprises de génie civil. A une grande distance de la ville de Muchi, ils avaient établi, il y a de cela quelques dix mille ans, une prise d'eau dont l'acqueduc principal a 18 mètres de haut, et du sommet des collines qui dominent la ville, on peut suivre le plan du système hydraulique amenant l'eau tout le long des versants jusqu'à la ville et les environs. Ces restes, souvenirs d'une grandeur qui n'est plus, nous servent de source où nous puisons nos connaissances sur la vie intellectuelle, morale et religieuse des anciens Chimus. Si la race a complètement disparue de la face de la terre, les Incas qui firnt la conquête de l'empire environ 150 ans avant l'arrivée de Pizarro, nous en ont conservé les traditions et les légendes, et c'est ainsi que nous savons que les Chimus vinrent du Nord, sur une flottile de radeaux et conquirent la région, autrefois occupée par une ancienne race de constructeurs cyclopéens.

Suivant toute probabilité, les Chimus vinrent du Mexique, car ils offrent les mêmes traits caractérisques que l'on trouve parmi une grande partie des habitants anciens et modernes de l'Amérique Centrale. A une centaine de kilomètres, à l'ouest de Boswell, dans le New-Mexico, j'ai vu les restes d'une très remarquable conduite d'eau qui rappelle celle de Muchi. On peut la suivre sur un parcours de plus d'un kilomètre, aboutissant aux ruines d'une ville préhistorique, et d'après les calculs de l'historien américain S.-M. Johnson, il a fallu plus de mille ans pour l'entière formation de cet ouvrage naturel d'irrigation. D'autre part, dans le Yucatan, nous avons les ruines de Chicken-Itza, une des plus grandes villes anciennes de l'Amérique Centrale, qui s'étendent sur un espace de plus de deux kilomètres, et celles de Tikal qui s'étendent sur trois collines en terrasses naturelles et se composant de temples construits sur des bases pyramidales. On trouve dans ces deux ruines les plus beaux exemples d'architecture centro-américaine de la dernière période.

Nous vivons aujourd'hui si rapidement, notre existence est si absorbée par le « struggle for life », que la possibilité de l'histoire, transmise verbalement par les générations successives, c'est-à-dire la tradition et la légende, nous paraît incroyable. Pourtant? Dédale n'a-t-il pas survolé la citadelle de Chalus et Icare n'a-t-il pas péri dans la mer Egée? Il a fallu l'invention moderne de l'avion pour donner une certitude à ces expériences de vol par les anciens. Le même sort a été réservé aux intrépides aviateurs qui ont voulu traverser l'Atlantique. La conquête de l'air a passé du domaine de la légende à celui de la réalité. C'est par la tradition et la légende que le récit des événements les plus considérables qui ont bouleversé le monde depuis les siècles les plus reculés, est parvenu jusqu'à nous, jusqu'à ce que l'homme ait inventé une méthode plus permanente de transmission. Ce fut d'abord, à la période la plus reculée, les inscriptions sur la pierre, puis, à une période plus récente, les manuscrits et enfin l'imprimerie.

Que de cordial magique, que de force invisible contenus dans ces petits caractères noirs qui, lorsque l'alphabet nous est inconnu, semblent tracés par un insecte insouciant ! Que d'idées grandioses, que de choses prodigieuses contenues dans une seule ligne ! Il suffit parfois d'une phrase, de quelques mots, pour que la pensée de l'écrivain, poète ou prophète, soit transmise à travers les âges et que l'humanité soit transportée vers des mondes extérieurs où notre œil ne pénètre pas, mais où se trouve inscrit le secret de notre existence. Emanée d'un cerveau illuminé, cette pensée fera éclater la joie et la douleur, provoquera des émotions sublimes, engendrera des calamités, des martyrs, des héros ! Une seule goutte d'encre contient de quoi changer la face du monde.

De même que les Egyptiens conservaient dans leurs temples les traditions du passé, le prêtre-médecin des Peaux-Rouges de l'Amérique du Nord, des Mexicains et des Caraïbes, transmettait aux générations nouvelles les gloires et les désastres de son peuple, et c'est ainsi que nous avons le récit de la fin du continent perdu, Atlantide, qui vient confirmer le dire de Solon. C'est de l'Egypte que le philosophe antique rapporte la légende, et avant lui, son ancêtre Solon, en avait déjà parlé. Les prêtres égyptiens fixent la date de cette grande catastrophe à 8.000 ans avant la venue de Solon en Egypte. Platon nous décrit amplement les divisions politiques, sociales et militaires de l'empire disparu. A leur religion, leurs lois et leurs habitudes, il rend un grand hommage. Une telle définition ne peut être que la vérité pure et nous en avons la preuve dans la transmission de l'histoire de ce peuple par toutes les générations qui se sont succédées en Amérique.

Du déluge qui engloutit Atlantide, nous avons un récit écrit par un Maya du Yucatan, vers 1500 avant J.-C. et conservé au British Museum, à Londres :

« En l'an 6 de Kan, le 11 Muluc du mois de Zac, il y eut des
« tremblements de terre sans interruption. Le pays de Mu fut sacri-
« fié... la surface céda et dix pays se trouvèrent divisés et dispersés.

« Ne pouvant résister à la force des convulsions, le pays s'effondra
« enfin avec 64 millions d'habitants. »

L'histoire des Açores, la terre actuelle la plus rapprochée dans
l'est de l'ancien continent perdu et probablement, comme les Antilles,
l'un des sommets qui subsistent à la grande catastrophe, n'est qu'une
longue suite de désastres. Depuis leur découverte en 1431, on
compte de nombreuses éruptions volcaniques et de constants tremblements de terre. Des îles ont disparu, des villes ont été submer-
gées et des explosions sous-marines sont fréquentes. Il y a un siècle,
on vit un beau matin se former une île d'environ un kilomètre de
circonférence et d'une hauteur de 300 pieds, dont la durée ne fut
qu'éphémère et qui ne tarda pas à disparaître graduellement dans
les flots. (Le cône du Mont Pelée a été un phénomène du même
genre.) Un an après, un navire anglais fit des sondages au même
endroit et y constata 100 mètres de profondeur.

En 1819, on vit dans l'Inde, lors d'un tremblement de terre,
disparaître une grande superficie de terre, près du fleuve Indus,
recouvert aujourd'hui par un vaste lac d'eau. En 1755, une secousse
sismique détruisit Lisbonne, à environ 100 kilomètres de l'ancien
continent Atlantide, et une vague immense engloutit des milliers de
personnes. Les géologues nous affirment, sans discussion, que l'Australie est le sommet d'un continent qui reliait autrefois l'Amérique du
Sud aux Indes, comme les îles qui forment les grandes et petites
antilles sont les sommets du continent disparu.

Poussons plus avant nos investigations et tâchons de prouver,
contrairement à ce qu'en pense M. l'abbé Moreux (1) que la légende
d'Atlantide n'est pas imaginaire, que ce grand peuple a vécu, qu'il a
eu une civilisation remarquable et que sa fin tragique est conforme à
l'histoire du monde.

C'est à l'Egypte que nous sommes redevables de la plus grande
partie de l'histoire de l'ancien monde. Certes, les historiens de ce
pays, qu'ils aient vécu dans une période de paix ou de guerre, ont
été toujours remarquables dans leur transmission, dans la précision
de leurs rapports. Et lorsque le récit qu'ils nous ont donné d'une
catastrophe aussi considérable que celle de la destruction d'Atlantide
se trouve confirmé par ceux d'une douzaine de peuples de l'Amérique
et les études comparatives de plusieurs savants, comment douter de
la véracité de cet événement?

Homère et Plutarque parlent de « plusieurs milliers de stades
« au delà des Colonnes d'Hercule (détroit de Gibraltar) ». Saint

---

(1) Abbé Th. Moreux. L'Atlantide a-t-elle existé? Paris, 1927.

Clément, dans son épitre aux Corinthiens, parle d'autres mondes situés dans l'Ouest. Isaac et Ezekiel ont certainement en vue Atlantide lorsqu'ils font mention des « îles de la mer ». Procleus nous dit: « Les habitants ont conservé le souvenir d'une île excessivement « grande qui, pendant très longtemps, conserva la domination de « toutes les îles situées dans l'océan Atlantique. »

La liste des auteurs anciens faisant mention de l'existence d'Atlantide est celle de tous les savants de l'antiquité, et sûrement Platon n'a pas imaginé le « coco ». Que serait-ce donc le fruit dont il parle, provenant d'Atlantide, « avec une écorce fibreuse, une pulpe bonne « à manger et contenant une boisson délicieuse » ?

Les Basques ont existé avant la Tour de Babel et dans les légendes de la race, il est question de ce grand peuple de l'ouest qui envahit l'Europe et fut détruit par un déluge dans lequel disparut pour toujours leur pays.

Les Gallois nous ont transmis une tradition similaire et en l'an 1400 on pouvait encore voir des reliques conservées pieusement comme provenant du « continent disparu ».

Nous trouvons plus qu'une simple allusion chez les Scandinaves et là encore il ne peut être question d'imagination. Bien longtemps avant l'âge de l'écriture en cette région de l'Europe, il est fait mention de palmiers, d'animaux que l'on ne trouve qu'aux tropiques, de divisions de peuples qui s'accordent exactement avec les données des Egyptiens.

Arrivés à un haut degré de civilisation, les habitants d'Atlantide se crurent des privilégiés et s'attribuèrent des pouvoirs divins. En retour, les différentes races qui en ont gardé les traditions imputent leur disparition à « une vengeance des dieux qui les fit engloutir « dans un déluge ».

L'expédition scientifique du « Challenger » est venue confirmer ces assertions, en nous apportant les preuves matérielles que, par suite de la conformation du fond de la mer et des specimens fossiles trouvés, il a existé jadis un vaste continent au delà des Açores, dominant de très haut le niveau de l'océan. Dans le Yucatan, des ustensiles de ménage, identiques en la forme à ceux trouvés en Egypte, et portant parfois des inscriptions de même caractère, avaient déjà frappé les savants, et sir William Bailey n'a pas hésité à dire qu'en examinant les poteries péruviennes, il n'a pu s'empêcher de faire la comparaison avec les œuvres égyptiennes. On y retrouve les hiboux, les crapauds et les symboles sacrés de l'ancienne Egypte. Mais ce qui frappe le plus, c'est la similitude qui existe entre les pyramides de Tootihucan, au Mexique, et celles d'Egypte.

STATUETTE EN SERPENTINE, HONDURAS. COLLECTION L. CLARKE, CAMBRIDGE

Dans la région de Guiriga, au Guatémala, on trouve aussi en grand nombre des pyramides, des statues d'un seul bloc représentant des hommes ou des dieux.

Les descendants des Panajachoils, totalement disparus, avaient là un vaste empire, sur le versant de l'Atlantique, dont Quirigua était la capitale. On n'y voit plus que les ruines dans l'immense forêt tropicale. La nature a détruit, plus efficacemert que le fer et le feu des conquérants, tout vestige de cette ancienne civilisation.

Nous avons vu que les Caraïbes enterraient leurs morts, à la façon péruvienne, assis sur une bille de bois, les coudes portant sur les genoux et les paumes des mains soutenant les joues. Si le mort était un guerrier, on plaçait à côté de lui ses arcs, ses flèches, et des provisions pour le voyage au pays que Dieu lui réservait. N'en était-il pas ainsi chez les Egyptiens et ne trouve-t-on pas jusqu'à du maïs et des grains dans les tombeaux? Quand on visite le Musée Guimet ou les salles égyptiennes du Louvre, on est frappé du fait suivant : sur les fresques, fidèlement reproduites, des tombeaux de l'ancienne Egypte et des pyramides, tous les objets ont la couleur naturelle que nous leur connaissons : les moissons sont vertes ou jaunes, suivant les saisons, les bœufs sont blancs et roux, les ânes sont gris, etc., l'homme est rouge et la femme jaune ! Il n'est donc pas déraisonnable d'en déduire que l'égyptien primitif était rouge et l'égyptienne jaune. Regardons maintenant l'indien d'Amérique, surtout le Patagon et l'Araucanien, deux spécimens de la race restés purs. C'est le même type facial, la même nuance brique clair et leurs femmes ont la carnation jaunâtre. Il y a plus : les Peaux-Rouges du Mexique momifiaient leurs morts comme les Egyptiens et par les mêmes procédés. On peut voir au Musée du Trocadéro des momies mexicaines merveilleusement conservées. Enfin, l'on retrouve, d'une part comme de l'autre, les mêmes doctrines religieuses qui donnaient lieu à la momification des morts, c'est-à-dire la nécessité de conserver le corps pour laisser vivre l'âme qui mourrait, elle aussi, au cas où son compagnon charnel disparaîtrait.

L'hypothèse la plus vraisemblable est que les Indiens d'Amérique et les anciens égyptiens descendaient de la même race qui peuplait Atlantide. Quelle ressemblance entre la statue classique d'un pharaon égyptien et cette statuette en serpentine trouvée au Honduras (planche XI).

L'effondrement ayant été plus complet du côté Est, n'y a laissé que les guerriers atlantes qui cherchaient à conquérir la Grèce et qui, ayant fui vers le nord de l'Afrique, ont débarqué en Egypte et y ont fait souche, tandis que le gros de la population échappé au cataclysme, est resté sur la rive américaine.

Lorsque l'on demandait aux anciens prêtres de l'Egypte quel était le lieu de naissance des ancêtres, ils désignaient l'Ouest, tandis que les Mexicains (Tolteos et Aztecs) indiquaient l'Est. Cette différence est d'autant plus significative que nous trouvons chez les deux peuples, les mêmes caractéristiques, les mêmes symboles, les mêmes théories de la divinité et, par-dessus tout, un être suprême.

Le premier souverain des Aztecs est toujours décrit comme un homme blanc, venu d'une autre nation, et en établissant les lois du royaume il avait fait connaître qu'elles étaient en accord avec celles du pays d'où il sortait, au Nord et à l'Est de Mexico. Comme les Egyptiens, il faisait sacrifier sur l'autel des divinités, sous la forme de fleurs et de végétaux, le sacrifice humain étant alors méconnu.

Un savant américain, M. T. Willard, auteur d'un livre, *The Sacred well*, a adopté la théorie que les Mayas, descendants des Atlantes qui n'avaient pu retourner dans leur patrie après la catastrophe, n'ont développé leur civilisation au Mexique qu'après la disparition du continent.

Le Docteur Thomas Gann, dans une récente conférence à la Havane, a, de son côté, proclamé une influence trans-pacifique dans la civilisation des Mayas, tandis que les docteurs Herbert J. Spinden, Sylvanus Morley et d'autres experts américains, adeptes de la doctrine qui a pris le nom de ''Archeological Monroe doctrine'', déclarent fermement que les Mayas et les Incas ont créé eux-mêmes leurs civilisations.

.·.

L'activité volcanique de l'océan Atlantique n'est pas éteinte. En dehors des volcans en activité, de nombreux navigateurs ont constaté les effets de cette activité jusqu'à la surface de l'eau, sous forme de bouilonnements ou de dégagements de vapeur et de gaz. J'ai été un des témoins oculaires de la catastrophe de Saint-Pierre et j'ai assisté à la Guadeloupe à une autre manifestation volcanique qui provoqua la destruction d'une formidable quantité de poissons, grands et petits, surpris par l'explosion sous-marine.

Les sondages effectués par le Prince de Monaco ont donné la physionomie exacte du sol sous-marin de l'Atlantique. Une immense crête, en forme de S allongée dans la partie médiane, attestant d'une cassure gigantesque qui, partant des environs du pôle Nord, dépasse l'Equateur au Sud. Elle a pour points émergeants l'Islande, les îles Ferroë, les Açores, les Canaries, l'Ascension, Tristanda-Cunha, etc. Le Prince de Monaco m'a fait voir, avant sa mort, des spécimens de laves, ramenés à la surface de la mer d'une profondeur de 3.000 mètres et qui certainement n'ont pu se former qu'à l'air libre.

Enfin, M. Germain, assistant du cours de Zoologie à l'Institut Océanographique, a relevé des similitudes frappantes entre la faune et la flore des îles du Cap Vert, de Madère et des Canaries avec celles des Antilles, tandis qu'elles n'ont aucun rapport avec celles de l'Afrique voisine.

La catastrophe d'Atlantide n'est pas unique dans l'histoire du globe. Un autre continent disparu dont on a beaucoup moins parlé et dont cependant l'existence aux âges humains est aussi certain, c'est celui qui s'étendait à travers la mer des Indes et avait comme extrémités Madagascar d'une part et les îles de la Sonde d'autre part, se reliant par le centre à Malacca, à Ceylan et au sud de l'Inde (1).

Nous nous élevons dans les airs, nous plongeons sous les mers, à des distances encore limitées, mais le jour viendra où l'homme pourra explorer le fond des océans et arracher à la nature ses secrets. Nous ne reverrons pas les bois sacrés, les toits des maisons et des villas, dont parle Ovide, le temps aura fait, dans les sombres profondeurs de l'océan, son œuvre de destruction totale; mais je songe au dernier soir de l'Atlantide, auquel ressemblera peut-être le dernier soir de l'humanité. Tous les jeunes hommes sont partis pour la guerre, par delà les îles du Levant et les lointaines Colonnes d'Hercule. Ceux qui sont restés, hommes d'âge mûr, femmes, enfants, vieillards et prêtres, interrogent anxieusement l'horizon marin, espérant y voir poindre les guerriers.

Ce soir là, l'horizon est vide et sombre. Tout à coup une rumeur sinistre qui vient du large fait tressaillir les hommes, les animaux et les plantes, La mer, devenue ténébreuse, et le ciel obscurci se chargent de menaces. C'est l'ouragan ! On ignore ce qu'il porte dans ses flancs mais tous savent que la destruction est inévitable. La terre sera écrasée par la muette domination des éléments en furie. Comme un monstre diabolique il mugit, il avance, il s'amplifie, il détonne et son soufle est irrésistible. Rien n'égale sa force. Le sol frémit et tremble, se fend çà et là exhalant des vapeurs brûlantes. Dans la montagne des cratères se sont ouverts par où jaillissent des fumées et des flammes, qui lancent dans l'espace des pierres énormes et des cendres. Il pleut partout une poussière grise et chaude, l'océan est remué jusque dans ses profondeurs, il enfle, les vagues

---

(1) Isidore Geoffroy de Saint-Hilaire. Essais de géologie générale.

élevées par la tempête disloquent les navires, détruisent les quais, renversent les maisons, emportent les êtres. La nuit est maintenant complète, il fait effroyablement noir. Prise d'une terreur folle, la multitude se rue dans les temples et voici que les temples s'écroulent. Un cri de désespoir que répète la foule ébranle les cœurs les plus braves. La mer avance, envahit le rivage, s'étend et fait hurler les femmes et les enfants et maudire les hommes. Ivre de destruction, le vent augmente, il traverse la ville déchiquetrée, survole les collines, secoue et déracine les arbres séculaires, arrache les cocotiers et la furie des eaux complète le désastre en noyant toute cette pauvreté que l'humanité appelle les richesses, avec ses fragiles demeures et ses palais audacieux. Puis, tout s'apaise, la voix formidable décroît, le vent diminue d'intensité, il n'y a plus de montagnes, plus de rivages, plus de temples, plus d'habitants. Il n'y a plus que la mer insouciante, endormie sous le ciel bleu des tropiques aux astres innombrables. Seuls, quelques sommets subsistent de la catastrophe.

Plus rien que les flots murmurants, au souffle des Alizés, leur chanson éternelle.

Nul ne sait exactement où dort Atlantide. Nul ne profanera ses temples, n'exhumera ses momies. L'océan qui n'a pas gardé à sa surface le sillage des Conquistadors, garde ce tombeau dans son immensité.

L'oubli est l'aumône du temps !

CHAPITRE V

L'ILE D'ÉMERAUDE

(la Guadeloupe)

L'onde frémit encore du sillage des caravelles de Colomb.

Les Antilles ! Iles magiques, pays des épices et des fruits d'or, rives enchanteresses qui ont enflammé les cerveaux exhaltés du XVIII° siècle et bercé nos rêves de jeunesse.

Ce sont des pierres précieuses semées sur le bleu inédit de la mer tropicale, sous un ciel vernis laqué de toutes les couleurs de l'arc-en-ciel; des plages endormies sous une dentelle de cocotiers; des palétuviers touffus où prennent leurs ébats amoureux d'étranges oiseaux au panache précieux, aux couleurs étincelantes; des buissons étoilés de fleurs rares, hantés de présences invisibles mais devinées; des forêts vierges où les lianes dessinent une résille de vitraux; des rochers baroques, ciselés pour le plaisir des géants; des singes sur les arbres; des montagnes couronnées de cuivre, frappées d'argent, incrustées d'améthyste; des cascades, des précipices, des torrents, des visions de cyclone ou d'éruption volcanique; le bronze splendide des chairs dorées par le soleil, au milieu de cette nature indomptée et indomptable, chargée de magie !

Ceux qui ont connu les excursions sauvages dans la forêt silencieuse et oppressante, qui ont dormi dans les « ajoupas », qui ont appendu leur hamac aux arbres géants et connu le charme des sommeils quand nul toit n'empêche le rêve de se hausser jusqu'aux lointaines étoiles; tous ceux qui ont mené cette vie intense avec l'imprévu, la multiplicité des aventures et le contact constant de la nature, ne peuvent oublier ces pays somptueux. Dans leur cœur chante éternellement la plainte sympathique des cocotiers, des filaos et des bambous.

Dans la clarté du jour, alors que le soleil règne en maître sur toutes les choses, les cocotiers sommeillent en inclinant leurs panaches et la sève qui afflue à leur sommet vient gonfler les fruits dont l'eau est tant vantée. Mais cette existence diurne, monotone, n'est que passagère. Au souffle du soir se réveillent ces colosses de la plaine. L'émouvante symphonie commence par un murmure discret et doux, puis s'étend avec éclat. Les cimes grincent, les troncs craquent et la voix des panaches devient harmonieuse. Des soupirs de tristesse, presque des sanglots, montent vers le ciel étoilé, modérés par intervalles ou interrompus par des pauses imprévues, tandis que là-bas, au firmament des tropiques, scintille comme des diamants, la « Croix du Sud ».

Et parmi toutes ces îles qui forment l'archipel des Antilles, de tous les temps et par tous les auteurs, la Guadeloupe a été reconnue la plus belle, la plus pittoresque et la plus fertile.

La Guadeloupe est située entre 15°59'30'' et 18°40' de latitude Nord et entre 64°4'22'' et 63°51'32'' de longitude Ouest. C'est l'une des plus grandes des petites Antilles.

L'île est divisée en deux parties par un bras de mer appelé « Rivière Salée », qui a environ trois milles de longueur et dont la largeur varie de 30 à 120 mètres. Il n'est navigable que par les navires d'un très faible tonnage.

La partie située à l'ouest de ce détroit, est désignée sous le nom de « Guadeloupe » proprement dite ou « Basse Terre » et celle qui s'étend à l'est, sous celui de « Grande Terre ». Ces deux îles ont ensemble une circonférence de 444 kilomètres et une superficie totale d'environ 150.941 hectares. Elles sont reliées par un pont flottant.

Comme toutes les îles des petites Antilles, la Guadeloupe proprement dite a été formée par un groupe de volcans, mais ces volcans étaient-ils sous marins, comme l'indique Moreau de Jonnés (1) ou les sommets de l'ancien Atlantide, comme nous l'avons indiqué dans notre chapitre précédent ?

La Grande Terre (ainsi que les dépendances : Marie-Galante et Désirade) est de formation secondaire, calcaire, reposant sur une base d'origine phlégréenne.

---

(1) Moreau de Jonnès. Histoire physique des Antilles françaises. Paris, 1822.

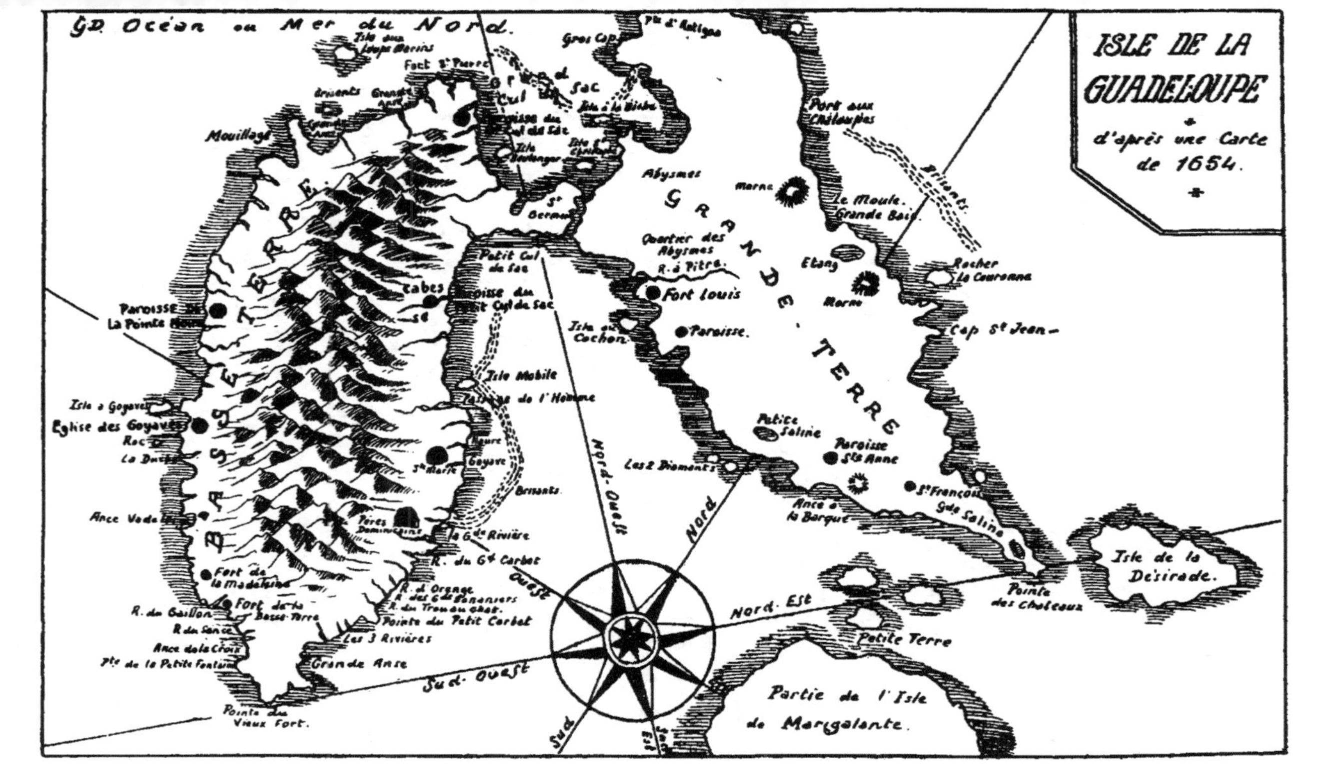

ISLE DE LA GUADELOUPE
d'après une Carte de 1654.
Gd. Océan ou Mer du Nord.
Isle aux Loups Marins
Pic d'Antigue
Gros Cap
Fort St Pierre
Gde du Sac
Grand Cul de Sac
Port aux Chaloupes
Brisants
Grande Anse
Mouillage
Grande Anse
Paroisse du Cul du Sac
Isle à la Biche
Isle Boulanger
Isle Christofle
St Bernud
Abysmes
GRANDE-TERRE
Morne
Le Moule
Grande Baie
Brisants
Quartier des Abysmes
R. à Pitre.
Etang
Morne
Rocher La Couronne
Petit Cul de Sac
Fort Louis
Tabes
Paroisse du Petit Cul de Sac
Paroisse
Cap St Jean
Isle au Cochon
Isle Mobile
Testes de l'Homme
Isle à Goyaves
Eglise des Goyaves
Roc C
La Ducha
Maure
Goyave
Ste Marie
Petite Saline
Paroisse Ste Anne
BASSE TERRE
Brisants
Les 2 Diamants
St François
Gde Saline
Ance à la Barque
Ance Vadeleine
Pères Dominicains
la Gde Rivière
R. du Gd Corbet
Fort de la Madeleine
R. d'Orange
R. des Gds Bananiers
R. du Trou au chat
Pointe du Petit Corbet
Fort de la Basse-Terre
R. du Gaillon
R. du Sance
Les 3 Rivières
Ance de la Croix
Pte de la Petite Fontaine
Grande Anse
Pointe du Vieux Fort.
Isle de la Désirade.
Pointe des Chateaux
Petite Terre
Partie de l'Isle de Marigalante.
Nord-Ouest
Nord
Ouest
Nord-Est
Sud-Ouest
Sud
Sud-Est
Est

GUADELOUPE PROPREMENT DITE (1)

La Guadeloupe, proprement dite, présente l'aspect d'une ellipse irrégulière dont le diamètre ne dépasse pas 27 kilomètres et dont le grand axe, long de 45 kilomètres, serait orienté du Nord au Sud, ayant pour terminus la Pointe du Vieux-Fort et la Pointe Allègre. Le pourtour de l'île mesure 180 kilomètres et la superficie 946 kilomètres carrés.

Son sol est essentiellement montagneux et de formation volcanique. La nature y a éprouvé de violentes convulsions dont on retrouve de nombreuses traces. A part, en effet, les cratères de volcans éteints que l'on retrouve au sommet de plusieurs montagnes, il se présente sur le flanc de certaines d'entre elles, des déchirures, de larges sillons laissés par des coulées de lave enflammée de l'époque, déjà reculée, des grandes éruptions.

Six foyers volcaniques ont formé ces montagnes:

1° Le « Sans Toucher », centre orographique et hydrographique de l'île, présentant trois sommets principaux : le « Grand-Sans-Toucher » (1.480 m.), le « Moyen-Sans-Toucher » (1.250 mètres), et le « Petit-Sans-Toucher » (1.088 m.). Les autres points importants sont : la « Matéliane », l' « Incapable », le « Dos-du-Chameau », les mornes « Moustique », « Bélair », « Bontemps », « Saint-Robert » et « Saint-Louis ».

2° Le massif de la « Grosse-Montagne » (730 m.) dont les autres massifs culminants sont les monts : « Guiyonneau », « Belle Hôtesse », « la Couronne », « Baille Argent » et le « Piton de Sainte-Rose ».

3° Le massif des « Deux Mamelles » (719 et 773 m.), au centre de l'île et dont les projections ont formé : les montagnes de Bouillante (1.054 m.), Saint-Jean (1.122 m.), Petit-Bourg et Lamentin. Le cratère des Deux-Mamelles a fait place à une immense plaine, très fertile, qui pourrait être facilement cultivée et qui sera certainement un jour le Sanatorium de la Pointe-à-Pitre. La pente est douce et il serait facile de créer une route du Petit-Bourg jusqu'au sommet.

4° Le massif de la « Soufrière » (1.484 m.), à six kilomètres dans le nord du « Sans-Toucher ». C'est le point culminant de l'île. La Soufrière est un volcan dont l'activité est très atténuée. La dernière forte éruption date de l'année de la découverte (1493). Aujourd'hui, on n'y rencontre, au sommet, que des fumerolles dé-

---

(1) Annuaire officiel de la Guadeloupe.

gageant d'abondantes vapeurs de soufre à la température d'environ 100 degrés. Les principales sont le « Cratère du Nord » et le « Cratère Napoléon ».

La « Soufrière » a donné comme chaînes secondaires : dans le Nord, le « Nez-Cassé », le « Morne-Goyavier » ; au Nord-Est, la « Grande-Découverte », le « Morne-Madéclaire », le « Morne-Amic », le « Morne-Carmichael » ; à l'Est, se dresse le contrefort de l' « Echelle » (1.367 m.) qui se divise en deux parties : le « Morne-Mitan » et le « Carbet » ; au Sud-Est, nous avons la « Citerne » (1.140 m.) dont le cratère éteint a formé un beau lac, le « Lac Flammarion », le plateau du « Palmiste » ; enfin, au Sud-Ouest, le plateau du « Matouba ».

5° Le massif de la « Madeleine » et les montagnes de la « Capesterre », couronné de hauts sommets dont les principaux sont « la Madeleine » (1.050 m.), « le Trou-aux-Chiens » (1.440 m.), le piton « L'Herminier » (1.130 m.).

6° Enfin, le dernier massif, le « Vieux-Fort ». Cette chaîne secondaire est formée par un contrefort de la « Soufrière » à laquelle elle se relie par le « Col de Gourbeyre » et le « Plateau du Palmiste ». Ses principales montagnes sont : le « Morne-Caraïbe » (698 m.), le « Houelmont » (424 m.).

Le travail volcanique ne se manifeste de nos jours que par les fumerolles de la « Soufrière », de l' « Echelle », du « Lac Flammarion » et sur le littoral de la commune de « Bouillante », par de petits cratères qui s'ouvrent à fleur de terre et qui dégagent des vapeurs brûlantes et sulfureuses. Comme dans toute région volcanique, on rencontre partout des sources d'eau chaude, sulfureuse, saline ou ferrugineuse.

Tous ces massifs forment une chaîne de montagnes qui partage, du Sud-Sud-Est au Nord-Nord-Est, la Guadeloupe proprement dite, en deux versants sillonnés de fertiles vallées et arrosés de plus de soixante-dix cours d'eau. Le versant occidental, plus rapproché du rivage, est très escarpé. Les collines, élevées et abruptes, sont entourées de profondes vallées et de gorges étroites. La côte est très accidentée, bordée de falaises, dont les échancrures forment des abris pour les bateaux de pêche. Le versant oriental descend, au contraire, vers la mer en pente douce. Les rivières, quoique d'un débit plus considérable, sont moins fougueux dans les hauteurs et coulent paisibles dans les belles plaines de la Capesterre, de la Goyave, du Petit-Bourg et de Sainte-Marie. Une longue chaîne de coraux rend néanmoins le mouillage difficile et le petit port de Sainte-Marie est le seul qui soit propice à la navigation, surtout depuis la création d'un chemin de fer par le Crédit Foncier Colonial. C'est là que Colomb atterit.

Les deux tiers des montagnes de la Guadeloupe proprement dite sont couverts de grands bois, l'autre tiers présente d'abord des fougères arborescentes, des mangles et au sommet des mousses et des lichens. En dépit de sa prodigalité, la forêt reste vierge. Des plateaux d'une fécondité sans pareille, des mornes couverts de bois précieux sont encore inconnus.

Il faudrait des routes pour en permettre l'exploitation. Sur une superficie totale de 150.941 hectares, seulement 64.420, le long du littoral, sont en culture. La forêt renferme pourtant des bois d'ébénisterie de toute beauté, des essences, des matières tinctorales, tannantes, résineuses : le balata, le tendre-à-caillou, le palétuvier gris, le bois de fer, le poix doux Isabelle, le poirier, l'acajou, le bois d'Inde, le mapou, le courbaril, le châtaignier grandes-feuilles, le bois vert, le palétuvier grand bois, le galba, le bois marbré, le bois chandelle, le bois pistolet, le bois de rose, le noyer, l'accacia, le gaïac, l'épineux blanc, l'ébène verte, l'arbre à encens, le canellier, etc.

La Grande Terre

La Grande Terre, plus petite que la Guadeloupe proprement dite, a la forme d'un triangle isocèle ayant 48 kilomètres de l'Est au Nord-Ouest et 28 kilomètres du Nord au Sud. A en juger par les roches basaltiques qui constituent la « Pointe-des-Châteaux », à son extrémité orientale, et celles de même nature qui garnissent le littoral de l'Anse-Bertrand et forment la « Pointe de la Grande-Vigie », à son extrémité septentrionale, on la croirait aussi d'origine volcanique, mais que les secousses sismiques y ont été beaucoup moins violentes et par suite les éjections sont restées peu élevées. Moreau de Jonnès qui le constata en 1816, déclare que l'île est de formation calcaire sur base pyrogène, de seconde formation. Il a établi que les superpositions calcaires avaient une hauteur variant de 924 m. 84 à 389 m. 81. La circonférence de l'île est de 264 kilomètres et la superficie de 834 kilomètres carrés.

La Grande Terre ne présente que des mornes écrasés, de petits mamelons, dont l'altitude varie entre 80 et 120 mètres, tantôt séparés par de vastes plaines, tantôt par des gorges étroites ou des marécages. Les sommets sont presque totalement dénués de végétation. Les mamelons sont disposés souvent en cirques qui ne donnent naissance qu'à de rares cours d'eau naissant de pluies abondantes durant la saison et dont le débit tarit parfois totalement pendant la saison sèche. En outre, le peu d'élévation n'offre pas une inclinaison suffisante à l'écoulement des eaux et crée au contraire des dépressions de terrains, des sortes de bassins marécageux. Les eaux pluviales ainsi retenues forment, au milieu des terres, des mares à fond argileux, plus ou moins grandes, qui ne peuvent servir qu'aux animaux. Lorsque, par contre, ces bassins se trouvent dans les parties basses, au niveau de la mer, des infiltrations d'eau salée viennent se mélanger à l'eau douce. Ce sont alors des marais saumâtres, dormant sur un lit boueux, des nids d'incubation pour les moustiques. Une forêt de palétuviers et de mangliers bordent ces eaux impures, arrêtant le mouvement des flots qui auraient pu les nettoyer, les assainir.

∴

Au centre de la Guadeloupe, entre la partie volcanique et la partie calcaire, la nature a formé un golfe magnifique appelé le « Petit-cul-de-Sac », qui communique avec le « Grand-cul-de-Sac », au moyen du bras de mer, « La Rivière-Salée ». La baie est formée à l'Est par la Grande Terre, à l'Ouest par les îlots « Léopoldo », « Isola-Bella », « Monroux » et « Boissard » ; au Sud, par l'îlot « Brument » et « Cochons », qui la défendent partiellement contre les fortes marées. Des passes peu profondes existent entre ces îlots. C'est là que se trouve la « Pointe-à-Pitre », la ville la plus importante de l'île. Port d'embarquement des produits récoltés à Grande-Terre, elle est riche et prospère. C'est d'ailleurs la Grande-Terre qui produit la plus grande partie des sucres et rhums exportés.

La ville de Pointe-à-Pitre date de 1759 (1). Elle a été construite par les Anglais. Avant cette époque, Sainte-Anne, le quartier le plus riche de l'île, était le siège de la Sénéchaussée de la Grande-Terre et d'une amirauté instituée en 1742. Toutes les opérations commerciales avec la Martinique qui concentrait alors le trafic métropolitain, se faisaient dans ce bourg et le Gouverneur de Clieu, voulant amener le commerce métropolitain directement à la Guadeloupe, adressa en 1740 un rapport au Ministre, lui demandant l'autorisation d'élever une ville au fond du bassin terminant le Petit-cul-de-Sac et d'y transférer le siège du Gouvernement. Il ajoutait que Basse-Terre, le siège du gouvernement alors, comme aujourd'hui, est situé à l'extrémité de la colonie, dans un lieu sans port, peu utile à la défense générale et au commerce. Sans même attendre la réponse, il commença des travaux de fortifications sur l'îlot à Co-

---

(1) Jules Ballet. Renseignements sur l'histoire de la Guadeloupe.

chons et en face, au pied du Fort-Louis (depuis Fort-l'Union), afin de défendre par des feux croisés l'entrée de la passe. Mais ne voulant pas perdre le bénéfice du trafic dont ils avaient un monopole de fait, les commerçants de la Martinique contrecarrèrent les projets de De Clieu et la création de la nouvelle ville sur les plages des Abymes resta enfoui dans les cartons du Ministère.

En 1748, les habitants des Abymes, imaginèrent de faire une chaussée pour descendre leurs denrées au bord de la mer. Cette première opération, très coûteuse, réussit.

En 1754, le Chevalier de Mirabeau, qui avait succédé à De Clieu, renouvella la proposition, mais la guerre allait arrêter les travaux.

Au début de 1759, l'ingénieur de la marine Beltère, chargé par le roi de lui adresser des propositions documentées, avait déjà tracé le plan de la nouvelle ville lorsque, après trois mois de siège, la Guadeloupe tomba sous la domination anglaise (27 avril 1759). L'île était ruinée, Basse-Terre et les bourgs de Gosier, Sainte-Anne et Saint-François avaient été livrés aux flammes. 250 sucreries et 600 autres habitations avaient été incendiées et saccagées, six mille esclaves enlevés. Plus de troupeaux, plus de vivres, plus de marchandises. La famine causait de nombreuses pertes de vie, tant chez les propriétaires que chez les esclaves.

Depuis 1635, la Guadeloupe se débattait tristement dans le marasme. Tombée, épuisée, trahie par le sort des batailles, dans les mains des Anglais, elle devait rapidement se relever de ses ruines et devenir prospère. Les vaisseaux anglais affluèrent. La garnison était, en septembre 1760, portée à 2.600 hommes et le colonel Krumpt, gouverneur de l'île, qui avait pris connaissance du dossier de l'ingénieur Beltère, comprit les avantages qu'il y aurait à élever une ville à l'endroit où aboutissait le grand chemin des quartiers de la Grande-Terre et, avec cette froide intrépidité qu'aucun obstacle ne rebute, il commença immédiatement les travaux qui, après sa mort, survenue le 20 mars 1760, furent terminés par son successeur Campbell Dalrymple, gouverneur jusqu'au 4 juillet 1763, date de la restitution à la France.

Des cabanes furent d'abord élevées, qui servirent de magasins et de logements, sur la portion des quais actuels « Lardenoy et Bourbon », comprise entre les rues d'Arbaud et des Abymes. Les travaux avançaient rapidement, mais l'air malsain qu'on respirait engendrait de cruelles fièvres. On faisait fortune, mais la mort fauchait de nombreuses victimes. Le colonel Krumpt, lui-même, succomba, et son successeur, Campbell Dalrymple, décida en 1761, de faire disparaître les foyers d'infection en comblant les marécages avec les mornes environnants.

Une ville, dont les destinées ne sont pas encore accomplies, sortit des palétuviers et une rade magnifique fut aménagée, à l'abri, croyait-on, des ouragans qui dévastent ces régions. Le cyclone du 12 septembre 1928 a donné un formel démenti à cette croyance. Depuis sa création, elle a subi plusieurs catastrophes et le souvenir est encore vivace du tremblement de terre de 1843 et de l'incendie de 1871.

Sous la domination anglaise, la Pointe-à-Pitre, en moins de trois ans, devint une des plus belles villes de l'archipel des Antilles. 30.000 esclaves y furent introduits en 1762, ainsi qu'il résulte d'un mémoire adressé au Comte d'Egremont par les marchands de Liverpool, après la prise de La Havane, dont ils demandaient à partager le commerce de la traite, le chiffre des esclaves vendus à la Guadeloupe s'élevait à 334.000 livres sterling, soit 8.350.000 francs ! Partout la vie circulait, le chant des travailleurs s'élevait dans ces lieux où ne régnait jadis que le majestueux silence des forêts, les ports étaient animés par de joyeux matelots. La Guadeloupe était riche et prospère, parce que sous la domination d'un peuple éminemment pratique, ne connaissant pas les routines compliquées de la paperasserie administrative, elle ne faisait plus absorber par des commissionnaires privilégiés, tout le bénéfice de son agriculture.

Deux hommes avaient accompli cette œuvre admirable, le colonel Krumpt et Campbell Dalrymple, mais ils étaient anglais, et aucune rue de notre ville moderne, aucun monument, n'atteste le souvenir de ces gouverneurs qui ont fondé la Pointe-à-Pitre.

.·.

Pointe-à-Pitre est situé par 16° 14'22'' latitude Nord et 63°51'32'' longitude Ouest. Elle possède 27.000 habitants. C'est le chef-lieu commercial de l'île.

Le nom de Pointe-à-Pitre, jadis « Port-à-Pitre », vient d'un marin hollandais, Peter, admis par Houël à s'établir en 1654 dans la colonie. Faisant la pêche, il obtint l'autorisation de s'installer à la pointe de l'îlot qui est à l'entrée de la rade et où s'élevait le « Fort Louis », résidence du Lieutenant du Roi qui commandait la Grande-Terre. Le nom devint bientôt populaire parmi les habitants, les marins et les soldats de la garnison. « Peter's Point », la « Pointe à Peter », enfin la « Pointe à Pitre », s'imposa et passa à la postérité.

Jadis les navires de guerre qui pénétraient dans la baie, les navires de commerce qui s'y retiraient, mouillaient par le travers de la « Pointe à Peter », entre l'îlot et le banc des Cochons. Lors de la création de la ville, les navires vinrent jeter l'ancre devant elle.

En 1763, lorsque la colonie fut restituée à la France par le traité du 6 février 1763 qui mettait un terme à la guerre de sept ans. la Guadeloupe continuait à marcher dans la voie de la prospérité. La ville de Pointe-à-Pitre grandissait chaque jour, les marécages se comblaient et elle prenait dans le pays la place que sa position centrale lui assurait et qu'elle devait maintenir. Les progrès étaient déjà si considérables que le gouverneur de Nolivos dut songer à établir des voies de communication plus rapides entre elle et Basse-Terre. Il n'existait alors qu'une route de Basse-Terre à Capesterre. Elle fut continuée, une chaussée levée dans les marécages de la rivière Salée et les travaux durèrent deux années. Une ordonnance du 25 octobre 1765 créa le service de la poste qui ne se faisait jusqu'alors qu'au moyen de messagers.

En 1777, un plan définitif de la ville fut dressé par le lieutenant Colonel de Talsy.

∴

Lorsque, après une traversée d'environ onze jours, le paquebot qui vous a mené de France, jette l'ancre dans le port magnifique de Pointe-à-Pitre, un des plus beaux des Antilles, le soleil apparaît majestueux comme un globe d'or qui éclate dans un ciel pur. L'horizon est bordé de rouge. Les rayons perçant bientôt la zone sanglante, jaillissent comme d'une ampoule électrique, se lament de toute la gamme des couleurs de l'arc-en-ciel qui s'appellent les roses, les verts, les bleus, les violets et les pourpres. La mer bleuit, rosit puis se mordore jusqu'à l'horizon avec des changements de rubis gorge d'oiseau-mouche. L'astre enchanteur fait ruisseler en cascades son or, mettant dans sa caresse à la terre toute l'ardeur d'un premier baiser d'amour. Inondant la nature d'animation, sa lumière couvre les montagnes environnantes d'un manteau de bijoux scintillants, plonge dans les massifs les plus touffus pour y faire resplendir les fleurs les plus cachées, accentue ardemment les teintes, ajoute la somptuosité du rouge aux flamboyants ensanglantés, la volupté du jaune aux acacias, la douceur du mauve aux lianes « feu », la tendresse du violet aux orchidées mystérieusement accrochées à quelques arbres et entre dans les eaux pour y faire danser à leur surface bleue des millions de paillettes frissonnantes.

Après une période d'admiration, on jette les yeux sur la ville encore endormie, dans le fond de la rade, et la déception vient. On voudrait trouver une image, souriante et blanche, une de ces visions de l'orient nostalgique, afin d'emporter dans son cœur un éblouissant souvenir, mais il n'y a pas d'harmonie entre la nature et ce que les hommes y ajoutèrent, un équilibre entre les maisons, l'eau et le ciel. Pas de villas élégantes, pas de gamme variée de couleurs et de constructions. Les collines sont dénudées, la peinture des maisons est fanée, les toits de tôles sont rougis par l'air salin, l'abandon est partout. Les arbres qui se recourbent au-dessus des quais effondrés semblent se lamenter. Les bateaux, les voiles, sont sans couleur, tout respire l'insouciance, la paresse. Il paraît qu'autrefois, avant le tremblement de terre de 1843, on ne voyait le long des quais que des immeubles de trois étages, respirant le bien-être et le confort.

Dans l'intérieur, les rues tirées au cordeau, sont larges, mais mal entretenues, l'hygiène fait défaut. Heureusement qu'il y a dans ces régions deux puissants microbicides qui suppléent au manque des agents de l'hygiène publique : le soleil et l'eau. Les trottoirs sont bien alignés, des balcons surgissent au premier étage, ça et là des jardins fleuris. Comme il serait facile, si l'on voulait, avec un service de voirie stylé et compétent, de faire un joyau charmant de cette ville; une escale enchanteresse, un oasis dans l'océan. On ne peut pas dire que la vision est chimérique quand on pense aux Bermudes et à Porto-Rico (1).

On m'en voudra peut-être d'écrire cela, mais ce n'est pas en poète seulement qu'il faut juger un pays moderne. La nature a prodigué ici ses dons; qu'ont fait les hommes pour exploiter les richesses éparpillées partout? Qu'a fait la métropole? Les indigènes, ceux qui saluèrent de leurs cris d'admiration l'arrivée de Christophe Colomb, ont été anéantis, ils ont été remplacés par les blancs, fils d'Européens, les noirs, descendants des anciens esclaves africains et les hommes de couleur qui, par ces temps de suffrage universel ont dans leurs mains les destinées du pays. La France civilisatrice leur a octroyé toutes ses lois, tous les bienfaits de son régime démocratique, pourquoi les Français qui habitent cette colonie merveilleuse se laissent-ils devancer pas nos voisins, les Anglais et les Américains? La faute incombe à la Métropole comme nous le verrons plus loin.

On répète à l'envie que la rade de Pointe-à-Pitre a, par sa position géographique et la digue naturelle que lui constitue le

---

(1) Ces pages étaient écrites avant le cyclone du 12 septembre 1928.

cercle d'îlots qui l'entoure, d'exceptionnels avantages, mais les vapeurs ne peuvent accoster les quais, et au point de vue commercial et touristique, il résulte de grands désavantages. Dans les autres Antilles, on a fait des efforts considérables pour améliorer l'outillage et aménager pratiquement les ports, il importe aujourd'hui que le projet d'aménagement qui dort depuis si longtemps dans les archives du Ministère des Colonies soit mis à exécution. Le Comité des Travaux Publics de ce Ministère a déjà réglé définitivement cette affaire, pourquoi tant de délai dans l'exécution des travaux?

Il s'agit seulement de construire un mur de quai à neuf mètres, en blocs de béton, sur une longueur de 300 mètres, correspondant à un front d'accostage de deux longueurs de grands bateaux, avec l'outillage perfectionné pour une manipulation de 80.000 tonnes, supérieure à celui que présente le port en ce moment. Pendant plusieurs années, il faudra faire face à de grosses dépenses, mais qui veut la fin veut les moyens et le Conseil général qui a porté le budget de la colonie de sept millions à 35 millions, doit comprendre l'importance de ces travaux et, avec l'aide de l'Etat, emprunter la somme nécessaire pour les effectuer.

∴

La Pointe-à-Pitre est le siège de nombreuses institutions : Banque de la Guadeloupe, The Royal Bank of Canada, Crédit Guadeloupéen, Sucreries Coloniales, Société Industrielle et Agricole de Pointe-à-Pitre, un lycée, un tribunal, une cathédrale, deux musées (Schoelcher et L'Herminier), le premier contenant une collection de copies d'antique, de porcelaines et de bronzes, don du grand philanthrope qui fut député de la Guadeloupe et le second des spécimens intéressant la flore et la faune de l'île, un Hôtel des Postes, un marché couvert, une chambre de commerce, une chambre d'agriculture, plusieurs Consulats, deux bureaux télégraphiques (français et anglais) et les entrepôts importants de la Compagnie Générale Transatlantique et des Transports Maritimes.

Une place publique, la « Place de la Victoire » (autrefois Place Sartine), mérite une mention. Elle est ainsi appelée en souvenir de la victoire remportée le 2 juillet 1794, par Victor Hughes sur les Anglais. Les arbres, aux troncs baroques (ura crepitans) qui ornent les allées, furent plantés par le célèbre conventionnel.

CHAPITRE VI

LA COLONISATION

1493   La Guadeloupe, découverte en 1493, resta sous la domination espagnole jusqu'en 1635. C'est sous le règne de Louis XIII qu'elle passa à la couronne de France.

Laissant de côté les petites Antilles qui n'offraient que des ressources agriculturales, les Espagnols, avides d'or, essayèrent tout d'abord de travailler les mines d'Haïti et de Cuba. Un Office **1503** Colonial rudimentaire s'établit à Séville en 1503 dans le but de créer des relations avec les îles et c'est à cette époque que commence la vie commerciale des Antilles.

1515   En 1515, une expédition de trois navires, commandés par Juan Ponce de Léon, ancien gouverneur de Borrignon, fut envoyé de Cadix pour occuper la Guadeloupe, mais les Caraïbes s'opposèrent au débarquement et, après avoir perdu beaucoup des siens, malade, il abandonna cette île pour Saint-Thomas.

Le nouveau monde, par sa production exotique, sa faune, sa flore, ses bois, ses sauvages, ses singes et ses perroquets, attirait la convoitise des Européens. Les îles surtout fascinaient les esprits avec la canne à sucre, le petum, les patates « plus savoureuses que les truffes », les goyaves « du goût d'une pomme de rainette », les bananes « plus douces que les figues », les ananas « remplis d'un suc délicieux qui surpasse le muscat », les grenades, les cachiments crémeux, le vin palmiste, les tortues marines d'une taille prodigieuse, les carets à l'écaille multicolore, les lamentins, les **1520** vaches marines, les lézards grimpeurs, etc. En 1520, Diego Colomb, le fils de l'illustre navigateur, octroya à Antonio Serrano le brevet de gouverneur de la Guadeloupe, avec juridiction sur toutes les îles environnantes : Dominique, Martinique, Antigue, Barbade,

Montserrat. Ce premier essai de colonisation ne fut pas heureux.

1523 En 1523, le corsaire normand, Jean Fleury, rapporta d'une croisière un véritable trésor d'art, de masques, de mosaïques en pierres précieuses, des bijoux, des ustensils en or et en argent, sur lesquels étaient gravés ou sculptés des figures d'animaux, des idoles en métal ou en pierre, des ornements en plumes, des manteaux de fourrure, de multiples objets enlevés du palais de Guatmozin, à Tenochtitlan ou Tezcuco (dont on a fait Mexico), trophées de la conquête du Mexique que Cortès envoyait à Madrid et que le fameux corsaire avait intercepté (1).

Dans sa relation à Charles-Quint, datée de Cuyoacan, le 15 mai 1522, Cortès décrivait ainsi les richesses de Tenochtitlan :

« Que Votre Altesse n'aille point croire que je lui dise là
« rien de fabuleux, car je puis certifier que toutes les créatures
« vivantes qui peuplent la terre et les eaux dont Montezuma put
« avoir connaissance, il les fit reproduire en or, en argent, pierreries
« et plumes, avec une telle perfection qu'elles paraissent natu-
« relles. Il m'en donna de toutes sortes en outre du cinquième
« de l'argent perçu pour Votre Altesse, cent et tant de marcs, que
« je livrai aux artistes indiens pour en faire des plats, petits et
« grands, des écuelles et des cuillers, qu'ils fabriquèrent avec une
« telle perfection que nous ne saurions dire. Montezuma me fit,
« en outre, présent de pièces d'étoffe de sa garde-robe, d'une
« telle finesse que, tissés de coton, sans mélange de soie, il ne s'en
« pourrait faire de plus belles au monde, ni de couleurs si vives et
« si diverses. Il y avait des vêtements absolument merveilleux, des
« tissus ressemblant à des tapisseries qui pourraient décorer des
« salons et des églises. Il y avait aussi des couvre-pieds et des
« couvertures tissés de plumes et de coton de toutes les couleurs et
« les plus merveilleux que l'on puisse voir et tant d'autres choses
« encore que je ne saurais les dépeindre à Votre Majesté. Il me
« donna une douzaine de sarcabanes avec lesquelles il chasse les
« oiseaux, dont je ne pourrais dire l'élégante perfection, car elles
« étaient couvertes de peinture aux nuances les plus délicates, où se
« trouvaient représentés dans toutes les attitudes, des oiseaux, des
« animaux, des arbres, des fleurs et dont les points de mire étaient
« formés par des grains d'or. Il me donna en même temps un
« carrier en fllet d'or pour les petites balles qui seraient en or,
« des moules en or et une foule d'autres chosese. »

Il y en avait pour 162.400 pesos d'or et 500 marcs d'argent.

---

(1) Charles de La Roncière. Histoire de la marine française.

Mais ce qui frappait surtout, c'était un soleiel en or grand comme une roue de charrette et une lune, encore plus grande, en argent, entourée de rayons et de symboles variés, tous deux d'un poids considérable (1).

Cortès envoya tous ces trésors au roi d'Espagne, avec une énorme émeraude, sous la garde de Quinones et de Alonso de Avila, mais le convoi, après avoir fait escale aux Açores, fut capturé par Flory, qui amena sa prise à La Rochelle. C'est François Ier qui reçut lettre, émeraude et trésors. De telles descriptions n'étaient-elles pas suffisantes pour éveiller la cupidité des Européens?

567 — De 1567 à 1624, des corsaires français rôdaient dans les Antilles. En 1567, le 2 mars exactement, M. de Fourguevaux, ambassadeur de Charles IX, suppliait Catherine de Médicis « d'or- « ganiser une expédition vers le Nord, que les Bretons découvrirent « il y a plus de cent ans » (un quart de siècle avant Colomb).

Champion, du Havre, rapportait de la Floride, la même année, comme trophée, un vieil étendard de guerre indien.

568 — En 1568, *Le Fieux*, du Tréport et le *Serpent*, du Havre, étaient jetés à la côte, non loin de la Havane.

Plus tard, dans les parages de Trinidad, au cours d'une rencontre entre *La-Grande* et la *Foudre*, de Fécamp, avec une escadre espagnole, le capitaine Matté se faisait tuer en tenant tête aux compagnies d'abordage, et le capitaine Granville, entouré de morts, son navire coulant bas, se faisait sauter plutôt que d'amener pavillon.

Plus heureux, un autre Fécampois, le capitaine Maillard, après une longue croisière, fit retour en France, et rapporta avoir vu aux Antilles « des oiseaux gros comme des poules s'abattre la nuit sur « ses feux de bivouac et fournir le rôti ». Quant aux légumes, « à un quart de lieue de la Dominique, il aperçut une longue « pirogue en écorce et des Caraïbes au corps bariolé de rouge et de « jaune, dont le cacique, coiffé d'un chapeau de plumes, lui « donna des cassaves et des patates. Pour la première fois, les Fran- « çais apprécièrent combien étaient bonnes, cuites sous la braise « ou bouillies dans un pot, les patates ».

« A la Jamaïque, des chevaux sauvages et des sangliers, en « troupes énormes, fondaient sur les marins qui durent se réfugier « sur des arbres. »

583 — En 1583, Etienne Bellinger, de Rouen, subventionné par le cardinal Charles de Bourbon, explore les rives occidentales de la

---

(1) Jean Batelon. La vie de Fernand Cortès.

Norombèque et revenait en l'été de 1583 avec une cargaison de
fourrures : castors, loups, cerviers, loutres et bisons, peintes à l'envers de couleurs vives (1).

1624   Le continent merveilleux éveillait la curiosité, les appétits
s'aiguisèrent. En 1624, Urbain de Roissey, de Chardouville, capitaine de la marine royale, qui avait été autorisé, le 20 avril, à pour-
chasser « les pirates qui empêchaient aux marchands françois la
« navigation du costé du Sud, au delà du tropic du Cancer ou du
« premier méridien des Açores », enlevait après deux heures de
combat, le 15 juin, un forban rencontré près des Sorlingues et
amena sa prise à Brest. 154 caisses de sucre que contenait la prise
furent vendues 15.018 livres 15 sols. C'est de cette aventure que
naquirent nos colonies des Antilles (2). Alléchée, en effet, par les
gros bénéfices à réaliser, une compagnie, créée de toutes pièces
par Richelieu, allait entreprendre de mettre en valeur toutes les
îles entre le 10° et le 30° de latitude.

1625   Un corsaire dieppois, Pierre de Belair, écuyer, sieur d'Esnambuc, qui avait été fait capitaine dans la marine du roi à la suite
de diverses expéditions heureuses contre les ennemis de la France,
résolut, en 1625, d'armer un brigantin et d'aller aux Antilles faire
la guerre de course aux Anglais et aux Hollandais qui y commet-
taient de riches dépradations sur les galions espagnols. Il avait l'esprit
d'aventure de ses ancêtres, la nostalgie des voyages hantait son
cerveau et sa bravoure était légendaire.

Après une traversée monotone, il rencontra, près des îles Cay-
mans, un galion espagnol auquel il livra combat. Il n'avait que
quatre bouches à feu, son adversaire possédait 36 canons. Littéralement troué de toutes parts, ses voiles en lambeaux, ayant perdu la
moitié de son équipage, il se réfugia à Saint-Christophe que les
Caraïbes appelaient « Liamaiga ».

Or, en même temps que lui, des aventuriers anglais, commandés par le capitaine Warner, débarquaient dans l'île. Le hasard
mettait en présence les deux nations qui allaient se disputer la prééminence dans le nouveau monde. D'Esnambuc et Warner décidèrent de se partager l'île, de vivre en bonne intelligence et, au besoin
de s'unir contre les Caraïbes, qui ne voulaient pas se laisser déposséder. Tout marchait à souhait, lorsque les Caraïbes s'entendirent
secrètement. Le complot allait réussir quand une femme caraïbe,
qui s'était éprise de d'Esnambuc, lui révéla le dessein de ses

____

(1 et 2) Charles de la Roncière. Histoire de la marine française.

frères, afin de l'arracher à une mort certaine. Les Caraïbes furent massacrés sans pitié.

Décidé à faire prospérer l'île que la fortune lui avait octroyé après tant de périls, d'Esnambuc se rendit en Europe, avec son premier lieutenant, le sieur du Rossey, laissant le commandement de la colonie à Du Halde et à Du Pont.

Présenté à Richelieu, homme des décisions promptes et des exécutions rapides, qui venait d'être investi du titre nouveau de « grand maître, chef et surintendant général de la navigation et commerce de France », d'Esnambuc lui exposa ses plans et fit ressortir l'utilité des colonies au point de vue de la grandeur maritime de la France. Il ne parlait pas à un sourd. Le cardinal était marin par atavisme. Son bisaieul, le vice-amiral Guyon Le Roy du Chillou, avait couru les mers pendant un demi-siècle à la poursuite des Anglais, des Espagnols, des Turcs et avait doté la France d'une base de guerre, Le Havre (1). Son grand-père était le capitaine de marine François II Du Plessis et son père François III Du Plessis, un grand prévôt de l'Hôtel, qui commandita de fructueux armements en course.

Enfin, son oncle maternel était le Commandeur Amador de la Porte et son frère aîné avait fait campagne en Méditerranée. Il était donc familiarisé avec les questions coloniales (2).

« Quiconque est maistre de la mer, a ung grand pouvoyr sur « la terre. Le Roi d'Espagne, depuys qu'il a armé par mer, n'a-t-il « pas tant conquys de royaulmes que jamais le soleil ne couchait « dans ses terres. »

Richelieu fit sien le projet et usant de son influence, il constitua une Compagnie, l' « Association des Seigneurs de la Compagnie « des Isles d'Amérique ».

626
Le 31 mars 1626, un conciliabule était tenu chez le cardinal et les parisiens Jean-Baptiste du Val, Nicolas le Mareschal, Antoine Regnault de Montmor et le breton Guillaume de Bruc, jetèrent les bases d'une « Compagnie pour le commerce général tant par mer « que par terre au Ponant, Levant et voiage au long cours ».

L'édit de juillet 1626 consacra un autre nom, celui de « Com- « pagnie des Cent Associés » qui devint plus tard (7 mai 1627), la « Compagnie de la Nouvelle France, limitant son rayon d'action « de la Floride jusqu'au cercle artique et de l'île de Terre-Neuve « au grand lac dict de la Mer Douce et au delà ».

---

(1) Gabriel Hanotaux. L'énergie française. Paris, 1902.
(2) Charles de La Roncière.

Richelieu délivra à d'Esnambuc et du Rossey une commission leur donnant pouvoir « d'aller peupler privativement à tous autres « les îles de Saint-Christophe et de Barbade, et autres circonvoi- « sines, icelles fortifier, y mener et conduire nombre de prêtres et « de religieux pour instruire les Indiens et habitants d'icelles, et « tous autres, en la religion catholique, apostolique et romaine... « y faire cultiver les terres et travailler à toute force de mines et « métaux, moyennant les droits de dixième de tout ce qui proviendra « et se retirera d'icelles... »

1627 — Le 24 février 1627, le départ de l'expédition eut lieu. D'Esnambuc s'embarqua sur le navire *La Catholique*, avec 322 hommes enrôlés pour le travail durant trois années, et du Rossey sur *la Cardinale*, qu'accompagnait *la Victoire*, avec 210 hommes engagés dans les mêmes conditions.

Le 8 mai, ils arrivèrent à Saint-Christophe.

D'Esnambuc y retrouva Warner qui, de son côté, avait été en Angleterre et était de retour avec 400 hommes. L'accord absolu continuait à régner entre les deux chefs. Un traité définitif de partage de l'île fut signé le 13 mai.

1628 — Les Français ne prospérèrent pas. Bientôt la faim apparut et du Rossey fut chargé d'aller en France chercher du secours. Il ne revint qu'en 1628, avec seulement des promesses. D'Esnambuc se décida alors à retourner en personne et cette fois le succès fut assuré. Richelieu allait ordonner un armement sérieux, afin de ne pas perdre ce qui était déjà acquis. Il savait d'ailleurs que les Espagnols équipaient une flotte pour aller détruire les colonies fondées à Saint-Christophe et d'autre part il voulait mettre un terme aux insolences des Anglais. Il fit armer six grands vaisseaux dont de Cussac, un marin consommé qui joignait l'audace au courage le plus viril, reçut le commandement. Cette flotte mit à la voile en juin 1629 et arriva à Saint-Christophe à la fin du mois d'août.

1629 — Après avoir infligé une dure correction à Warner qui avait usurpé des terres au delà des limites fixées (il perdit dans un furieux combat, trois vaisseaux et trois autres se jetèrent à la côte), de Cussac s'élança à la rencontre de la flotte espagnole qu'il croyait dans le golfe du Mexique, mais il était à peine parti que celle-ci, commandée par Don Frédéric de Tolède, composée de 35 gros galions et 14 autres navires, jeta l'ancre devant la forteresse du quartier de la Pointe-du-Sable. Le lendemain, les Espagnols opérèrent leur débarquement et les Français cherchèrent, dans la fuite, leur salut.

D'Esnambuc releva le courage de ses compagnons et résolut

avec eux d'aller établir une nouvelle colonie à Antigues, mais ultérieurement la paix ayant été signée, il retourna à Saint-Christophe,
où le pétum, le meilleur des îles, attirait un grand nombre de navires
et avait créé une ère de prospérité. A la fin de 1629, la colonie
anglaise, très florissante, ayant le plus profité de cette exportation,
avait une population de 6.000 âmes, tandis que la partie française
n'était habitée que de 360 personnes.

De nos jours, il est une petite île dans l'archipel des Antilles
qui, quoique n'ayant que 18 lieues de circuit et 6 lieues de longueur
sur 5 de largeur, appartient de moitié à la France et à la Hollande.
C'est Saint-Martin, une dépendance de la Guadeloupe. Elle est
située par environ 18°5' de latitude Nord et 65°23' de longitude
Ouest, à 20 lieues au Nord de Saint-Christophe et 2 lieues au
N.-O. de Anguilla.

En 1634, la situation était précaire. Un Tourangeau, le sieur
Charles Liénard de l'Olive, « homme d'esprit pesant et grossier »,
lieutenant général du gouverneur d'Esnambuc à Saint-Christophe,
dont la fortune avait grossi considérablement, résolut de s'établir
dans une autre île et choisit la Guadeloupe qui paraissait lui fournir
tous les avantages.

De l'Olive se rendit en France et, à son arrivée à Dieppe, fit
la connaissance d'un gentilhomme qui avait parcouru la mer des
Antilles et le golfe du Mexique, comme officier dans la flotte de
de Cussac : Jean du Plessis d'Ossonville, « advocat d'un bon
« esprit et d'une humeur grandement douce », avec lequel il s'allia
pour exécuter son projet.

Ils proposèrent à la Compagnie des Isles un contrat qui fut
accepté et signé le 12 février 1635, par lequel il leur était accordé
2.000 livres comptant, 3.000 livres en armes, le commandement
pendant dix années, conjointement ou séparément, si deux îles sont
habités par eux, et la Compagnie s'engageait à faire passer aux
Antilles 4.000 colons de tout sexe, les bras manquant. Les Espagnols, après avoir tué tous les Caraïbes, avaient abandonné l'île
pour aller au Pérou où Pizzaro avait commencé un siècle auparavent
sa carrière de conquête et de pillage (1).

Avec le titre de « Gouverneurs de la Guadeloupe, au nom des
« Seigneurs de la Compagnie des Isles », de l'Olive et du Plessis
quittèrent Dieppe le 23 mai 1635. Après une courte traversée, ils

---

(1) Fernand Cortès avait pris Mexico, le 13 août 1521. Pizarro occupa Cuzco
le 25 novembre 1533 après s'être emparé du camp d'Atahualpa. Le Yucatan fut
conquis en 1547, le Venezuela en 1540, la Colombie en 1538, le Chili en 1540.

touchaient le 25 juin à la Martinique et abordèrent le 28 au Nord de la Guadeloupe, à la Pointe Allègre. Bien accueillis par les Caraïbes, ils reçurent, en échange d'objets de peu de valeur, du poisson, des porcs, des tortues, des racines, du manioc.

L'Olive et du Plessis se divisèrent l'île en deux parties : l'Olive prit la partie de l'Ouest et du Plessis celle de l'Est. Olive fonda son campement sur les bords d'une rivière qui reçut le nom de Vieux Fort, parce qu'un fort y fut érigé, le fort « Notre-Dame-du-Rosaire ». Le père Raymond Breton et deux autres ecclésiastiques établirent une plantation avec une chapelle et un cimetière. Du Plessis éleva ses établissements à l'Est et érigea aussi une fortification pour contenir les naturels. Tous deux s'engagèrent immédiatement dans la voie du défrichement et de la culture, mais ils avaient à résoudre le problème de la main-d'œuvre, car il ne fallait pas compter sur le peu de Caraïbes qui restaient dans l'île. Autorisés par leurs monarques, les Espagnols avaient déjà commencé l'importation des esclaves noirs d'Afrique, trafic ignoble. L'Olive et du Plessis firent appel à cette source et des sociétés se formèrent en Normandie pour l'achat et l'envoi aux Antilles de nègres (1). Légalement reconnue par le Gouvernement, en 1626, la Compagnie eut en fait le monopole du commerce de la traite et des Sénégalais du Cap Vert furent envoyés à la Guadeloupe, achetés sur le pied de 200 livres, tantôt à des capitaines français, tantôt à des capitaines anglais et hollandais. Avec de tels éléments de succès, la colonisation fut l'affaire de quelques années.

Délaissant bientôt le rivage pour gagner les montagnes où les fruits et le gibier abondaient, les Français voulurent étendre leur rayon d'action, mais les Caraïbes, jusque là d'une familiarité excessive, commencèrent à leur dresser des embûches.

Olive, vif et brutal, soldat impitoyable, proposa de faire une guerre d'extermination aux sauvages. Du Plessis, doux et réfléchi, cœur généreux et esprit libéral, s'opposa à ce projet pernicieux. Oubliant qu'ils avaient reçu les mêmes pouvoirs, les deux gouverneurs soulevèrent une question de prééminence qui devint la source de désordres.

1636   Le 4 décembre, du Plessis mourut, malheureusement. De l'Olive, resté seul gouverneur de l'île, mit de suite son projet à exécution. Avec deux vaisseaux et une chaloupe qu'il fit venir de Saint-Christophe, il commença les hostilités (26 janvier 1636). Une guerre acharnée, horrible, sans merci, fut poursuivie avec fureur des

---

(1) Georges Scelle. Histoire de la traite des nègres. Paris, 1906.

deux côtés durant plus d'une année. Du Grand Carbet, 1.200 sau-
637 vages vinrent par deux fois assaillir les Français (25 août 1637),
mais avec 84 hommes, Olive les repoussa. Les Caraïbes n'avaient
que des flèches et des « boutous » pour résister contre les armes à
feu. La lutte ne pouvait durer. Découragés, ils émigrèrent à la Dominique et à Marie-Galante d'où ils continuèrent la guerre. Avec
leurs longues pirogues, ils lançaient des attaques continues pour se
retirer aussitôt, paralysant ainsi tout commerce et arrêtant la colonisation, si bien que, réduit en nombre, décimé par les fièvres, manquant de vivres, le groupe réduit à quelques centaines, fut contraint
d'abandonner Sainte-Rose et alla s'installer au Sud, au Vieux
Fort, où fut élevé le Fort l'Olive, dont on retrouve encore des vestiges. On était à la fin de 1637.

638 En 1638, un sieur Saint-Martin prit possession de l'île de Saint-
Martin, en vertu d'une commission de Louis XIII, délivrée par le
sieur de Poincy, gouverneur général des Isles d'Amérique, en résidence à Saint-Christophe. D'Esnambuc était mort à la fin de 1636.
Il lui donna son nom. A la même époque, les Hollandais s'y établirent par surprise et construisirent un petit fort qui existe encore à
Philipsbourg. Des pourparlers eurent lieu et les deux chefs se réuni-
rent sur le plateau d'une montagne qui, depuis, est appelée « la Montagne des Accords », et le 23 mars un traité fut conclu entre Robert
de Louvilliers, pour sa Majesté Très Chrétienne, et Martin Thomas,
pour le Prince d'Orange, par lequel les Français et les Hollandais
se partageaient l'île. Ce traité fut toujours respecté.

639 Le 15 septembre 1638, Richelieu voulant étendre le champ des
opérations de la Compagnie, créa une lieutenance ès isles d'Amérique, dont le Commandeur Philippe de Longvilliers de Poincy,
gentilhomme de haute naissance, possédant en bénéfice au moins
20.000 **livres de rente**, ancien chef d'escadre de Bretagne, fut le
premier titulaire (1). C'était un guerrier consommé, un politicien habile, puissant par sa fortune et le nombre de ses amis. Il s'embarqua à
Dieppe le 12 janvier 1639, fit escale à la Martinique le 18 février,
où il reçut des colons le serment de fidélité et le 20 il débarquait
à Saint-Christophe aux salves répétées du fort et de trois vaisseaux
de sa division. Encadré de gentilhommes et de 24 gardes à la casa-
que écarlate rayée d'une croix blanche, ce Commandeur de l'Or-

---

(1) Chevalier de Malte, de Poincy avait été formé à l'école de Fressinet,
son compagnon d'armes dans la terrible bataille de l'an 1609 où, tout seul avec
son gallion, ce héros combattit 42 galères turques.

dre de Malte, alla entre deux haies de colons en armes, chanter un *Te Deum* à l'église de Basse-Terre.

La paix fut faite avec les Caraïbes, le calme s'établit, les relations devinrent plus sincères entre Saint-Christophe et la Guadeloupe, dont Aubert était alors gouverneur, l'immigration devint plus intense et les affaires prospères. Des cadets de famille, chercheurs de fortune, des nobles « mauvaises têtes », comme disait Richelieu, attirés par les facilités de la vie aux Tropiques ou exilés par le cardinal, affluèrent et les travaux agricoles ne tardèrent pas à prendre une grande extension. Le coton, le rocou et l'indigo étaient cultivés avec profit et le pétum et le sucre faisaient l'objet d'un grand commerce. Ces cadets de famille ou nobles, reçurent en toute propriété, des terres, sous réserve de payer une redevance annuelle en sucre, tabac et coton.

Du Havre, de Dieppe, de Saint-Malo. vinrent des paysans et des ouvriers, qui louaient leurs services pour trois années et à l'expiration de leur contrat, ils pouvaient obtenir des concessions gratuites. C'est alors que des capitaines de navires se livrèrent à une vraie traite des blancs en embarquant gratuitement des travailleurs à Dieppe et à Saint-Malo, qu'ils vendaient aux propriétaires de l'île. De Poincy mit un terme à ces actes de piraterie, en édictant des peines sévères contre les délinquants. Colbert, en 1683, consacra ces mesures humanitaires en faisant rédiger le Code Noir qui réglait le droit et les devoirs des maîtres.

1640 Le 4 avril 1640, Aubert qui, chirurgien à Saint-Christophe, avait épousé la veuve de l'ancien gouverneur du Plessis, et s'était attiré par son esprit et son courage l'amitié du gouverneur général de Poincy, est nommé gouverneur de la Guadeloupe. Il avait une connaissance approfondie de toutes choses, une modération remarquable et le don du commandement. Le 20 octobre, il prêtait serment à Saint-Christophe entre les mains de de Poincy, et le 25 novembre il était installé solennellement au Fort Royal, à Basse-Terre (Guadeloupe), dans ses fonctions. Son premier acte fut de con-
1641 firmer le maintien de la paix avec les Caraïbes et, en janvier 1641, un traité définitif fut signé avec leur chef de la Dominique.

Sous l'administration d'Aubert, chef aimé et respecté, la Guadeloupe connut une ère de prospérité, « la justice commença à y « refleurir, l'union régna entre tous les habitants et la piété du chef « convia tous les membres de la colonie à bien vivre à son exem- « ple » (1).

---

(1) De Rochefort. Histoire naturelle et morale des Antilles de l'Amérique.

1642   Le 29 janvier 1642, Marie-Galante est prise à bail par le père d'une Reine de France, Constant d'Aubigné, un protestant. Richelieu meurt le 4 décembre 1642. Le 31 mars 1645, d'Aubigné fut nommé le gouverneur ou commandant, sous le contrôle politique de celui de la Guadeloupe (1).

1643   Louis XIV monte sur le trône. Toutes les charges étant alors conférées pour trois années, Houël succéda à Aubert, comme gouverneur de la Guadeloupe, le 7 septembre 1643. Il devait quelques années plus tard en devenir l'un des propriétaires.

    Le Fort Royal étant en mauvais état, Houel fit bâtir un hôtel sur la rive droite de la rivière Gallion, où s'élevait un monticule, commandant à gauche l'anse des Gallions et à droite une baie qui est aujourd'hui la rade de Basse-Terre. C'est à cette époque que commence l'édification du chef-lieu actuel de la colonie, du fort Saint-Charles (2), et aussi de la « Chapelle du Fort », devenue l'Eglise du Carmel, la plus ancienne de la Colonie.

1648   Le 18 octobre 1648, le capitaine Mé occupe les Saintes.

    A la suite de mésintelligence entre le gouverneur général de Poincy et Houel, l'esprit de sédition embrasât toutes les îles et la prospérité qui régnait jusqu'alors, disparut. Des troubles graves éclatèrent à Saint-Christophe et à la Guadeloupe, les colons refusèrent de payer l'impôt, ne faisant plus de bénéfices, et des spéculations malheureuses ruinèrent la Compagnie des Isles d'Amérique. Expropriée, son territoire de la Guadeloupe fut concédé, pour 60.000 li-

1649 vres, à deux seigneurs: Houël et de Boisseret (4 septembre 1649) (3). La seigneurerie Houël comprenait le territoire au S.-O. de la rivière du Baillif jusqu'à la Grande Rivière Goyave, c'est-à-dire depuis le Baillif jusqu'au Lamentin, plus la Grande-Terre. La Seigneurerie de Boisseret comprenait le territoire au N.-O. de la Rivière du Baillif jusqu'à la Grande Rivière Goyave, c'est-à-dire du Baillif (quartier de la Madeleine) jusqu'à Sainte-Rose, plus le Marquisat de Marie-Galante et l'île de la Désirade.

    Houël conserva les fonctions de gouverneur.

1653   En 1653, des colons ayant exercé à Marie-Galante leur brutale passion sur des femmes et des jeunes filles, les Caraïbes, irrités, décidèrent de tirer vengeance et massacrèrent traîtreusement tous les

---

(1) De 1645 à la Révolutoin, Marie Galante eut huit gouverneurs : D'Aubigné, 1645; de Théméricourt, 1665; Marquis de Maintenon d'Augènes, 1674; Chevalier Auger, 1686; de Laurière, 1695; de Boisfermé, 1696; de Poincy, 1698; de Joubert, 1763; Marquis de Ségur d'Aguesseau, 1788.

(2) Aujourd'hui fort Richepanse.

(3) Le contrat de vente fut passé le 20 mai par-devant Mes Vautier et Parquet, notaires au Chatelet.

habitants. Houël .envoya son frère pour punir les criminels. Celui-ci trouva les corps des victimes en putréfaction, étendus sur le rivage et les têtes, séparées du tronc, fixées sur des pieux le long de la mer. Pour venger ces morts, il parcourut toute l'île, brûlant les carbets et exterminant tous ceux qui étaient faits prisonniers. Une forteresse fut élevée au S.-O. de l'île, à l'entrée des Basses, autour duquel vinrent s'établir de nouveaux habitants. Le village prit le nom de « Grand Bourg ».

1654   En 1654, chassés du Brésil par les Portugais, alliés aux Brésiliens, des Hollandais, juifs et hérétiques, arrivèrent à la Guadeloupe sur trois navires venus de Pernambuc, avec leur famille, leurs meubles et leurs esclaves. Peter, le marin qui donna son nom à la Pointe-à-Pitre, était l'un d'eux.

Les Jésuites les avaient repoussés de la Martinique. Houël ayant autorisé leur débarquement, ils se fixèrent dans l'île et y introduisirent la culture de la canne et apportèrent à la préparation du sucre de précieuses améliorations. L'un d'eux s'associa même avec le Gouverneur qui lui donna la moitié de l'habitation Sainte-Marie à cultiver en participation.

1656   En 1656, l'administration de Houël pesait lourdement sur les nègres esclaves et ceux-ci, entraînés secrètement par deux des leurs, « Jean le Blanc », venu d'Angole et « Pèdre », venu du Cap Vert, complotèrent de massacrer tous les blancs. Il fallut de peu pour que la révolution réussisse. Les nègres du Cap Vert, commandés par Pèdre, ne se fiaient pas à ceux d'Angole et ils manquèrent au rendez-vous le jour fixé. Jean-le-Blanc, voyant le coup manqué, se rua sur la maison de l'habitation où il était, massacra les propriétaires et prit les bois avec les siens. Pendant deux semaines, ils restèrent insaisissables, pillant et brûlant, mais enfin tous les révoltés furent capturés et menés au chef-lieu. Jean-le-Blanc et Pèdre furent écartelés, les principaux lieutenants rompus ou pendus.

Sur ces entrefaites, les Caraïbes recommencèrent leurs attaques tant contre nous que contre les Anglais. Une entente s'imposait.

1660   Des pourparlers furent engagés et en février 1660 une réunion de gouverneurs français et anglais eut lieu à Saint-Christophe sous la présidence de de Poincy. Etaient présents : Houël, gouverneur de la Guadeloupe, le Chevalier de Boisseret, le seigneur de Herbelay, devenu propriétaire de Marie-Galante, Roger Ausburn, gouverneur de Montserrat et représentant le colonel Christophe Quinel, gouverneur d'Antigue, et le capitaine Roussel, délégué de Nièves. Pleins pouvoirs furent donnés à Houël et Ausburn pour la négociation de la paix avec les Caraïbes.

Le 20 mars 1660, quinze chefs renommés des Caraïbes rencontrèrent à la Guadeloupe les délégués français et anglais et il fut décidé que pour avoir la paix, les îles de Saint-Vincent et de la Dominique, étaient laissées pour demeure aux Caraïbes, et où aucun établissement ne devait se faire. Hélas, les mêmes promesses furent faites aux Peaux-Rouges de l'Amérique du Nord, lorsque les Américains leur concédèrent la Floride et nous savons ce qu'il est advenu de ces traités !

Le 11 avril 1660, peu après la signature de cet acte, de Poincy mourait.

En 1663, l'état des îles placées sous l'autorité des seigneurs propriétaires est précaire. C'est la ruine inévitable. Colbert, qui continuait l'œuvre de Richelieu, pense déjà à réunir les Antilles au domaine de l'Etat, mais le moment ne lui semble pas opportun. Il tente une dernière expérience.

Le 28 mai 1664, un édit créa la « Compagnie des Iles Occidentales », qui reçut en toute propriété les îles autrefois concédées aux seigneurs, et M. de La Barre est nommé, en 1666, lieutenant-gouverneur. Ce dernier venait de prendre les rênes du gouvernement, lorsque la flotte de l'amiral anglais, Willoughby, parut le 2 août devant Basse-Terre et côtoya la côte avec l'air de vouloir opérer un débarquement. Le lendemain, mêmes manœuvres. Le 4, il se porta sur les Saintes et attaqua deux navires français. L'un d'eux fut pris après une vive résistance, l'autre fut incendié par son capitaine.

Le 8 août, il attaquait la Guadeloupe avec dix-huit navires, après avoir anéanti deux navires commandés par les capitaines Reauville et Baron : le premier avait été fait prisonnier et le second, après avoir brûlé son bateau, s'était sauvé dans un « fort de rochers », et l'île allait être perdue, lorsque s'éleva un de ces ouragans si affreux dans les Antilles. Les navires furent jetés à la côte et de toute la flottile anglaise, il n'y eut de sauvé que deux flûtes, qui rallièrent avec peine Antigue et Montserrat.

Un « cul de navire » échoua à la Guadeloupe; tout le reste, un millier d'hommes, avait péri. A terre, quatre cent cinquante marins du vice-amiral Hill, pris à revers par les miliciens de la Guadeloupe et les Caraïbes de la Dominique, mirent bas les armes le 16 août (1).

D'Antigue, Henry Willoughby, neveu du défunt, accourait au secours de l'amiral anglais avec un navire de douze canons et

---

(1) Lettres de Hill, prisonnier. La Rochelle, 27 août 1666.

cinq barques, lorsque d'Elbée, avec quatre navires : *Le Lys Couronné*, le *Saint-Christophe*, la *Concorde* et le *Saint-Antoine*, aux équipages renforcés de 400 miliciens, fondirent sur lui comme « le milan sur les poulets » : 230 hommes sur 300, trois navires sur les six, restèrent entre ses mains (1).

Mais les efforts de M. de la Barre étaient voués à l'insuccès, l'existence de cette dernière Compagnie fut éphémère. Ne pouvant subvenir aux dépenses que lui imposait la guerre avec l'Angleterre, **1674** elle succomba. Un édit de 1674, rendu à Saint-Germain-en-Laye, révoqua celui de mai 1664 et les colonies d'Amérique firent retour au domaine de l'Etat.

⁂

Dans le traité signé le 13 mai 1627, lors du partage de Saint-Christophe entre d'Esnambuc et Warner, traité confirmé à Londres le 19 novembre 1627, il était stipulé que s'il arrivait une guerre entre les couronnes de France et d'Angleterre, les colonies françaises et anglaises ne prendraient pas part aux hostilités, mais l'Angleterre était en guerre avec la Hollande, dont Guillaume de Nassau, Prince d'Orange, s'était fait déclarer Stathoulder et cette dernière, alliée à la France depuis 1662, était aidée par Louis XIV sous le couvert de la neutralité. L'Angleterre ne pouvait l'ignorer et en attendant la déclaration officielle de la guerre, c'est aux Antilles qu'elle avait décidé de commencer les hostilités. Les îles allaient devenir le théâtre de sanglantes rencontres.

En 1769, de Blénac, gouverneur général, pour éviter la catastrophe imminente, conçut un projet de paix perpétuelle (2) entre les colonies qu'il soumit au Roi. Approuvé par ce dernier, le 11 juin 1680, il ne reçut jamais de suite, et pour cause.

1683 Le 6 septembre 1683, Colbert, qui avait rédigé le fameux Code Noir, meurt.

En 1688, Guillaume de Nassau renverse Jacques II, son **1689** beau-frère et en 1689 est reconnu roi d'Angleterre. Le 17 mai 1689, il déclare la guerre à la France ouvertement. Sous le commandement de l'Amiral Codrington, les Anglais qui s'étaient déjà emparés de Saint-Christophe et de Marie-Galante vinrent assiéger Basse-Terre (Guadeloupe).

Nos possessions se trouvaient alors sous le commandement du

---

(1) Charles de La Roncière. Histoire de la Marine française.
(2) Il n'y a rien de nouveau sous le soleil.

général Charles de Courlon, comte de Blénac, chevalier, seigneur de Romegou, Sénéchal de Saintonge, installé lieutenant général de terre et de mer en 1677. Sa noblesse était très ancienne et il avait épousé la sœur du duc de La Rochefoucault. Hincelin était gouverneur de la Guadeloupe.

Corrington, gouverneur général à la Barbade, avait préparé un armement formidable. Le 30 juin 1690, il s'était présenté à Saint-Christophe et malgré une héroïque résistance qui dura 50 jours, occupa l'île et chassa tous les Français du berceau de notre colonisation aux Antilles.

S'attendant à l'arrivée de l'envahisseur, Hincelin avait fait élever à la Guadeloupe des retranchements sur les côtes de l'île et appelé à Basse-Terre les milices. L'avant-garde de la flotte anglaise parut devant Grand-Bourg (Marie-Galante) en mars 1691 seulement. Auger, qui gouvernait l'île, se défendit avec intrépidité et, avec une poignée d'hommes, offrit une résistance admirable, mais il dut reculer devant le nombre et s'enfermer dans le petit fort. Les Anglais incendièrent le bourg et pendirent devant l'église 23 habitants.

Lord Corington, en personne, arriva sur les lieux quelques jours plus tard. Toujours assiégé dans le fort, Auger n'avait plus que 70 hommes et les munitions manquaient. Corington lui fit exprimer son admiration par un parlementaire et lui proposa, afin d'arrêter l'effusion de sang, une reddition avec tous les honneurs de la guerre. Auger se rendit et, avec hommes, armes et bagages, partit pour la Martinique.

Marie-Galante servit alors de base d'opération contre la Guadeloupe. Le 29 mai, la flotte ennemie, qui comptait 12 vaisseaux de 50 à 60 bouches à feu, se présenta devant Basse-Terre et après avoir louvoyé devant le port, alla jeter l'ancre à l' « Anse à la Barque ». Le débarquement des troupes eut lieu sans difficulté. Le bourg voisin, Bouillante, fut détruit, puis les Anglais se dirigèrent sur la ville de Basse-Terre.

De la Malmaison, qui avait le commandement des troupes françaises, livra un combat furieux sur les rives de la rivière du Plessis, mais il fut culbuté et le lendemain la ville tombait au pouvoir de l'ennemi. De la Malmaison s'enferma dans le fort Saint-Charles, où il résista durant 33 jours. Tous les assauts se brisaient contre l'héroïque forteresse.

Quatre vaisseaux du Roi étant arrivés à la Martinique, le « Mignon », commandant d'Arbouville, chef d'escadre, l' « Emerillon », commandant de la Fosselière, le « Hasardeux », commandant Hitton, le gouverneur de l'île, le marquis d'Eragny, résolut de voler au secours des assiégés. L'expédition débarqua au Gosier. Dès que les Anglais eurent connaissance de la chose, ils levèrent le siège et rembarquèrent leurs troupes, ne laissant derrière eux que ruines et désolation. La Basse-Terre n'était qu'un monceau de cendres, le fort de la Madelaine et tous les retranchement du littoral avaient été détruits, les habitations des environs saccagées et pillées.

Cet événement malheureux détermina le Gouvernement à fortifier l'île sérieusement. Le fort Saint-Charles fut agrandi, des batteries élevées sur le Houelmont et les autres éminences voisines et tout le long du rivage un cordon de fortins fut établi. C'est le père Labat, le grand historien des Isles d'Amérique, qui dressa et exécuta les plans de fortifications.

.*.

Jean-Baptiste Labat était né à Paris en 1663. Après avoir enseigné les mathématiques et la philosophie à Nancy, il embrassa la religion et, en 1693, prêchait au couvent de la rue Saint-Honoré. C'est le 29 novembre de cette année, qu'il décida de s'embarquer pour les Antilles sur la flute de guerre « La Loire », commandée par La Héronnière. Après 60 jours de mer, le navire était en vue du Prêcheur (Martinique), lorsqu'il fut attaqué par un vaisseau anglais, le « Chester », de 54 canons et le missionnaires faisait connaissance avec nos ennemis de toujours. Le combat eut lieu la nuit. Il dura huit heures et, au lever du jour, l'anglais avait disparu. On débarqua à Macouba.

Labat avait alors 30 ans. De taille haute et droite, la démarche assurée, il avait le front large, les sourcils noirs, arqués et abondamment fournis, les yeux grands, perçants, dominateurs, le nez long, s'écrasant aux narines, entre lesquelles s'épanouissait un gros signe. La bouche était large, le menton rond, séparé par une fossette et sur la joue gauche, au dessus d'une autre large fossette, se montrait un autre signe. L'ensemble, relevé par l'habit blanc de l'ordre, imposait et l'on sentait qu'une âme résolue palpitait dans un corps viril.

Son supérieur, le père Caumels, le désigna pour le quartier de Macouba, où il avait débarqué et aussitôt il se mit au travail. Il baptise, il catéchise, tandis que le compas à la main il bâtit une église, il trace un jardin, il nivelle le terrain, il transplante des arbres, établit une conduite d'eau, un moulin à sucre, si bien qu'au bout de deux ans il a fait merveille.

Le Gouverneur s'empresse de faire appeler ce dominicain. Il devient l'architecte, l'arpenteur, le mathématicien de la colonie, construit des forts, élève des bastions. Il a l'œil et la main à tout, car s'il faut bâtir des murs, il se fait maçon et pour construire des charpentes il se fait charpentier. Il édifie, à Saint-Pierre, le presbytère du mouillage.

Ces travaux terminés, il veut connaître les îles environnantes et fait un voyage durant lequel il note tout et fixe les traits d'une histoire générale des Antilles. De retour en 1703, il est appelé à la Guadeloupe par le gouverneur Auger, afin de préparer la défense de l'île et repousse les Anglais. Au Baillif, il élève la tour-vigie (1) que l'on voit encore et qui est, à la Guadeloupe, le seul monument restant de cette époque. Il construit des fortifications, des contre-escarpes, des parapets. C'est le Vauban de la colonie. Soldat, il fait le coup de feu avec les miliciens; artilleur, il défend sa tour. Jamais, même dans les moments critiques, sa gaieté et son courage ne l'abandonnent, témoin ce passage de son livre:

..... « Un navire de 70 canons se vint mettre devant moi,
« mais soit qu'il eut peu de monde à bord, soit qu'il voulut
« ménager ses munitions, il ne fit pas tout le feu qu'il pouvait faire
« et ne m'envoya jamais plus de trois volées de canon à la fois;
« nous étions si proches, que nous parlions; il crut une fois m'avoir
« démonté et un de ses gens me cria en français: « Père Blanc,
« ont-ils porté? » Je pointai une pièce et je donnai dans un sabord
« de sainte barbe, où il y eut du fracas; je leur criai à mon tour :
« Ont-ils porté? » — « Oui, oui, me dit-on, nous allons te
« payer. » En effet ils me lachèrent trois volées si bien pointées
« qu'elles croisèrent la tour deux ou trois pieds au dessus de nos
« têtes, et nous en sentimes le vent de bien près; je le servis encore
« neuf ou dix fois, après quoi je descendis pour parler au Gouver-
« neur. »

Le 9 août 1705 il rentrait en France, après un séjour de douze années aux Antilles et mourut à Paris en 1738 (2).

.•.

Le 20 août 1698, Saint-Christophe était restitué à la France
98 et la paix de Ryswick fut signée en 1700. Une ère de tranquillité

---

(1) En janvier 1703.
(2) Jules Ballet. La Guadeloupe. Renseignements, etc. 1894.

semblait s'ouvrir pour les Antilles, mais trois années ne s'étaient écoulées, que les Anglais reprirent la lutte.

Effrayée de la puissance de la France et des ambitions de Louis XIV, l'Angleterre avait à nouveau déclaré la guerre (15 mai 1702).

1702	Le 14 juillet 1702, le major général Hamilton, avec quatre vaisseaux et vingt barques, sous le commandement de lord Codrington (fils), se présentait devant Basse-Terre (Saint-Christophe) et sommait le gouverneur, le comte de Gennes, de se rendre. Ne pouvant lutter contre une pareille force et afin d'éviter l'effusion du sang, il capitula le 16 juillet.

Le 19, un corsaire français apportait la triste nouvelle à la Guadeloupe. Comprenant que les Anglais ne tarderaient pas à paraître, les travaux de défense furent activés. Le père Labat fut appelé de la Martinique, comme nous l'avons dit plus haut, et il se mit immédiatement à l'œuvre.

1703	Le 6 mars 1703, la flotte anglaise, au total 45 navires, abordait Marie-Galante. Le 19, elle était en vue de Basse-Terre. Le 23, le débarquement des troupes eut lieu aux Vieux-Habitants. Le 24, l'ennemi marchait sur Basse-Terre. Le 25, la ville était assiégée.

Le 6 avril, l'action décisive s'engageait entre les deux armées. Les Anglais, battus, durent se retirer. Ils avaient perdu 1.964 hommes, tandis que nous n'avions à déplorer que 27 tués et 50 blessés.

1704	En 1704, M. de la Malmaison est nommé gouverneur de la Guadeloupe. A la suite d'un duel malheureux, cet officier distingué avait été prié de quitter la France et était venu à la Guadeloupe, où il s'était fait remarquer. C'était l'un des artisans de la victoire du 6 avril 1703. Son premier soin fut de reprendre Marie-Galante, puis, le 10 mars, il envoya de Sainte-Marie une flotte de 34 navires qui, après avoir séjourné à Marie-Galante, alla dévaster Nièvres (2 avril 1704). Pour éviter à leurs femmes et à leurs filles les horreurs du sac, les Anglais capitulèrent sans combat. Le butin fut considérable: 4.400 nègres, 56 voiliers ou barques chargés de sucre ou autres marchandises, des canons, des munitions, des armes en quantité. Jusqu'au matériel des sucreries qui fut enlevé, ainsi que les meubles des maisons. Les ennemis subissaient à leur tour les horreurs de la conquête !

Le 26 avril, l'expédition était de retour. On estima le butin à quinze millions.

1713	Le 11 avril 1713, le traité d'Uutrecht est signé. La France perd l'Acadie, Terre-Neuve, la Baie d'Hudson et la partie française de Saint-Christophe. Les Anglais acquièrent en outre Gibraltar. Ils s'assuraient la domination des mers !

Le 1er septembre 1715, Louis XIV meurt, après un règne glorieux, mais il avait trop aimé la guerre. Louis XV lui succède.

Le calme étant revenu, les colons de la Guadeloupe se remirent au travail et à réparer les ruines de la colonie. Une plante nouvelle, le caféier, fut introduite dans l'île par De Clieu, au commencement de 1723 et sa culture prit rapidement de l'extension.

.•.

Quoique amoindrie, l'œuvre coloniale de Richelieu et de Colbert, plus appréciée, mieux connue, va atteindre un haut degré de prospérité et nous allons assister à la réalisation du « Pacte Colonial », qui définira les rapports des colonies avec la Métropole. Ce sont les mêmes directives qui régissent encore notre empire colonial: protection de l'agriculture et de l'industrie, prohibitions excessives, droits de douane élevés sur les marchandises étrangères, contingentement des alcools. En principe, les colonies doivent exporter, sous pavillon français, leurs produits dans la métropole ou les colonies françaises et ne peuvent importer (les droits étant prohibitifs), que des produits de la Métropole ou des colonies françaises, exception faite des articles qui ne sont pas produits en France ou dans les colonies françaises.

En 1737, une révolte des noirs vient troubler la tranquillité du pays. Des conspirateurs réussissent à former une bande et se jettent sur la Grande-Terre. Refoulés, ils se ruent sur Sainte-Rose et établissent un campement dans la montagne. De là, ils font des incursions dans la région, pillant et brûlant. Le chef, « La Tulipe » ayant enlevé un enfant blanc, le fit attacher par des lianes à un poteau, non loin duquel flambait un bûcher. Après avoir fait danser sa troupe autour, il lui coupa la tête qu'il fixa au bout de son sabre et le corps fut boucanné et mangé. Une répression sévère s'imposait. Elle fut terrible. Les milices assemblées traquèrent les misérables, les capturèrent et, livrés à la justice, ils furent pendus, roués vifs ou condamnés au fouet et à la marque.

En 1740, l'île est prospère et heureuse. Cette prospérité, qui augmentait chaque jour, ne pouvait échapper à nos voisins, les Anglais, qui, profitant de l'émoi général causé par la déclaration de guerre de l'Angleterre à l'Espagne (1er septembre 1740), commencèrent à se livrer à des attaques fréquentes sur nos côtes.

L'Angleterre avait la ferme volonté de dominer les mers et de forcer les barrières qui empêchaient l'expansion de son commerce et nous verrons, par la suite, comment elle arriva à ses fins.

Sainte-Lucie était alors le grand entrepôt de son commerce de contrebande. La guerre avec l'Angleterre était inévitable. Elle fut déclarée officiellement le 17 mars 1744. La France n'ayant alors aucune force maritime dans les Antilles, Louis XV autorisa la guerre de course et donna l'ordre de s'emparer de Sainte-Lucie.

1745   Le 5 janvier 1745, Charles de Thubières de Postel de Leroy de Grimoard, marquis de Caylus, capitaine de vaisseau, gentilhomme accompli, très à la mode, qui avait dissipé dans de folles prodigalités une immense fortune, nommé gouverneur général, quitte Toulon à la tête d'une escadre pour rejoindre son poste. Il s'agit pour lui de redorer son blason. Il s'arrête à Cadix, où il a une mission à remplir et, le 30 avril, arrive à Fort-Royal (Martinique).

De Caylus, criblé de dettes, avait des besoins d'argent, mais il faut reconnaître qu'il avait aussi des qualités. Dans un combat, à l'entrée du détroit de Gibraltar, le 5 octobre 1741, il s'était illustré, avec trois vaisseaux de 60, 44 et 26 canons, contre quatre vaisseaux anglais de 66, 60 et 50 canons, commandés par l'amiral Haddok. C'était incontestablement un grand chef, un marin consommé et une âme courageuse.

Acculé par ses créanciers, il se livra à des opérations commerciales de grande envergure et alla même jusqu'à s'entendre avec l'amiral Lee, le chef de l'escadre anglaise, qui, reconnu coupable de concussion, fut mis en accusation à Saint-Christophe. Les preuves manquant, Lee fut acquitté et rappelé en Angleterre.

Fatiguée, ruinée, ayant besoin de repos, l'Angleterre demanda la paix, qui fut signée à Aix-la-Chapelle, le 28 octo-
1748 bre 1748. Elle avait néanmoins atteint son but; elle était maîtresse de la mer. La marine française était écrasée mais l'armée de terre, se couvrant de gloire, avait gardé intactes toutes nos frontières, occupant en outre les Pays-Bas, deux provinces de Hollande, la Savoie et Nice. Seulement nous avions perdu Sainte-Lucie, Dominique, Saint-Vincent et Tobago, sacrifié 500.000 hommes et perdu un milliard 200 millions.

1752   En 1752, des désordres se produisent à Marie-Galante. Une bande de noirs révoltés mit à contribution les habitants et en assassina plusieurs. Le 8 août, ils furent condamnés à être rompus vifs.

1754   En 1754 nous perdons l'Inde. Louis XV, endormi dans les plaisirs, crut vainement pouvoir éviter une rupture avec l'Angleterre, en sacrifiant cette colonie. Dupleix fut rappelé.

William Pitt, qui professait une haine aveugle contre la France, arrive au pouvoir. Il voulait l'anéantissement de la puissance coloniale française. Le 19 mai 1756, le cabinet britannique, après avoir berné pendant des semaines notre ambassadeur à Londres, de Lewis, duc de Mirepoix, maréchal de France, déclare la guerre.

Le comte d'Argenson, ministre de la guerre et de Machault, ministre de la marine, furent chargés, par Louis XV, de préparer les moyens de défense. Cinq escadres furent armées dans nos ports de guerre et placées sous le commandement en chef du maréchal de France Armand du Plessis, duc de Richelieu, général des galères, dont le front resplendissait encore de la gloire de Fontenoy. La première escadre comprenait 4 vaisseaux, sous le commandement de Périer et partit fin février 1757 pour Saint-Domingue; la seconde, composée d'un vaisseau et trois frégates, sous le commandement du capitaine de vaisseau d'Aubigny, partit pour les petites Antilles en mars; la troisième, composée de 3 vaisseaux, quitta la France au commencement d'avril et se rendit au Canada, avec le maréchal de camp le marquis de Montcalm de Saint-Véran, commandant en chef. (1)

Montcalm s'était déjà fait remarquer à la bataille de Plaisance, gagnée par les Austro-Sardes, comme colonel du régiment d'Auxerrois. Il avait été ramassé sur le champ de bataille avec cinq blessures et allait s'illustrer au Canada.

La quatrième escadre, composée de 12 vaisseaux et 4 frégates, sous les ordres du marquis de Conflans, fut chargée de surveiller la Manche; la cinquième, avec 13 vaisseaux, sous les ordres du marquis Barrin de La Galissonnière, resta dans la Méditerranée.

L'Angleterre, de son côté, fit partir, le 5 avril, une escadre pour Gibraltar, composée de 17 vaisseaux, sous les ordres de l'amiral John Bing. Cette escadre rencontra celle du marquis de la Galissonnière à Minorque et fut battue. De Suffren Saint-Tropez (le bailly de Suffren) fit ses premières armes à cette bataille.

L'Angleterre, un moment ébranlée, releva vite son courage abattu. Le moment des résolutions viriles était venu. Pitt fit décréter par le Parlement, la Victoire ou la Mort, à tous ses généraux. Byng, le premier vaincu, fut arrêté, jugé par une cour martiale et fusillé.

---

(1) Montcalm est né au château de Candiac, près de Nîmes, le 27 février 1712, d'une ancienne famille de soldats et, à 14 ans, était déjà enseigne ; capitaine à 22 ans.

Aux Antilles, la situation était désespérante. Les navires de commerce n'y parvenant plus, le prix des denrées devint excessif et la famine menaçait. L'Angleterre allait enfin pouvoir saisir la proie tant convoitée. L'Allemagne et l'Autriche s'étaient jointes à elle. La France dût faire face à la coalition et se détourner du vrai but de la guerre: la liberté des mers. Elle abandonna les colonies pour défendre son territoire menacé. La guerre de Sept ans avait commencé.

Le 31 mai 1757, le marquis de Beauharnais est nommé gouverneur général des Isles.

Le Canada, par suite de la situation générale en Europe, est compromis. Pitt met alors tout en œuvre pour réduire la poignée de français qui défendent ces « arpens de neige ». Malgré les efforts surhumains de Montcalm, la catastrophe devint inévitable.

A la fin de 1758, Montcalm écrivait: « Nous n'avons plus « que 10.000 hommes à opposer aux armes de nos ennemis et nous « ne pouvons pas compter sur les habitants. Ils sont exténués par « les marches continuelles. Leurs terres ne sont pas cultivées à « moitié, leurs maisons tombent en ruine, ils sont toujours en cam- « pagne, abandonnant femmes et enfants qui, pour l'ordinaire, sont « sans pain. L'Angleterre possède plus de troupes en ce moment « dans le continent que le Canada ne contient d'habitants. Quel « moyen de résister? »

Montcalm avait en face de lui un redoutable adversaire : Wolf.

1759   En attendant la chûte du Canada, que la métropole ne ravitaillait plus, les Anglais envoyèrent aux Antilles l'amiral Moore, avec 12 vaisseaux, 6 frégates, 4 galères et 80 transports. Cette flotte imposante arriva à Barbade le 3 janvier 1759. Elle avait pour mission de s'emparer de la Guadeloupe et de la Martinique. Le 14 janvier, elle paraît au Marin (Martinique) et le 15 fait des évolutions tout le long de la côte. Le 16, elle se présente devant Fort-de-France, ouvre le feu contre les batteries de la Pointe des Nègres et de Case-Navire et opère un débarquement à l'anse du Petit-Paradis. Le général Barrington, qui commande la compagnie de débarquement, marche sur Fort-Royal, dans la nuit, mais il rencontre une opiniâtre résistance au Morne Tartanson et se retire, laissant 400 morts.

Le 20 janvier, la flotte se retire. Le 22, elle jette l'ancre en face de Basse-Terre (Guadeloupe). Le gouverneur, Nadau du Treil, s'était laissé surprendre. Après un bombardement qui dura 8 heures, le fort Saint-Charles et la batterie Royale sont réduits au silence. La ville est abandonnée dans la nuit du 23.

Le 24 au matin, Moore fit incendier la ville et assista, impassible, du pont de son navire, le « Wolwick », au spectacle. Dans l'après-midi, il ordonna un débarquement à l'embouchure de la Rivière des Pères et, triomphalement, entra dans le fort Saint-Charles, démantelé et vide. Nadau s'était retiré à Gourbeyre, puis à Trois-Rivières, étant dans l'impossibilité de combattre une force ennemie aussi puissante. Le 27 avril, il capitulait, après avis d'un conseil de guerre. Il ne pouvait faire autrement, les Anglais étaient maîtres de la mer. Du 24 au 27 avril, ils avaient incendié Basse-Terre, le Gosier, Sainte-Anne, Saint-François et détruit plus de 250 fabriques à sucre. La reddition de l'île s'imposait.

Accusé d'avoir lâchement rendu l'île, Nadau fut dégradé à Fort-Royal, à la tête des troupes et condamné à perpétuité à la prison. C'était la réplique à Pitt, mais il fut réhabilité en 1765 et s'établit à la Guadeloupe. (1) Le colonel Krumpt, au nom de Sa Majesté Britannique, prit le gouvernement de la Guadeloupe (27 avril 1759).

∴

53   Du 27 avril 1759 au 4 juillet 1763, la Guadeloupe resta sous la domination anglaise. Le traité du 6 février 1763, mettant un terme à la guerre de Sept ans, en fit retour à la France, ainsi que la Martinique, qui avait été prise par l'amiral Rodney, le 13 février 1762. Mais ce même traité nous enlevait Sainte-Lucie, l'île de Gorée, l'Acadie, la Nouvelle-Ecosse, l'île Breton, toutes les îles dans le golfe du Saint-Laurent, le Canada, la Grenade, Tobago, le Sénégal et la Dominique.

Durant l'occupation anglaise, la Guadeloupe connut une ère de prospérité sans pareille. Les marchandises affluaient, les esclaves sont introduits par milliers, les cultures s'étendent. Les Anglais avaient bien l'intention de conserver leur prise. La Basse-Terre, relevée de ses ruines, devint le premier port de l'île, mais son éloignement des usines à sucre de la Grande-Terre, imposait la fondation d'un port au centre de la colonie. Le colonel Krumpt décida la création de Pointe-à-Pitre. Les marécages sont comblés, les mornes sont nivelés, de vastes magasins sont construits au fond du Petit Cul de Sac et là où il n'y avait que des mangles et de la boue, se dressa bientôt, radieuse, la nouvelle ville.

La Grande-Terre se couvrait de moulins à vent, dont les tours dressent encore leurs grandes silhouettes contre le ciel brûlant des

---

(1) En 1786, il obtint même des lettres de noblesse militaire.

tropiques. En trois ans, les Anglais firent de la Guadeloupe la perle des Antilles et nous savons, par un document de l'époque, un mémoire adressé au comte d'Egremont par les marchands de la Havane, après la prise de cette ville, que le nombre des esclaves vendus dans l'île, de 1759 à 1760, était de 35.000, pour une valeur de 334.000 livres sterling, soit 8.350.000 francs.

Cette merveilleuse transformation fut l'œuvre de deux hommes, le colonel Krumpt, gouverneur de 1759 à 1760, date de sa mort, et de son successeur Campbell Dalrymple, gouverneur jusqu'à la reprise par les français (4 juillet 1763).

.*.

La paix était rendue au monde, mais la France sortait de là humiliée et abaissée. Elle avait perdu 200.000 hommes et contracté un milliard de dettes. L'Angleterre était maîtresse de la mer et sa puissance coloniale allait désormais croître formidablement.

Il y avait un siècle que la France luttait contre cet ostracisme. Au traité de Vervins (1600), les Espagnols avaient dénié à Henri IV le droit d'aller aux Indes. L'Angleterre n'entendait pas tolérer sur mer un autre drapeau que le sien. En juin 1603, Sully allait, à bord d'une ramberge britannique, saluer le nouveau roi Jacques Ier, le vice-amiral Dominique de Vic le suivait, pavillon de France au grand mat. A peine eut-il quitté les eaux de Calais, qu'un coup de canon de semonce lui intima l'ordre d'amener ses couleurs. Vic voulut livrer combat, mais Sully eut la faiblesse de donner le signal de céder. (Lettre de Sully à Henri IV, Calais, 14 juin 1603). (1)

La Guadeloupe étant reprise aux Anglais, il fallait songer à réorganiser son gouvernement. Une escadre, sous le commandement de De Beaussier, fut armée à Brest, pour accompagner le nouveau gouverneur général, le chevalier de la Bourlamarque, maréchal de camp, un compagnon de gloire de Montcalm. Il avait été blessé deux fois à la bataille de Carillon et à celle de la plaine d'Abraham, où il conduisit une charge irrésistible. Louis de Thomassin, chevalier, marquis de Peynier, seigneur Dainac de Mazanges et autres lieux, conseiller du roi, président à mortier honoraire au Parlement de Provence, fut désigné comme gouverneur de la Guadeloupe.

Sur la même escadre s'embarquèrent: le marquis de Salignac de la Motte Fénélon, gouverneur de la Martinique, et son intendant

---

(1) Charles de La Roncière.

Le Mercier de la Rivière; M. de Jumilhac, gouverneur de Sainte-Lucie.

Le 4 juillet 1763, le pavillon royal flottait à nouveau sur le fort Saint-Louis.

Le 5, Marie-Galante était restituée.

Le 6, les troupes françaises occupaient le fort Saint-Charles, à Basse-Terre (Guadeloupe).

Le 7, un *Te Deum* était chanté dans l'église du Mont Carmel et dans toutes les autres églises de la colonie. La Guadeloupe était redevenue terre française.

74 Louis XV meurt, emporté par la petite vérole. Louis XVI lui succède.

∴

75 Le 24 octobre 1775, reconnaissant les vices de l'ancienne organisation, le Gouvernement général est aboli et la Guadeloupe, jusque-là sous la dépendance des Martiniquais, reçoit une administration civile indépendante, restant néanmoins sous l'autorité militaire du Gouverneur de l'île sœur. Ce n'est que le 15 mars 1851 que cette dernière attache fut supprimée.

77 Le 6 mars 1777, le tafia qui, par un arrêté du 24 janvier 1713 avait été prohibé dans toute l'étendue du royaume comme dangereux et nuisible à la santé, est reconnu utile et salutaire et son commerce autorisé. Avec le sucre, le petum, le rocou, l'indigo, le coton, le café, le cacao, l'alcool devient une source de richesse pour la colonie.

82 C'est le 12 avril 1782 qu'eut lieu la grande bataille navale des Saintes et de la Dominique, où se rencontrèrent le comte de Grasse et Rodney et dont l'issue, fatale à nos couleurs, jeta la consternation en France et provoqua les regrets de toute la nation. La prise du pavillon de l'amiral de Grasse, qui commandait 33 vaisseaux, 4 frégates, 1 corvette et 1 côtre, si déplorable pour la marine française, mérite d'être relatée intégralement.

Les deux adversaires s'étaient déjà trouvés en présence, lors de la prise de Tobago par de Grasse, le 2 juin 1791, mais Rodney avait préféré refuser le combat, laissant, avec la rage au cœur, le comte de Grasse en pleine possession de sa nouvelle conquête, qui privait les corsaires anglais d'une retraite, et il avait juré de se laver de cette humiliation, en battant son heureux adversaire.

L'amiral de Grasse, qui venait de se couvrir de gloire en collaborant avec Washington, La Fayette et Rochambeau, à la prise de Yorktown, le 19 octobre 1771, avait reçu les remerciements publics des Etats-Unis assemblés en Congrès et son nom avait été consacré à côté de celui de Washington, sur une colonne triomphale. (1) Il se trouvait aux Antilles où, profitant de sa présence, le marquis de Bouillé alla reprendre aux Anglais Saint-Christophe, berceau de la colonisation française aux Antilles, Nièvres et Montserrat. C'est au retour de cette expédition que l'amiral Rodney, qui revenait lui d'Angleterre, rejoindre le vice-amiral Hood, lui barra la route dans le canal de la Dominique et le mit dans l'absolue nécessité d'accepter le combat avec des forces bien inférieures aux siennes: 33 vaisseaux français contre 36 anglais.

Voici exactement la composition des deux escadres:

ESCADRE FRANÇAISE

Avant-garde.

Le *Pluton*, 74 canons, commandant d'Albert de Rions.
Le *Marseillais*, 74 canons, commandant de Castellane-Majastre.
Le *Duc de Bourgogne*, 80 canons, commandant chevalier d'Espinouse.
Le *Caton*, 64 canons, commandant de Trammont.
La *Bourgogne*, 74 canons, commandant chevalier de Charitte.
Le *Triomphant*, 80 canons, commandant marquis de Vaudreuil; cap. de pavillon, chevalier du Pavillon.
Le *Magnifique*, 74 canons, commandant Makarty-Macteigne.
Le *Conquérant*, 74 canons, commandant de La Grandière.
Le *Réfléchi*, 64 canons, commandant de Médine.
Le *Magnanime*, 74 canons, commandant Le Bègue.
Le *Destin*, 74 canons, commandant de Maitz de Goimpy.
Le *Diadème*, 74 canons, commandant de Monteclerc.

Corps de bataille.

Le *Glorieux*, 74 canons, commandant vicomte d'Escars.
Le *Sceptre*, 64 canons, commandant comte de Vaudreuil.
L'*Eveillé*, 64 canons, commandant Le Gardeur de Tilly.
La *Couronne*, 84 canons, commandant de Mithon.
La *Ville de Paris* (2), 104 canons, commandant amiral comte de Grasse; cap. de pavillon, de La Villéon; major, de Vaurigaud.

---

(1) Louis XVI l'autorisa à placer quatre canons de Yorktown aux portes de son château, à Tilly.
(2) Don magnifique des Parisiens à Louis XV.

Le Languedoc, 80 canons, commandant baron d'Arros.
Le Dauphin Royal, 70 canons, commandant de Montperoux.
Le César, 74 canons, commandant de Marigny.
L'Hector, 74 canons, commandant de la Vicomté.

Arrière-garde.

Le Jason, 64 canons, commandant chevalier de Villagos.
Le Citoyen, 74 canons, commandant de Thy.
Le Brave, 74 canons, commandant d'Amblemont.
Le Scipion, 74 canons, commandant Clavel.
L'Ardent, 64 canons, commandant de Gouzillon.
Le Zélé, 74 canons, commandant chevalier de Gras-Préville.
L'Auguste, 80 canons, commandant de Bougainville; cap. de pavillon, de Castellane.
Le Northumberland, 74 canons, commandant de Saint-Cézaire.
Le Palmier, 74 canons, commandant de Martlley de Chautard.
Le Souverain, 74 canons, commandant de Glandevès.
Le Neptune, 74 canons, commandant Renaud d'Aleins.
L'Hercule, 74 canons, commandant de La Clochetterie.

Les frégates: *Amazone, Aimable, Galathée, Richemond*; la corvette *Cérès* et le côtre *Clairvoyant*.

ESCADRE ANGLAISE

Avant-garde.

Le Royal Oak, 82 canons, commandant Burnett.
L'Alfred, 82 canons, commandant Bayne.
Le Montaigu, 82 canons, commandant Bowen.
Le Yarmouth, 72 canons, commandant Parry.
Le Vaillant, 80 canons, commandant Goodall.
Le Barfleur, 100 canons, commandant vice-amiral Samuel Hoot; cap. de pavillon, Kincht.
Le Monarch, 82 canons, commandant Reynolds.
Le Warrior, 82 canons, commandant Wallace.
Le Belliqueux, 72 canons, commandant Sutherland.
Le Centaure, 82 canons, commandant Inglefield.
Le Magnificent, 82 canons, commandant Linzee.
Le Prince Wiliam, 72 canons, commandant Wilkinson.

Corps de bataille

Le Bedfort, 82 canons, commandant Edmont Affleck.
L'Ajax, 82 canons, commandant Charrington.

Le Repulse, 72 canons, commandant Dumoresque.
Le Canada, 82 canons, commandant Cornwallis.
Le Saint-Albans, 72 canons, commandant Inglis.
Le Namur, 100 canons, commandant Faushaw.
Le Formidable, 108 canons, commandant Amiral Rodney, Cap.
   de pavillon, Charles Douglas.
Le Duke, 108 canons, commandant Gardner.
L'Agamenon, 74 canons, commandant Caldwell.
La Résolution, 82 canons, commandant Manners.
Le Prothée, 82 canons, commandant Buckner.
L'Hercule, 82 canons, commandant Savage.

Arrière garde

L'America, 72 canons, commandant Samuel Thompson.
Le Russell, 82 canons, commandant Saumarez.
Le Fame, 82 canons, commandant Barbor.
L'Ausone, 72 canons, commandant Blair.
Le Forban, 72 canons, commandant Gidouin.
Le Prince Georges, 108 canon, commandant Williams.
La Princesse, 70 canons, commandant contre-amiral Drake, cap.
   de pavillon, Knatchbull.
Le Conqueror, 82 canons, commandant Balfour.
Le Non Such, 72 canons, commandant Truscott.
L'Alcide, 82 canons, commandant Charles Thompson.
L'Arrogant, 82 canons, commandant Cornish.
Le Marlborough, 82 canons, commandant Penny.
et les frégates *Zebra, Champion, Alecto, Endymion, Alarm, Albert, Andromache, Flora, Sybil, Triton* et *Eurydice.*

A deux heures du matin, le 12 Avril, en cherchant à doubler le côté nord de la Dominique, de Grasse aperçut dans la partie occidentale de cette île la flotte anglaise qui manœuvrait pour approcher.

A cinq heures du matin, l'escadre française louvoyait bord sur bord dans le canal qui sépare la Dominique de la Guadeloupe. La flotte anglaise, abritée par la terre, gouvernait à peine. Rodney fit le signal de se préparer au combat, de former la ligne à deux encâblures de distance d'un vaisseau à l'autre. De Grasse signala l'ordre de bataille tribord armures en se formant sur les vaisseaux du vent.

A 7 heures 30, le *Ville de Paris* était à portée de canon de l'ennemi. A 7 h. 50 l'amiral ordonnait de commencer le feu.

A 9 h. 3/4, par l'effet des courants et la supériorité de la marche de l'ennemi, vingt vaisseaux canonnaient à la fois la division du Marquis de Vaudreuil et une partie du corps de bataille. Le *Glorieux* était totalement dématé.

A 11 heures, l'action s'engageait vivement. Secondé par un vent favorable, Rodney sur le *Formidable*, avec *l'Agamemnon* et le *Duke*, arrive à couper la ligne française, en arrière du *Glorieux*. Il donne aussitôt à toute sa flotte le signal de le suivre, ce que chaque vaisseau accomplit avec précision. De son côté, l'amiral Hood parvient avec une partie de l'arrière garde anglaise à pénétrer lui aussi dans notre ligne, à l'arrière du *César*. En vain le *Sceptre* et le *Glorieux*, le premier commandé par le chef d'escadre, Comte de Vaudreuil, frère du Marquis, le second par le Capitaine d'Escars, font des efforts inouïs pour s'opposer au mouvement de Rodney. D'Escars tombe victime de son dévouement; le lieutenant de Trogoff de Kerlessy, qui prend le commendement du *Glorieux*, ne peut que retarder la perte de ce vaisseau. Il devient la proie de l'ennemi. La frégate *Le Richemond*, commandant de Mortemart, venue, par une hardie manœuvre pour le prendre à la remorque, le conserva quelque temps sous le feu des Anglais, mais il dût enfin le lâcher sur les ordres réitérés de Trogoff, au moment où le navire allait lui-même être entouré. Le *Sceptre* est plus heureux, il se dégage de la foule des vaisseaux anglais et réussit à se retirer, mais après avoir eu son commandant gravement blessé.

Cependant l'infortuné de Grasse se livre à des efforts désespérés pour échapper au désastre. Les ennemis s'abattent sur lui; dix vaisseaux se disputent à l'envi la conquête du bateau amiral; plus de quatre cents canons foudroient cette masse, imposante encore dans sa détresse; le *Barfleur*, monté par le vice-amiral Hood, est un des plus acharnés dans cette lutte de tous contre un seul. Le Marquis de Vaudreuil avec le *Triomphant*, de 80 canons, et Albert de Rions, avec le *Pluton*, de 74 canons, viennent et s'épuisent pour faire lâcher prise à tant d'ennemis conjugués. Le célèbre Du Pavillon, qui combattait sur le *Triomphant*, à côté du chef de l'escadre, est frappé à mort. A mort aussi, sur son vaisseau *l'Hercule*, le fameux La Clochetterie, qui avait eu l'honneur de commencer si glorieusement cette guerre. Voilà un noble vaisseau qui vient encore se sacrifier pour son amiral: le *César*, de 74 canons, commandé par Bernard de Marigny. Atteint d'un coup mortel, ce brave capitaine est dignement remplacé par Georges Laub qui se bat depuis neuf heures du matin et continue avec opiniâtreté jusqu'à 3 heures 1/2 du soir.

A quatre heures, le *César* a ses voiles en lambeaux, ses mâts hors de son service. Il ne lui reste plus que 36 coups à tirer. Bientôt il doit se rendre au *Canada* et à l'*Alcide* après avoir lutté contre quatre vaisseaux ennemis mais saute aussitôt avec 400 français et 50 anglais. Le capitaine Bernard de Marigny est recueilli mortellement blessé. L'*Hector*, de 74 canons, tombe aussi au pouvoir des anglais; il s'est battu pendant sept heures et son brave capitaine, le Vicomté, est tué. Son lieutenant de Beaumanoir, est blessé et il ne reste plus sur ce navire un seul officier en état de commander quand il amène son pavillon. L'*Ardent*, vaisseau de 64 canons, capitaine de Gouzillon, se rend aussi. Le *Glorieux* est capturé en si mauvais état que les anglais le livrent aux flammes.

Le *Northernberland*, de 74 canons, vient de perdre son commandant, de Saint Césaire et son capitaine en second Le Mestrie; de tous ses officiers il ne reste que l'enseigne de Gombaud de Roquebrune qui touche à une reddition forcée lorsque de Bougainville, sur l'*Auguste*, de 80 canons, vient le couvrir de son feu et le délivre.

A 5 heures, la *Ville de Paris*, totalement démâtée, continue à être attaquée de l'arrière et des deux bords. Ce vaisseau lutte contre neuf. Tous les efforts de l'ennemi se concentrent sur ce magnifique trois-ponts

A 6 heures 30, les munitions épuisées, de Grasse, qu'un triste sort a laissé sain et sauf, avec une poignée d'hommes, au milieu de tant de morts, doit cesser toute résistance après plus de dix heures de combat. Il ordonna au capitaine de Lavilléon d'amener son pavillon. C'est le premier exemple d'un amiral français accomplissant cet acte de soumission et sa douleur dut être poignante C'est au viceamiral Hood qu'il rendit son épée.

Les français avaient eu 3.000 hommes tués, deux tiers de plus que l'ennemi. Ils avaient perdu dans la bataille cinq vaisseaux, la *Ville de Paris*, l'*Hector*, l'*Ardent*, le *Glorieux* et le *César* et six de leurs capitaines : MM. du Pavillon, de Saint-Cézaire, Vicomte d'Escars, de La Clochetterie, de La Vicomté et de Marigny. La *Ville de Paris* et le *Glorieux* avaient tant souffert qu'ils coulèrent bas avant d'arriver en Angleterre.

De Bougainville conduisit à Sainte-Eustache une partie de la flotte française, sauvée du désastre, qui avait besoin de réparation et le Marquis de Vaudreuil, le reste, à Saint-Domingue. Rodney, dont la flotte avait beaucoup souffert, ne songea pas à s'inquiéter de cette retraite.

Il alla à la Jamaïque réparer ses avaries puis il conduisit de Grasse en Angleterre où celui-ci fut l'objet d'ovations alors qu'en France il receuillait le mépris général. Revenu d'Angleterre, lors de la paix, il fut jugé par un Conseil de guerre qui, après deux

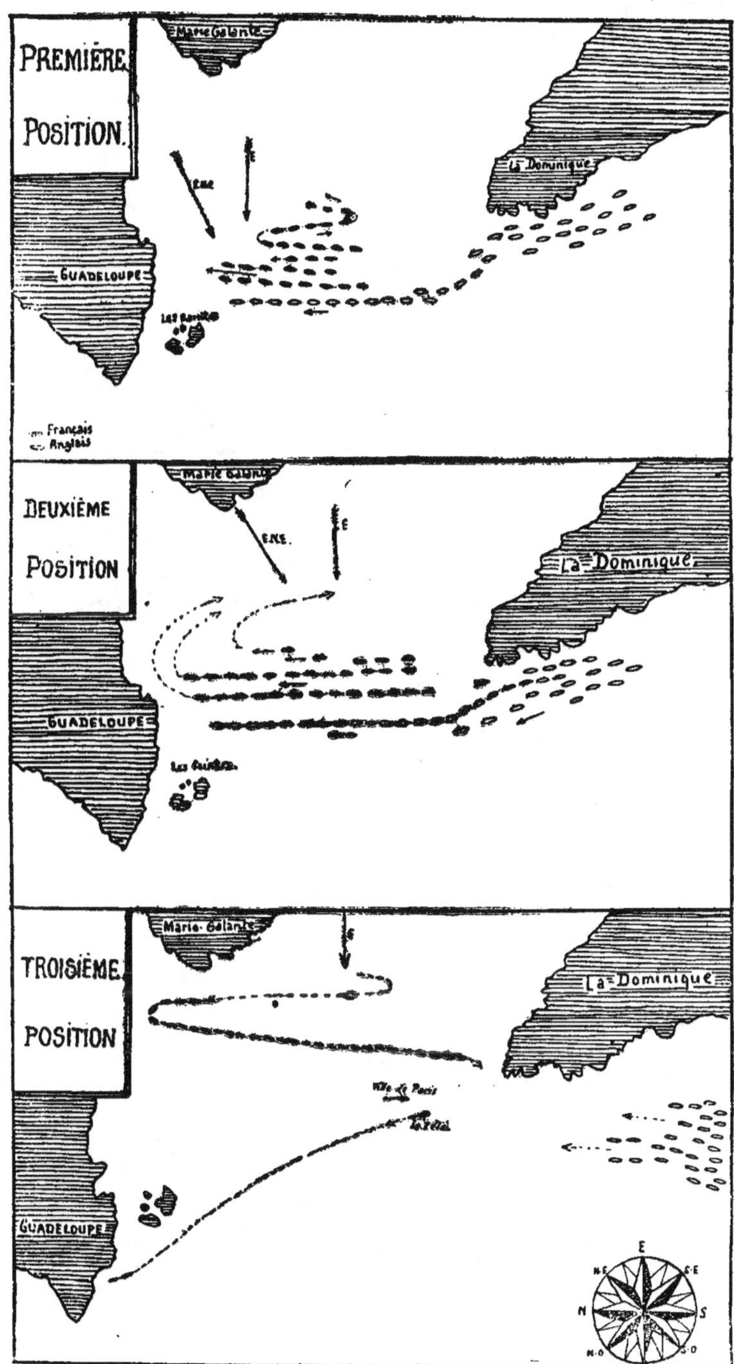

PLAN de la BATAILLE NAVALE DES SAINTES.

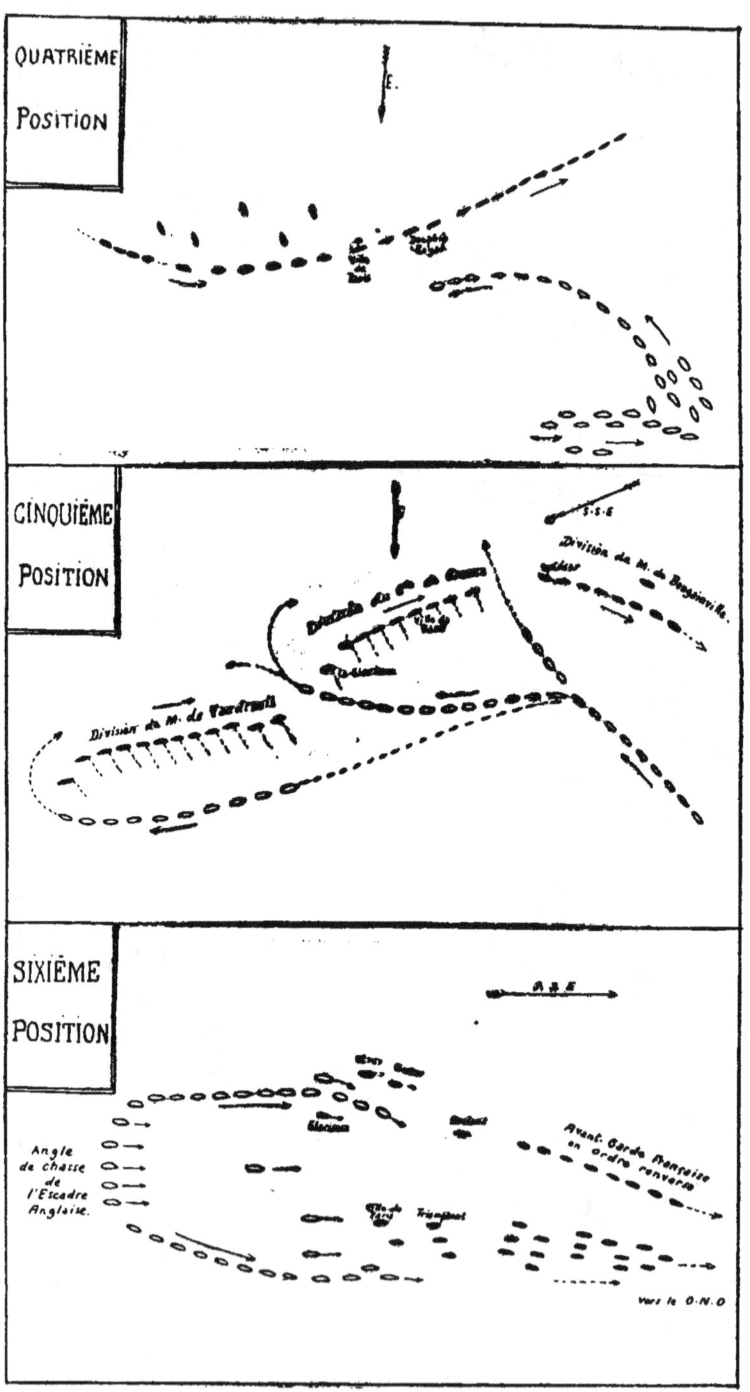

12 AVRIL 1782

années de débats, l'acquitta grâce aux services qu'il avait rendus précédemment. Exilé dans ses terres, il mourut à Paris le 11 Janvier 1788.

Accusé par de Grasse d'avoir mal interprété les signaux du vaisseau-amiral et de s'être retiré du combat alors qu'il aurait pu continuer à lutter, de Bougainville, lui aussi, passa devant un Conseil de guerre qui l'acquitta, mais il reçu l'ordre de ne plus paraître pendant quelque temps à la Cour. Les calomnies du comte de Grasse subsistèrent et jusqu'à ces derniers temps des historiens accusèrent de Bougainville de trahison. Récemment, M. René de Kerallaieis publia les journaux de bord de Bougainville et il en résulte que la conduite de l'intrépide navigateur fut irréprochable. On ne peut que rendre hommage à la mémoire de ce chef qui honora la marine française.

La personnalité de Bougainville (Louis Antoine, comte de), né le 11 Novembre 1729, est une des plus attachantes du XVIII° siècle. Son nom est associé à celui de Tahiti dont il fut le premier à faire connaître les délices de la Nouvelle Cythère.

Tour à tour, avocat, mousquetaire, dragon, lieutenant du Marquis de Montcalm, aux côtés de qui il assista à la chute du Canada, explorateur et amiral, il était fils d'un notaire du Châtelet, anobli par Napoléon 1ᵉʳ. De colonel de dragons, il fut promu directement capitaine de vaisseau, passant ainsi de l'armée de terre à la marine. A cette époque, la marine était la proie d'un exclusivisme professionnel farouche. Elle formait une caste absolument fermée, réservée aux nobles et de Bougainville fut toujours considéré par ses collègues, les rouges comme on les désignait alors, comme un intrus, parce qu'il ne sortait pas de la compagnie des gardes-marine. C'était un bleu et la haine des rouges se déchaîna contre lui. Il dût se battre en duel plusieurs fois sans parvenir à désarmer la mauvaise humeur du grand corps à son égard. Le comte de Grasse, qui était un rouge exaspéré, le lui fit bien sentir. (1)

*
* *

1788   Les cultures s'étaient considérablement étendues aux Antilles, durant les dernières dix années, le commerce était très florissant et les navires de Nantes, La Rochelle, Le Havre, Saint-Malo et Dunkerque avaient introduit dans l'île plus de 40.000 esclaves noirs,

---

(1) La tombe de de Bougainville est dans l'ancien cimetière paroissial de l'église St-Pierre de Montmartre. L'exquis poëte Georges Delaw, dans sa *Promenade sur la Butte*, a écrit : « Et j'ai trouvé très nostalgique que M. de Bougainville qui s'y connaissait, soit venu amarrer « la barque de sa vieillesse sur cette plaine montmartroise, pour fermer ses yeux de vieux « marin sur la grand'houle de Paris. »

achetés 400 francs l'un, sur la Côte d'Afrique et revendus, les plus robustes, jusqu'à 2.500 francs. Le trafic était rénumérateur. Ces noirs arrivaient liés par groupes de sept, le cou enclavé dans une fourche. Chose horrible à voir.

Durant le cours de cette année la Guadeloupe exporta 8.254.995 livres de café (quatre fois plus qu'aujourd'hui).

Jusqu'en 1789, rien ne vint troubler le pays, les colonies n'ayant pas participé à la guerre de l'Indépendance américaine.

∴

1789   La Révolution éclata en 1789. Ce grand mouvement social qui changea les institutions de la France et y consacra les principes de liberté et d'égalités civiles, des droits et de la souveraineté du peuple, eut nécessairement sa répercussion dans les possessions françaises d'outre-mer. De profondes modifications furent portées à leur Constitution et engendrèrent un bouleversement général dans la société coloniale (1).

La démoralisation et les désordres qui atteignirent la métropole en 1789 entraînèrent la dissolution et la ruine des Colonies. Jamais on ne vit mieux qu'à cette époque l'alliance étroite qui existe entre la marine et les les colonies. Ne se sentant plus contenues par la marine de l'Etat, les Colonies s'adonnèrent à la fureur de leurs passions, à la haine de castes et ce fut pour les esclaves une belle occasion d'exercer leur soif de vengeance. Le pillage, l'incendie et le meurtre s'ensuivirent, entraînant la désorganisation totale de toute l'administration.

C'est à Paris que commença cette désorganisation. Deux camps se dressèrent l'un contre l'autre : le parti des planteurs blancs et celui des mulâtres et noirs esclaves. Les riches planteurs, qu'on appelait les Seigneurs de Saint-Domingue, se réunissaient à l'Hôtel de Massiac, dont le Marquis de Gouy d'Arcy, colonel de cavalerie, était l'âme du club. Le jeune marquis était né à Paris, mais par relations et habitudes, était créole. Voltairien par ton, frondeur de caractère, spirituel, vif et ardent, il conduisait tous les créoles blancs du Club Massiac qui, à la faveur de la journée du Jeu de Paume s'étaient introduits en masse dans l'assemblée, comme députés des Colonies, sans mandats.

L'Hôtel Masiac était leur grand quartier général. Les « Messieurs » de la Martinique et les « gens » de la Guadeloupe tenaient leurs réunions chez Moreau de Saint-Méry, natif de la Martinique,

---

(1) Annuaire officiel de la Colonie.

alors âgé de 39 ans, qui, humain et généreux, s'était fait dès sa jeunesse le défenseur des nègres contre les mauvais traitements de leurs maîtres.

Les négrophiles tenaient leurs conférences chez Brissot, puis chez le Duc de La Rochefoucault. Mirabeau, Grégoire, La Fayette, Pétion, y assistaient régulièrement et y convenaient de soutenir le principe que les mulâtres et les nègres libres devaient être assimilés aux blancs par les droits civils et politiques. Quant aux esclaves, il ne fallait pas brusquer leur émancipation mais les emmener graduellement aux avantages de l'état-social. Mirabeau se chargea de dénoncer le faux libéralisme des colons qui ne cherchaient qu'à conserver leur oligarchie coloniale et comme ceux-ci s'appuyaient sur le nombre de leurs esclaves pour réclamer une plus grande représentation dans l'Assemblée, il leur demanda « s'ils rangeaient leurs « nègres dans la classe des hommes ou dans celle des bêtes de som- « me. Dans le premier cas, ils devaient être affranchis et il était « convenable qu'ils devinsent des électeurs et éligibles; dans le « second cas il n'était pas plus juste de baser le nombre des dépu- « tés coloniaux sur le leur, qu'il ne serait de prendre le nombre de « chevaux et de mulets pour base de la députation des provinces de « la Métropole ».

Enfin, furent nommés comme premiers députés pour Saint-Domingue, Gouy d'Arcy; pour la Martinique, Moreau de Saint-Méry et le colonel Arthur de Dillon; pour la Guadeloupe, l'officier de marine Galbert et son collègue de Curt. Suivant l'exemple du Club de Masiac, les mulâtres de Saint-Domingue, présents à Paris, constituèrent un club, sous le nom de « Les Colons Américains », et par l'organe de leur président de Joly, réclamèrent le droit de nommer trois députés supplémentaires pour leur île, mais l'Assemblée se contenta de décréter le droit de séance pour les hommes de couleur.

La Bastille fut prise le 14 juillet 1789. Dès que la nouvelle parvint à la Martinique et à la Guadeloupe, des désordres éclatèrent. Le gouverneur de la Martinique, Vioménil, voulut rétablir l'ordre mais sans y parvenir. Un comité, ayant pour président et secrétaire, les colons Ruste et Crassous de Médeuil, se forma à Saint-Pierre en tribunal et eut la prétention de juger le Gouverneur. Vioménil convoqua l'assemblée coloniale, le 17 novembre 1789, sans résultat. Il fut rappelé et remplacé par le général vicomte de Damas.

La guerre civile ayant éclaté, le Gouverneur de la Martinique appela à son secours les habitants de la Guadeloupe, de Sainte-

Lucie et de Tobago. Dugommier, colon de la Guadeloupe, qui devait bientôt jouer un rôle à la tête des armées de la France, fut choisi pour commander ses compatriotes.

Dès que les blancs furent partis au secours de leurs frères de la Martinique, les nègres de la Guadeloupe se soulevèrent mais le gouverneur de Clugny réprima promptement cette révolte. Lorsque Dugommier et ses volontaires retournèrent à la Guadeloupe, le calme paraissait revenu, mais comme à la Martinique, tout vestige de l'autorité métropolitaine avait disparu. La rivalité des habitants et des commerçants, le soulèvement des noirs, les émeutes de l'armée brisant le sceptre du commandement, allumèrent dans l'île la guerre civile. Deux camps se formèrent, celui des fidèles à l'ancien régime, dénommés « les Aristocrates » et celui des « patriotes » ayant pour chef le général Dugommier (1). Les premiers sont bientôt contraints à émigrer et vont s'établir à Sainte Lucie, à Trinidad ou à la Nouvelle Orléans. Le gouverneur de Clugny est lui-même obligé de se retirer à Trinidad. Le commerce est interrompu, l'agriculture est abandonnée, le manque de vivres se fait bientôt sentir.

Quand ces nouvelles arrivèrent en France, elles soulevèrent les plus orageux débats dans l'Assemblée nationale et Petion accusa le Comité Colonial d'avoir causé tous ces maux en s'opposant aux mesures proposées par les négrophiles. Barnave demanda d'adjoindre au Comité Colonial un Comité de Constitution, de Marine, d'Agriculture et de Commerce, afin de prendre à l'égard des colonies les dispositions nécessaires. Robespierre combattit cette proposition qui fut néanmoins décrétée.

Le Comité, ainsi constitué, avec Delâtre comme raporteur, conclut à ce qu'aucune loi sur l'état des personnes et le régime intérieur des Colonies ne pût être faite que sur la demande formelle des Assemblées coloniales. Moreau de Saint-Méry s'opposa en ces termes à une demande d'ajournement : « Les Colonies ne ressem-
« blent pas à la France; elles ne peuvent avoir ni le même régime
« intérieur ni la même organisation. Si vous les assujettissez aux
« mêmes lois, elles deviendront bientôt inutiles et vous perdrez votre
« commerce avec les colonies ». Ces paroles excitèrent un orage. A Pétion, à Grégoire, à Rederen et à Regnauld de Saint-Méry qui l'interpellaient, il ajouta : « J'ai entendu parler de la déclaration
« des droits de l'homme. Eh bien, si vous voulez la déclaration des
« droits aux colonies, il n'y a plus de colonies ». Un immense tu-

---

(1) Né à Basse-Terre, le 1ᵉʳ août 1738. Fut avec Bonaparte au siège de Toulon, commanda en chef l'armée des Pyrénées-Orientales, mourut de la mort des braves, le 18 novembre 1794, sur le champ de bataille d'Ascola, en Catalogne.

multe suivit ce discours. L'ajournement fut prononcé pour quelques
jours et le 11 Mai 1791, le champ clos des orages est à nouveau
ouvert. Le 13 Mai, Robespierre fit entendre un long discours dans
lequel il proclama que « l'intérêt supérieur de la nation et des Co-
« lonies est que vous (les Coloniaux) demeuriez libres et que vous
« ne renversiez pas de vos propres mains les bases de la liberté.
« Périssent les Colonies, s'il doit en coûter votre bonheur, votre
« gloire, votre liberté. Je le répète, périssent les Colonies si les
« colons veulent par leurs propres menaces nous forcer à décréter
« ce qui convient le plus à leurs intérêts. Je déclare au nom de l'As-
« semblée, au nom de la Nation entière qui veut être libre, que
« nous ne sacrifierons pas aux députés des Colonies qui n'ont pas
« défendu leurs commettants, comme M. Monneron. Je déclare,
« dis-je, que nous ne leur sacrifierons ni la nation, ni les colonies,
« ni l'humanité entière ».

Voilà ce discours que l'on a résumé par ce mot fameux, mais
inexact : « Périssent les colonies plutôt qu'un principe ».

Le 28 mars 1792, l'Assemblée législative, faisant le premier
pas vers l'émancipation des esclaves, décréta que « les gens de cou-
« leur, nés de pères et mères libres, seraient admis dans toutes les
« assemblées paroissiales et communales futures, s'ils avaient
« d'ailleurs les qualités requises. » Le 15 Mai, elle proclame que
les hommes de couleur et les nègres libres jouiront de tous les droits
politiques. Le lendemain, 16 Mai, une lettre signée de Louis Marthe de Gouy, Reynaud, Perrigny, Villebranche et Gérard fut lue à
l'Assemblée par l'un des secrétaires, donnant leur démission. Louis
Monneron et les autres députés coloniaux y adhérèrent. Ce fut la fin
de la représentation coloniale au sein de l'Assemblée Constituante
qui se consola promptement de cette retraite. Le 1er juin 1793, un
décret sanctionna le vote du 15 mai.

Ce décret détermina la guerre civile aux Colonies et tout particulièrement à Saint-Domingue où il y eut des scènes d'horreur et
de sauvagerie. Les nègres ayant résolu d'affranchir leur race mirent
à leur tête des hommes résolus comme Dessalines et Henri Christophe, qui l'un et l'autre devaient être rois d'Haïti, Moyse, Jeannot, Boukmann et Toussaint-Bréda qui devint célèbre sous le nom de
Toussaint Louverture. Les nègres pillaient et assassinaient. Les
blancs répondaient par des exécutions en masse. Le capitaine général de la garde nationale Coradeux, pour servir d'épouvantail aux
esclaves, fit planter des têtes de nègres sur des piques le long des
haies des habitations. L'insurrection est générale à Saint-Dominique,
dans la nuit du 22 au 23 Août. La Colonie ressemble à un immense

brasier. Les nègres, conduits par Boukmann et Jeannot, ont arboré pour drapeau un enfant blanc au bout d'une pique. Ils cherchent partout les malheureux colons et les égorgent sans distinction de sexe ni d'âge. Ils imaginent des tortures terribles. Ils leur arrachent les yeux, la langue, les oreilles, les ongles, avec des tenailles rougies au feu; ils déchirent la peau, dépouillent les crânes, brisent et enlèvent un à un les membres. Les blancs, à leur tour, se vengent par des traitements barbares. On sait que le terme de cette lutte sanglante fut l'émancipation totale de l'île.

Pitt, notre immortel ennemi, à la lecture des détails du désastre de Saint-Domingue et de la ruine des sucreries de cette belle colonie, s'écria d'un accent ironique: « Désormais, les français prendront leur café au caramel ».

A la Guadeloupe, il y eut aussi des scènes de sauvagerie et d'horreur. A Marie Galante, tout le sucre et le rhum d'une sucrerie furent jetés dans une mare. Un immense punch au rhum fut allumé et autour on y fit danser les blancs mis à nu, puis on les massacra. Trois-Rivières fut aussi le centre de sanglantes représailles.

Le 21 septembre, la Convention Nationale ouvrit ses séances en décrétant l'abolition de la royauté et en proclamant la République. L'ère républicaine commença le lendemain 22, et un nouveau calendrier fut créé avec des noms de mois marqués au coin des diverses modifications des saisons. Le système égalitaire veut niveler jusque les fortunes et les convenances sociales. La vieille politesse française est bannie et aux honnêtes appellations de Monsieur et Madame, on substitue celles de Citoyens et Citoyennes; le tutoiement devient obligatoire et le plus beau titre est celui de « Sans culotte ». Dieu lui-même est décrété d'abolition éternelle (1), comme un pouvoir suranné, et la déesse Raison est proclamée à sa place, sous la forme d'une femme impudique. La violence règne avec la guillotine. Il faut une pluie de sang pour régénérer le pays. La Fayette, obligé de chercher un refuge à l'étranger, connaît les cachots de l'Autriche. Le bânissement en masse des émigrés est prononcé à perpétuité. La guillotine n'est pas assez expéditive et sous les auspices de Carrier, de Nantes, plus affreux que Marat, la Loire charrie à la mer des milliers de corps vivants enchaînés l'un à l'autre. Toutes ces nouvelles ont leur répercussion aux Antilles. La proclamation de la République parvient à la Guadeloupe le 28 Décembre et le drapeau tricolore est aussitôt arboré sur le fort « Fleur d'Epée ».

1794   Le 24 Janvier de cette année une commission générale extraor-

---

(1) C'est le cas aujourd'hui en Russie.

dinaire des représentants élus par chaque quartier de l'île requiert le capitaine Lacrosse de remplir les fonctions de gouverneur.

La nouvelle parvient à la Guadeloupe de la mort de Louis XVI sur l'échafaud.

Bientôt, aux horreurs de la guerre civile allait succéder celles de la guerre étrangère. Le 4 février 1794, l'Amiral anglais Jarvis et le général Grey, sollicités par le parti royaliste, se présentent devant la Martinique et opèrent un débarquement sur plusieurs points de l'île. Rochambeau avec 800 hommes, s'enferme dans le fort Bourbon où il soutient un siège de 32 jours. L'île capitule le 23 mars.

Laissant cinq régiments à la Martinique sous le commandement du général Prescott, Jarvis et Grey vont attaquer Sainte-Lucie que commandait le général Ricard. Après 14 heures de siège et de bombardement ce dernier capitule avec les honneurs de la guerre.

L'expédition se porta alors contre la Guadeloupe et débarqua au Gosier le 11 avril 1794. Le lendemain, les Anglais, commandés par le général Dundas, enlèvent le fort Fleur d'Epée, dont la garnison est impitoyablement massacrée. Pointe à Pitre, n'offrant aucune résistance est occupé sans coup férir. Dundas marche ensuite sur Basse-Terre où le général Collot capitule le 21 avril.

Le premier soin de l'amiral Jarvis est de rétablir le régime politique antérieur à 1789.

.∴.

Dès que la perte de la Martinique fut connue en France, la Convention décida l'envoi de deux frégates *La Pique* et le *Thetis*, d'un brick, *l'Espérance*, et de cinq transports avec 1.153 soldats, tous de nouvelles recrues, pour reprendre cette île à l'ennemi.

Partie de l'île d'Aix. le 23 Avril 1794, la petite flotte, sous les ordres du Capitaine de Vaisseau Corantin Urbain de Leyssegues (1), portait deux commissaires de la Convention, Victor Hughes et Chrétien, 2 généraux, le général de division Aubert et le général de brigade Carier et l'adjudant-général Rouyer. Au départ, le bataillon de chasseurs des Pyrénées, fort de 830 hommes, prit le nom de « bataillon des sans culottes », proposé par Victor Hughes. Ce dernier embarqua avec lui une guillotine et plusieurs statues de marbre, symboles révolutionnaires, dont les bustes de Marat, de

---

(1) De Leyssègues appartenait à une famille noble de Bretagne. Volontaire de la marine, il fit la guerre de l'Indépendance de l'Amérique. Comme lieutenant de frégate, il fit campagne avec le Bailli de Suffren, aux Indes, sur le vaisseau *Le Sphinx*. Sous-lieutenant de vaisseau en 1786, lieutenant de vaisseau en 1791 et capitaine en mars 1793. Il mourut vice-amiral.

Carrier, de Robespierre et deux statues représentant l'une Marie Antoinette et l'autre un sans-culotte dans une position vulgaire (1).

Parmi les officiers moins gradés, il y avait le chef de bataillon Boudet, l'adjudant-major Paris, avec une compagnie d'infanterie de 123 hommes, et le capitaine d'artillerie Pelardy, avec deux compagnies d'artillerie de 200 hommes.

Les Anglais, sous le commandement de l'amiral John Jarvis, occupait la Martinique et la Guadeloupe. Dans cette dernière île, il avait débarqué 8.000 hommes et avait à sa disposition dans le port de Pointe à Pitre, une escadre de 14 vaisseaux ou frégates et 18 transports, commandée par l'amiral Lord Abercromby. A ces forces imposantes s'étaient joints 2.000 blancs, dits émigrés, menacés de mort. D'autre part les Anglais avaient une flotte formidable mouillée à Barbade.

De Leyssègues ignorait l'occupation de la Guadeloupe par les Anglais et ne l'apprit qu'à la Désirade dont il s'empara tout d'abord pour se procurer un mouillage. Ayant appris l'éloignement momentané de l'escadre de Jarvis, il continua pour la Guadeloupe et arriva au Gosier le 2 Juin 1794. Le pavillon anglais flottait sur tous les forts dominant l'entrée de la rade de Pointe-à-Pitre, et l'ennemi semblait puissamment retranché. Un débarquement paraissait impossible. De Leyssègues fit part de ses craintes aux deux Commissaires et proposa de continuer pour la Martinique. Contrairement à cet avis, adopté par tous, Victor Hughes décida l'attaque:

« La Convention nous a envoyé à la Guadeloupe, c'est à la « Guadeloupe que nous devons débarquer ».

Le soir même, il débarquait à la Pointe des Salines, à l'est du Gosier, et l'ennemi, attaqué à l'improviste, mis en déroute, alla s'enfermer dans le fort « Fleur d'Epée ». Victor Hughes s'accrocha aux mornes environnants en se retranchant dans de fortes positions.

Le 6 Juin, de Leyssègues vint s'embosser devant ce fort pour le battre par mer tandis qu'on l'attaquerait par terre et l'assaut fut donné le soir, par une nuit obscure. Le Commissaire Chrétien conduisait la charge. A minuit, le fort, défendu par 900 hommes, armé de 16 gros canons, était enlevé. Les Français ne comptaient que 300 hommes. Les Anglais, épouvantés de tant d'audace ne s'arrêtèrent dans leur fuite qu'après avoir passé la Rivière Salée. Au point du jour les vainqueurs firent leur entrée triomphale dans le fort. Le lendemain ils commencèrent le bombardement de la Pointe-à-Pitre

---

(1) Ces deux dernières ont été retrouvées à Sainte-Anne et déposées au Musée L'Herminier, à Pointe-à-Pitre. C'est la scène dégoûtante de la Conciergerie.

que l'ennemi s'empressa d'évacuer. Victor Hughes s'en rendit maître et trouva dans le port 87 bateaux marchands dont il s'appropria les cargaisons. Le général Dundas était mort durant un des combats.

Le 7 Juin, Jarvis, qui était de retour à Basse-Terre avec des renforts considérables, envoya par terre le général Grey qui devait remplacer Dundas et reprendre la ville aux Français. Les Anglais repassèrent la Rivière Salée mais ils furent repoussés par Aubert qui, malheureusement, atteint d'une balle à la poitrine en repoussant une contre-attaque à la baïonnette, ne tarda pas à succomber.

Le 11 Juin, Jarvis, avec 6 vaisseaux de ligne, 12 frégates ou corvettes, cinq canonnières et 16 transports chargés de troupes réapparut devant Pointe-à-Pitre. Il opéra, à son tour, une descente au Gosier et marcha immédiatement sur le fort « Fleur d'Epée », dont l'officier Dumont assurait la défense, mais sans résultat. L'enseigne de vaisseau Serrez tenait le fort « l'Union ». Victor Hughes s'enferma dans la Pointe-à-Pitre avec le commandant de la division navale ainsi que les généraux des troupes. L'entrée de la rade fut obstruée avec de vieux navires.

Les Anglais sous les ordres de l'amiral Grey ayant occupé les positions dominantes de Morne Mascotte commencèrent alors le bombardement de la ville avec 5 batteries tandis qu'ils battaient par mer les forts « Fleur d'Epée » et « l'Union ». Des mornes « Saint-Jean » et « Savon » ils arrosaient aussi copieusement la ville et la rade. Durant un mois tout le petit cul de sac fut en feu.

La situation paraissait intenable, mais Hughes ne désespérant pas de la République et de lui-même, tenait bon.

⁂

Quoique décimé par les combats journaliers, la fièvre jaune, la fatigue et la manque d'eau, Hughes, avec sa petite troupe, manquant de tout, répondait sans faiblesse aux attaques des Anglais et refusait de se rendre. L'adjudant-général Rouyer, atteint d'un éclat de bombe, était mort. Le commissaire Chrétien et le général Cartier avaient été emportés par la fièvre jaune. 200 hommes restaient valides sur 1153 au départ, mais néanmoins Hughes était résolu à « bouter » les Anglais de l'île. Dumont et Serrez tenaient toujours dans leurs forts. Bloqué dans la ville, pris entre deux feux, il résistait bravement.

Les Anglais résolurent d'en finir. Dans la nuit du 1ᵉʳ au 2 Juillet, pendant huit heures consécutives, ils couvrirent la ville de bombes et d'obus, puis le matin s'avancèrent en deux colonnes contre la

Pointe-à-Pitre qui n'offrait plus qu'un monceau de ruines, y pénétrèrent et la ville fut plongée dans l'horreur et le désordre.

Hughes s'était retiré sur le Morne du Gouvernement. Les Anglais attaquent ce morne. Un feu terrible les reçoit, tandis qu'une frégate mouillée dans le port, mitraille l'ennemi, qui recule et est enfin mis en déroute. 800 anglais sont tués, blessés ou capturés, parmi les tués le général Symes, le colonel Gomm, le capitaine de vaisseau Robertson et 30 officiers. Le Morne du Gouvernement reçu le nom du Morne de la Victoire.

Le lendemain et les jours suivants, l'amiral Jarvis n'eut d'autre préoccupation que de rallier ses compatriotes et de les transporter au camp du Morne Saint-Jean.

Pendant deux mois on resta de part et d'autre dans l'observation, les Anglais attendant du renfort et les Français réparant les vides effrayants que le canon et la maladie avaient jetés dans leurs rangs. Hughes fit appel aux noirs, libérés par lui, conformément au décret du 4 février 1794 et leva ainsi 3.000 hommes de couleurs. De concert avec l'officier d'artillerie Pélardy, passé de capitaine au grade de général en chef, il travailla à élever de nouvelles batteries et à tracer un cercle de famine autour du camp ennemi; puis il décida de faire attaquer les Anglais à Basse-Terre avant l'arrivée des secours.

Le 26 septembre, Pélardy et une colonne de soldats, montés sur des pirogues, conduits par le pilote Monroux, passa de nuit sous les canons de l'escadre ennemie qui était à l'ancre, traversa la baie du Petit-Bourg et opéra une audacieuse descente à Goyave. Tombant à l'improviste sur les Anglais, il les écrase et fait 160 prisonniers, plus 160 barils de poudre, des vivres et de l'artillerie. Une seconde colonne, embarquée le même soir, sous les ordres de Boudet, devenu chef de bataillon général, était parvenu au Lamentin, malgré le feu des anglais, puis, traversant la Baie Mlbault, alla s'établir à l'habitation Paul, près du camp Saint-Jean où elle fut bientôt jointe par une troisième colonne aux ordres du commandant Bures. L'armée du général Graham était cernée.

Le 6 octobre, Graham signa une capitulation déshonorante, abandonnant à toutes les vengeances du Commissaire de la Convention les colons français qui avaient combattu vaillamment avec lui: 1.200 blancs, mulâtres et nègres restèrent prisonniers de Hughes. C'était les vouer à la mort. 865 d'entre eux choisis parmi les nobles, furent guillotinés sur la Place de la Victoire. Les autres furent condamnés aux travaux publics. (1)

---

(1) Rapport à la Convention du 26 Frimaire, An III.

Vingt-deux privilégiés échappèrent au massacre. Lorsque les autres qui ignoraient encore la cruelle décision du général Graham comprirent leur malheur ils se précipitèrent en foule vers les chaloupes, mais les Anglais les repoussèrent. C'est alors que le pilote Monroux dont il est parlé plus haut, capitaine du port de la Pointe-à-Pitre, révolté de l'atrocité britannique, s'écria : « Plût à Dieu que ma chaloupe fut assez grande pour les sauver tous ! »

Désespéré, l'amiral Jarvis se retira le 7 octobre avec les débris de ses troupes, laissant derrière lui 38 canons, 2.000 fusils et beaucoup de munitions. On voyait encore les canons il y a vingt ans à l'îlot Brument, mais l'administration locale, ignorante et peu soucieuse de ces glorieuses reliques, les fit vendre au poids du vieux métal.

Les Anglais occupaient la Basse-Terre. Pélardy qui avait réussi à traverser le massif montagneux de l'île les surprit au Matouba le 11 octobre et les tailla en pièces. Puis, il marcha sur Basse-Terre. A son approche les Anglais évacuèrent la ville après avoir incendié l'arsenal. Le général Prescott, avec 860 hommes s'enferma dans le fort Saint-Charles. Luis aussi avait exclu de ses rangs les colons. Il s'apprêtait à un long siège lorsque parut l'escadre de l'amiral Jarvis, forte encore de sept vaisseaux et de quatre frégates. Cette escadre mouilla en face du fort Saint-Charles. Ayant reçu l'ordre d'évacuer ce fort, les Anglais s'enfuirent dans la nuit sur ces vaisseaux. A trois heures du matin, l'embarquement était terminé. Le brave et habile Pélardy entra dans le fort abandonné au petit jour et fut très étonné d'y trouver 76 pièces de gros calibres en bon état, 75 milliers de poudre, plus de 20.000 boulets, 1.200 gargousses pleines, 150.000 cartouches, 854 fusils et beaucoup de vivres.

Une expédition de deux frégates et de 1153 hommes, manquant de tout, dont les 4/5ᵉ périrent dans les combats ou par la fièvre jaune, avait réussi à chasser de l'île 8.000 anglais, maîtres de la mer, bien approvisionnés, grâce au courage et à l'énergie d'un seul homme: Victor Hughes !

**

L'utilité d'une route stratégique reliant Basse-Terre à Pointe-à-Pitre, à travers le massif montagneux de l'île avait été déjà reconnue par tous les gouvernements qui s'étaient occupés de la défense de la colonie. L'usage fait de la route du littoral par le général Barrington avait démontré qu'elle pouvait être funeste en cas d'invasion, pouvant non seulement être battu sur tout son parcours par le feu des vaisseaux ennemis mais, en outre, être coupée par un débarquement à Sainte-Marie, Trois-Rivières, Saint-Sauveur ou Bananier.

En 1765, le gouverneur comte de Nolivos, prescrivit dans ce but l'ouverture d'un chemin entre le Matouba et Petit-Bourg, qu'il déclara d'utilité publique, mais les habitants de la Colonie devaient concourir à la dépense, au moyen de corvées, et les travaux n'avancèrent point. En 1772, ces corvées furent abolies et remplacées par un impôt en argent. Le moyen ne fut pas plus heureux et le Roi n'ayant jamais sanctionné la dite ordonnance la route fût complètement abandonnée en 1794.

Pélardy, avec le concours de quelques guides connaissant fort bien le tracé, avait tiré avantage de cette route stratégique pour surprendre les anglais, en passant par la Savane l'Herminier et le flanc Ouest du Matéliane, aboutissant au pont de la rivière Rouge, au Matouba.

Victor Hughes comprit qu'il était nécessaire d'assurer une communication constante avec les deux villes, naturellement désignées aux entreprises de l'ennemi, d'avoir ainsi une ligne de retraite dans un sens ou dans l'autre et malgré l'investissement de la côte, de pouvoir envoyer des renforts sur le point attaqué. Il ordonna immédiatement la reprise des travaux et des deux côtés à la fois. Deux équipes de 300 hommes furent employées à ces travaux.

Pendant leur occupation de 1810 à 1815, les Anglais surent employer cette route pour mettre en communication constante les deux villes et un camp fut établi au sommet du Morne Carmichaël, d'où l'on pouvait faire des signaux visibles à Pointe-à-Pitre. On s'y rendait de Basse-Terre à cheval.

L'île rendue à la France, la route fut abandonnée, abandon d'autant plus regrettable que la route traverse une vaste surface de terres vierges, riches, susceptibles de grande culture.

En 1829, le Baron des Rotours, gouverneur, pensa un instant la faire rouvrir, puis, en 1854, le Docteur l'Herminier et Th. Pouzolz; en 1859, le gouverneur Touchard, avec l'aide des capitaines de génie Soulé et Maréchal reprit les travaux, mais en 1862, on n'en parle plus. En 1892, MM. Moynac, Donzé, Renucci et de La Roncière firent des recherches, retrouvèrent en partie l'ancien tracé et parvinrent à traverser le massif central, avec beaucoup de difficulté, la végétation tropicale ayant tout envahi. En 1894, le commandant Martin, avec la sanction du gouverneur Nouet, soumet un projet de route praticable aux mulets, mais il quitte la Colonie et le projet reste dans les cartons. Aujourd'hui ce tracé peut être suivi par les excursionnistes ayant de bons jarrets et habitués aux difficultés de la forêt tropicale.

.•.

Les anglais avaient quitté l'île et les colons opposants avaient été mis à mort, mais l'anarchie et la révolte régnaient partout. Victor Hughes entreprit de rétablir l'ordre, de réorganiser à sa façon et à sa guise le pays. S'arrogeant une autorité despotique, il fit tout plier sous sa loi de fer. Il prononça la mise en surveillance de tous les parents d'émigrés, institua des commissions militaires et suivi d'une guillotine dont le municipal Baudrais (1), l'ancien membre de la Commune du 10 Août, celui qui mit son nom au bas du testament de Louis XVI, fut le grand procurateur, il alla rétablir l'ordre à sa manière dans les communes. Ce fut le règne de la Terreur. Les revenus des absents ou des guillotinés, provenant de biens évalués à plus de 800 millions de livres furent versés dans le trésor public. Il parvint à lever 10.000 hommes et après avoir donné une vive impulsion à l'agriculture, commença à harceler sur mer les Anglais, par une guerre de course sans merci. Les fameux corsaires de la Guadeloupe allaient entrer dans l'histoire.

Cet homme violent, cruel, sanguinaire, soumit toute la population à sa volonté absolue et le mot « liberté » signifia alors « obéissance ou la mort ». C'est certainement une des pages les plus glorieuses et les plus ignorées de notre histoire coloniale et nous devons lui consacrer un chapitre.

.•.

Victor Hughes naquit à Marseille le 23 juillet 1762 (2), dans l'obscure boutique d'un boulanger. Jeune, il voyagea comme marin aux Antilles, puis comme voyageur de commerce au Mexique et se fixa même quelque temps à Saint-Domingue où il fit une fortune qu'il perdit dans l'incendie de Port-au-Prince.

Il était de retour en France lors de la Révolution. N'ayant rien à perdre, il offrit ses services à la Convention qui le nomma d'abord à Rochefort, puis à Brest, accusateur public près des tribunaux révolutionnaires. Il se fit remarquer par l'exaltation de ses principes et le cynisme de ses réquisitoires. Son triomphe fut la grande hécatombe des officiers et des marins du vaisseau *l'Appolon*.

C'est donc au pied de l'échafaud et tout près du panier qui

---

(1) Baudrais, déporté à Cayenne, en 1800, y retrouva Victor Hughes qui le fit nommer greffier de l'état civil.

(2) Rosemond de Beauvallon. Les corsaires de la Guadeloupe. Paris, 1901.

contenait les têtes de ses victimes que la Convention était allé chercher le monstre auquel elle allait confier le gouvernement de la Guadeloupe. Sa haine des Anglais l'avait signalé et placé haut dans l'estime des Jacobins.

En partant pour la Guadeloupe, il amena avec lui deux terribles auxiliaires : une guillotine toute neuve et le décret du 4 février 1794 abolissant l'esclavage. Nous avons vu l'usage qu'il a fait de ces deux auxiliaires.

Alors qu'il bombardait la Pointe-à-Pitre, après la prise d'assaut du fort Fleur-d'Epée, un parlementaire du général Dundas qui commandait les troupes anglaises occupant la ville, étant venu lui proposer la cessation des hostilités s'il acceptait de se retirer, il se contenta de charger l'interprète de traduire au messager sa réponse :

« Va dire à ton maître, qu'après avoir conquis la ville, je le « ferai décapiter sur la place publique. »

Et il tint parole. En apprenant que le général Dundas était mort huit jours avant l'occupation de la ville par ses hommes, et qu'il avait été inhumé dans le cimetière, il fit déterrer le cadavre qui, déjà en putréfaction, fut promené dans toutes les rues, puis porté sur la guillotine, élevée Place de la Victoire, et la tête tranchée. L'église de la Pointe-à-Pitre, qui avait servi d'abri aux soldats anglais, fut ensuite livrée aux flammes.

Au général Boudet, qui avait succédé au général Rouyer, tué, et qui, au moment le plus critique du siège qu'il subissait à son tour dans la ville, avait osé lui conseiller la reddition, il arracha les insignes en s'écriant : « Tu es un lâche, tu n'es pas digne de commander « à des républicains. »

Le dernier guillotiné fut M. de Bragelongne, le 6 juillet 1796.

Victor Hughes était petit de taille, le buste trop grand pour les jambes courtes et grêles. Le visage était marqué de la variole, comme Mirabeau. Ses mains, rarement propres, étaient grosses, mal emmanchées au bout de bras trop longs. Il avait les manières brusques, la démarche saccadée, la voix très claire, portant bien, grinçait terriblement avec un accent provencal fortement prononcé. Le son ne montait pas des entrailles, mais venait de la tête et était aigre, agaçant. Jamais il ne regardait en face, ce n'est que par hasard que l'on rencontrait ses petits yeux gris, brillant d'un sombre éclat sous une arcade sourcillière développée. Rare et pâle, sa chevelure tombait en mèches plates et laissait voir un crâne dénudé par plaques. Nerveux, fait pour l'action, il s'échappait de sa personne un fluide fauve et répulsif qui faisait frissonner. Sans éducation, son langage était grossier, ignoble et sorti de bas, porté haut par le flot démagogique, il eut toujours la haine jalouse des parvenus pour ceux qui étaient arrivés avant lui.

En fin de compte, c'était un odieux scélérat, puisque ses opinions politiques étaient si peu sincères qu'il n'hésita pas à changer de cocarde et qu'il rétablit à la Guyane l'esclavage qu'il avait aboli à la Guadeloupe, mais un scélérat doublé d'un organisateur incontestablement de premier ordre, capable par son énergie, son indomptable courage, sa prodigieuse activité et sa fermeté opiniâtre, de résoudre les problèmes les plus difficiles et de conduire les hommes à la victoire. Sans nulle connaissance de la guerre et de l'administration, il fut un grand général et un gouverneur remarquable.

D'une conception vive, l'imagination ardente, il avait, au suprême degré, le don de l'intuition. Il savait découvrir le mérite des hommes et employer leurs qualités, mais tous devaient se plier humblement sous sa volonté. C'est ainsi qu'il fit emprisonner la municipalité de Basse-Terre parce que le maire et ses conseillers étaient arrivés en retard à une convocation officielle.

*
* *

C'est après avoir chassé les Anglais, effacé toute trace d'opposition par le massacre des colons blancs, et ayant un pressant besoin de s'approvisionner en armes, en vivres et en toutes choses, que Victor Hughes fit naître et grandir les corsaires de la Guadeloupe, qu'il ne faut pas confondre avec les anciens boucaniers ou flibustiers dont ils furent les successeurs non moins intrépides et non moins téméraires.

Les premiers corsaires furent armés au Port-Louis. Tout d'abord de simples barques furent construites, puis de solides bâtiments qui, commandés par des capitaines intrépides, firent éprouver à la marine anglaise des pertes sérieuses. Chose extraordinaire, ces quelques unités suffirent à inspirer la terreur à la puissante flotte anglaise qui se trouvait à Barbade, sous le commandement de l'amiral Sir Hugh Clobert Christian.

Les capitaines les plus connus, ceux qui ont laissé un souvenir de leurs exploits, s'appelaient Langlois, Giraud, Lapointe, Facio, Vilac, Pierre Gros, Augustin Pillet, Mathieu Goy, dit « Jambe-de-Bois », Joseph Murphy, Lamarque, Laffite et Antoine Fuet. Ce dernier, le Surcouf des Antilles, fut surnommé le Capitaine Moëde, à la suite d'un combat que nous allons relater :

Fuet revenait d'une croisière sur son bateau, *la Thérèse*, chargé d'or. Sur le pont, il y avait des barils remplis de pièces d'or (1).

______

(1) Des « moëdes », pièces d'or de l'époque.

Il y en avait partout. Soudain, un brick anglais lui barre le passage. Malgré son infériorité, Fuet accepte le combat. Durant sept heures, la lutte fut infernale, les deux navires étaient littéralement troués comme une écumoire, lorsque son maître canonnier vint lui dire qu'il n'y avait plus de boulets à bord de *la Thérèse*.

« Qu'on défonce les barils et qu'on charge les pièces avec « des moëdes, » répondit Fuet. Ce qui fut fait et bientôt l'anglais anéanti, fut abordé et tout l'équipage tué. Les vainqueurs poussèrent alors un même cri : « Vive le Capitaine Moëde ! »

En 1795, les principaux corsaires qui avaient pour base la Guadeloupe, portaient les noms suivants :

La Révolution.	*Le Sans-Pareil.*
Le Vengeur.	*La Bande-Joyeuse.*
La Tyrannicide.	*La Légère.*
Le Terroriste.	*Le Poignard.*
Laméline.	*La Guillotine.*
Le Tom.	*L'Italie-Conquise.*
La Guadeloupe.	*La Beptsi.*
La Thérèse.	*La Dorade.*
Le Midi.	*Le Furet.*
La Revanche.	*Le Prend-Tout.*
Le Flibustier.	*Le Grand-Décidé.*
La Carmagnole.	*Le Sans-Culotte.*
Le Barcello.	*Le Poisson-Volant.*
L'Arlésienne.	*La Marie.*

Victor Hughes avait exercé un pouvoir dictatorial, il fut l'objet de nombreuses dénonciations qui le firent rappeler par le Directoire.

1798 Par arrêté du 5 juin 1798, le général Desfourneaux était désigné pour le remplacer à la Guadeloupe. Il s'embarqua à Lorient, le 28 septembre, avec les frégates *Le Volontaire* et *l'Insurgente*. Le 21 novembre 1798, il débarquait à Deshaies et le 22 il était à Basse-Terre et remettait à Hughes ses lettres de rappel.

Victor Hughes, craignant les sanctions, voulut rester à la Guadeloupe comme simple citoyen, mais sa présence était trop dangereuse. Il avait encore trop de partisans. Desfourneaux, pour s'en débarasser, usa d'un subterfuge. Il invita Hughes sur un navire de guerre, mouillé en rade de Basse-Terre, et à l'issu du dîner, le déclara prisonnier. Le soir même, le navire relevait pour la France. Il devait subir le même sort quelques mois plus tard, tandis que Hughes, reniant tout ce qu'il avait adoré, était nommé gouverneur général de la Guyane française, qu'il administra jusqu'en 1809. Pour favoriser la reprise du travail, il rétablit l'esclavage en Guyane (1803), en vertu de l'arrêté du 16 Frimaire, An XI.

Le 7 Janvier 1809, une flotte ennemie anglo-portugaise se présentait devant Cayenne et mouillait à l'entrée du Mahury.

Le lendemain, à 3 heures du matin, l'ennemi commençait son débarquement. Après avoir surpris le poste du Diamant, il marchait sur le Degras-des-Cannes et attaquait les postes de Trio et du Canal Forcy. Sans combattre, oubliant son glorieux passé, Hugues capitula (12 Janvier 1809), se rendant à 600 hommes, dont 500 anglais et 100 portugais, tous très mal armés, alors qu'il avait sous ses ordres 1511 soldats européens, 200 créoles et 500 noirs. Traduit devant un Conseil de guerre, il fut acquitté. Il devint aveugle et mourut à Cayenne, de la lèpre dit-on, en 1826, à l'âge de 56 ans.

Cet homme a fortement marqué son passage à la Guadeloupe, qu'il arracha aux Anglais et qu'il organisa si brillamment que l'on retrouve encore aujourd'hui des traces de ses œuvres. Il fut cruel, inexorable, il représentait la Convention dont il partagea la grandeur et les passions.

.˙.

Le premier soin de Desfourneaux fut de chercher à faire refleurir l'agriculture et à organiser les finances. Il afferma aux enchères toutes les habitations appartenant au domaine ou aux émigrés, dont l'administration avait la gérance. Il ramena à la campagne tous les travailleurs des champs en leur assurant un salaire que jusqu'alors ils n'avaient pas reçu de leurs maîtres. Il contracta, par ailleurs, un emprunt de 172.000 francs, dont la vente d'une grande quantité de denrées en magasin devait assurer le remboursement. Mais il eut le tort de vouloir appliquer à une population qui n'avait jamais connu les impôts, les lois relatives aux patentes et à l'établissement de la régie du timbre et de l'enregistrement. Des dénonciations graves sont lancées contre lui, dont la moindre est qu'il a trahi et veut, malgré le Directoire, conserver son gouvernement. Le 28 septembre, il aurait déclaré « que si le Directoire envoyait d'autres agents pour « le remplacer, il était disposé à les repousser par la force. »

Le peuple de la Pointe-à-Pitre se soulève; celui de Basse-Terre et la troupe suivent le mouvement; enfin, aux cris de « Vive Pélardy », il est arrêté et embarqué de force. Renseigné sur ces faits 99 (1), le Directoire prononce sa révocation le 14 août 1799 et le

---

(1) Adresses de toutes les autorités de la Guadeloupe au Corps législatif et au Directoire, du 26 Vendémiaire, an VIII.

remplace par trois agents : Jeannet, Baco de la Chapelle et Laveaux. Avec eux arrivaient dans la Colonie, le 11 décembre, deux hommes de couleur qui allaient tenir une place dans l'histoire de la Guadeloupe : le chef de bataillon Delgrès, natif de la Martinique, aide de camp de Baco, et Magloire Pélage, né aussi à la Martinique, chef de brigade, aide de camp de Jeannet.

Pélage, encore très jeune, avait pris part à des troubles où sa bravoure, son sang froid et ses talents militaires l'avaient signalé à ses chefs. Pendant le siège de la Martinique, en 1794, il s'était battu contre les Anglais avec tant d'intelligence que le général Rochambeau l'avait nommé sur le champ de bataille lieutenant. En 1795, il était capitaine des grenadiers du bataillon des Antilles et se couvrait de gloire à la prise de Sainte-Lucie. L'année suivante, il est fait prisonnier et, échangé en 1798, il sert à Fécamp, à Morlaix et, en 1799, obtient le brevet de chef de brigade.

L'entente ne fut pas de longue durée entre les agents. Accusé par ses collègues de vouloir introduire dans la colonie les idées de Saint-Domingue sur les questions de race, Laveaux fut arrêté et embarqué. Ils le remplacent par Bresseau. Peu de temps après, Baco mourait et Jeannet était remplacé par le contre-amiral Lacrosse.

L'administration des agents avait été néfaste à la colonie. Non seulement, ce furent, à l'intérieur, de véritables tyrans, mais encore les Anglais, qui n'osaient pas, depuis Victor Hughes, s'approcher des côtes de la Guadeloupe, réapparurent et prirent même l'île de Saint-Martin par surprise.

Destitués, un arrêté consulaire du 19 avril 1801 modifia la constitution des colonies et confia la régie de la Guadeloupe à trois magistrats : un capitaine général, un préfet et un commissaire de justice : le premier avait la prépondérance sur les deux autres. C'est Lacrosse qui remplit ces fonctions. Parti de Lorient, il amena avec lui, sur les frégates *La Cornélie* et *La Cocarde*, 170 hommes, 18 canonniers et le général de brigade Béthancourt (1). Il arriva à la Guadeloupe le 29 mai et fut reçu par des démonstrations de confiance.

Dès sa prise de service, le nouveau chef de la colonie laisse percer son antipathie pour les hommes de couleur. Elle se manifeste au grand jour tant dans ses paroles que dans ses actes. Ce sont, pour lui, des ennemis du gouvernement qu'il menace d'exporter. Il ne remarque point, dans son aveuglement, que l'armée est en majeure

---

(1) Ce général mourut le 5 août 1801 et ses restes reposent à côté de ceux du colonel Daniau dans le fort Fleur-d'Epée. On ignore aujourd'hui l'emplacement.

parti composée d'hommes de couleur et de noirs. Aussi, celle-ci se dressa-t-elle contre lui, sous les suggestions du capitaine Ignace, qui prend la tête du mouvement. Pélage tente en vain d'éloigner l'orage par l'ascendant qu'il a sur les troupes. Mais Lacrosse marche contre les rebelles à Pointe-à-Pitre, après avoir ordonné l'arrestation de certains hommes de couleur marquants de la ville. Il est enfin fait prisonnier par Ignace qui l'enferme dans une cellule du fort Fleur-d'Epée. Grâce à Pélage, il échappe au conseil de guerre, à la mort, et il est embarqué de nuit sur un navire danois qui lève l'ancre aussitôt et va le déposer à la Dominique.

01 Pélage, acclamé par l'armée, prend provisoirement les rênes du gouvernement le 24 octobre 1801.

Sur de faux rapports venus de la Dominique, le Consulat s'imagine que Pélage veut rééditer les actions de Toussaint Louverture à Saint-Domingue et envoie toute une flotte sous les ordres du contre-amiral Joseph Bouvet, et une armée sous le commandement du général Richepanse, pour réduire les rebelles. Cette flotte, composée des vaisseaux *Le Redoutable* et *Le Fougueux*, des frégates *Volontaire*, *Consolante*, *Romaine* et *Didon*, de la flûte *La Salamandre* et de trois transports, parut devant la Guadeloupe le 6 mai
02 1802.

Richepanse, l'esprit prévenu, avant même de prendre contact avec la terre, ordonne des préparatifs de guerre. Pélage, pour prouver qu'il n'était animé d'aucune hostilité contre la Métropole, lui envoie une délégation qui ne réussit pas à le convaincre et qui est gardée en otage, tandis que des troupes sont réunies sur la Place de la Victoire pour démontrer au général la confiance du peuple et lui former une garde d'honneur.

Ce mouvement est mal interprété par Richepanse qui, à son débarquement, laisse percer un sentiment de méfiance, qui fait injure à Pélage et indigne l'armée coloniale. Celle-ci se soulève enfin lorsque l'ordre lui est transmis d'évacuer les forts et batteries, et devient menaçante en apprenant qu'une partie des troupes embarquées sur les vaisseaux, a été mise aux fers à fond de cale. Pélage essaie de la calmer, invitant les officiers à l'obéissance envers le représentant du gouvernement. Mais il est qualifié de traître.

Cependant, le capitaine Ignace, qui s'est mis à la tête de la révolte, passe à Basse-Terre par les communes Sous-le-Vent, où il raccole toute une armée d'insurgés et se rend au fort Saint-Charles que commande Delgrès. Celui-ci, de bonne foi, à l'instar de Pélage, s'apprêtait à recevoir le général Richepanse avec soumission et tous les égards dus à son rang. Mais le récit qu'on lui fait des événements de Pointe-à-Pitre, les termes dont le général s'est servi dans une proclamation, les vexations subies par les officiers de couleur, fixent ses idées. Il se persuade que le Gouvernement partage les vues de Lacrosse qui, toujours à la Dominique, n'a pas été destitué de ses fonctions et qui, le calme établi, doit sans doute revenir pour rétablir le régime d'avant 1789. « Vivre libre ou mourir », tel est le cri qu'il lance et qui trouve écho dans l'armée et la population. Il devient dès lors le chef des insurgés et, lorsque Richepanse débarque au Baillif avec un corps de troupes, il avait déjà pris ses positions de défense sur la rive gauche de la Rivière des Pères, pour lui barrer la route du chef-lieu.

Le 10 mai, Richepanse, avec l'escadre de l'amiral Bouvet, parut devant Basse-Terre. Après avoir vainement parlementé, il ordonne le débarquement du corps de troupes sous les ordres du général Gobert, aidé du général Pélage, sur la rive droite de la rivière Duplessis, au Baillif. Ignace et Delgrès essayèrent de s'opposer au débarquement, l'accueillant par une décharge générale des batteries du fort Saint-Charles et de la côte. Contraints de se retirer, ils se retranchent sur la rive gauche de la rivière des Pères, où ils sont attaqués le lendemain et mis en pleine déroute. Des combats affreux se livrent autour du pont de pierre, qui existe encore de nos jours (1). Battu, Delgrès s'enferme dans le fort Saint-Charles. Il y reste jusqu'au 21 mai, pendant que les hostilités continuent avec acharnement dans les campagnes qui entourent la Basse-Terre. Ce jour-là, à huit heures du soir, après avoir annihilé les défenses du fort, il sort par la poterne du Galion, avec le reste de ses hommes, et se rend sur l'habitation « le Parc », au Matouba. Il avait pris des dispositions pour faire sauter la poudrière et ensevelir sous les ruines du fort 150 prisonniers, mais le capitaine Prudhomme entre à temps pour faire échouer ce plan de destruction en enlevant la mêche.

Au même moment, Ignace prend la route de la Grande-Terre qu'il savait défendue par une faible garnison et avec l'intention de l'incendier. En effet, en décidant d'aller assiéger le fort Saint-Charles, Richepanse avait donné l'ordre au général Sériziat, de ne laisser à Pointe-à-Pitre que la quantité d'hommes nécessaires pour assurer la tranquillité. Ignace, d'abord battu à Baimbridge par le général Gobert, puis complètement défait à la Grande-Terre par Pélage, meurt en combattant. La révolte était domptée à la Grande-Terre.

---

(1) Le pont de pierre qui divisait les deux camps a été construit en 1788.

La veille de l'abandon du fort Saint-Charles par Delgrès et Ignace, le Consulat avait rétabli l'esclavage et la traite des noirs.

Richepanse prit ses dispositions pour acculer Delgrès dans son dernier retranchement, au Matouba. Le 28 mai, après un combat des plus meurtriers, Delgrès, blessé, se retira sur la propriété d'Anglémont et s'enferma dans la pièce principale qu'il avait au préalable fait miner et décida de mourir plutôt que de se rendre. Il fit part à ses hommes de la détermination qu'il avait prise de se faire sauter, laissant chacun libre de se sauver. Puis, il attendit le signal qui devait lui annoncer l'arrivée des ennemis sur la terrasse de l'habitation : un coup de fusil tiré par un factionnaire, laissé à la porte. Quand la détonation éclata, il renversa du pied sur la traînée de poudre qui communiquait à la mine, un réchaud plein de braise et l'opulente demeure vola en éclats. L'insurrection était définitivement vaincue.

Lacrosse, rappelé de la Dominique, fut réintégré dans ses pouvoirs pour un mois, après lequel il devait remettre le gouvernement au général Richepanse, mais ce dernier mourut le 3 septembre 1802 et Lacrosse fut conservé comme gouverneur de l'île. En vertu du décret des Consuls du 20 Floréal, An X, le régime de l'esclavage est rétabli à la Guadeloupe.

03   Le 8 mai 1803, le titre et les fonctions de capitaine général de la Guadeloupe passent au général de division Ernoux, qui sait se concilier l'estime et la reconnaissance de la population.

04   Le premier Consul est élevé au trône impérial le 18 mai 1804.

Sous le règne de Napoléon Ier, la guerre ayant de nouveau éclatée entre la France et l'Angleterre, les Anglais revinrent aux Antilles, avec une armée formidable sous les ordres du général Beckwith et de l'amiral Cochrane. Leur première action fut contre Marie-Galante et la Désirade, dont ils s'emparèrent, puis ils firent le blocus de la Guadeloupe.

05   Le 21 octobre 1805, nous perdons la bataille navale de Trafalgar. Villeneuve subit un désastre.

Des efforts faits par Ernouf pour reprendre Marie-Galante, restent impuissants. Une troupe de 150 hommes envoyée contre 400 anglais, est faite prisonnière.

Le capitaine Fronde parvient à s'emparer des Saintes, mais les Anglais persistent à menacer la colonie. Le blocus continue. Le cabotage d'un port à l'autre est devenu impossible. La défense étant concentrée à Basse-Terre, les Anglais en profitent pour s'établir au Port-Louis et au Moule.

1809. Les Anglais occupent la Martinique.

L'amiral Cochrane, avec une armée de débarquement, commandée par le général Georges Beckwith, mouille devant le Gosier
1810 le 27 janvier 1810. Sur la sommation qui lui est faite de rendre la Pointe-à-Pitre, le commandant Fournier répond qu'il faut combattre. Malheureusement, le gouverneur Ernouf n'utilise pas ses moyens de défense, il laisse régner la confusion parmi les troupes et toute la colonie capitule le 10 février, avec 4.200 français qui, faits prisonniers de guerre, sont envoyés sur les pontons anglais. Le capitaine général Ernouf est embarqué sur la flûte *La Loire*, avec les principales autorités de l'île et conduits en Angleterre.

Au bout d'une année de captivité, Ernouf est autorisé, pour cause de santé, à aller, sur parole, passer six mois en France, échangé avec un officier anglais. Napoléon le fit arrêter et emprisonner. Il allait être traduit devant un conseil de guerre, lorsque la monarchie des Bourbons est restaurée. En raison de ses vieux services, Louis XVIII le fit libérer en 1814, sous le cautionnement du maréchal Duc de Dantzig et le 25 juillet il obtenait une ordonnance d'indulgence.

Le lieutenant général Georges Beckwith est nommé gouverneur de l'île. Le major général Carmichael lui succède en juillet 1810. Le 11 septembre, il est remplacé par le vice-amiral Alex. Cochrane.

Pendant quatre ans, les Anglais occupèrent la colonie. Il est juste de constater que l'administration du général Beckwith fut humaine et libérale. Il mit tout en œuvre pour s'attirer les sympathies de la population, mais malgré toutes les avances, elle resta fidèle à la France et refusa de s'enrôler sous les couleurs anglaises, payant plutôt l'amende de 128 francs par tête.

1814 En exécution du traité de Paris du 30 mars 1814, la Guadeloupe redevint française. Les Anglais l'évacuèrent de mauvaise grâce, mais ils devaient y reparaître, à titre d'auxiliaires, durant les Cent Jours.

Par ce traité du 30 mars 1814, l'Angleterre obligeait la France à lui céder Tobago, Sainte-Lucie, l'île de France, Rodrigue et les Séchelles. Par contre, elle restituait la Martinique et la Guadeloupe. Le Portugal, de son côté, rendit la Guyane.

Louis XVIII qui, en conséquence du traité avait été nommé roi de France, le 3 juin, désigne comme gouverneur, le 13 juin 1814, le contre-amiral de Linois et commandant en second, le baron Boyer de Peyreleau. Ce dernier reçut l'ordre de s'embarquer au plus tôt, en qualité de commissaire du roi, pour aller recevoir l'île des mains des Anglais. Il y débarquait le 25 octobre et présentait ses lettres de créance au général Skinner, gouverneur pour les Anglais. Celui-ci retarda, sous toutes sortes de prétextes, l'exécution du traité, et ce n'est que deux mois plus tard, le 5 décembre, que le drapeau français put être arboré au fort Richepanse.

Marie-Galante est rendue le 9, les Saintes et la Désirade le 10, enfin, la Pointe-à-Pitre, le 11.

Le 14 décembre, lorsque le gouverneur de Linois, arrivé la veille sur le vaisseau *Le Marengo*, débarqua à Basse-Terre, l'île venait donc seulement d'être remise.

On commençait à compter sur une ère de prospérité, le commerce, l'industrie et l'agriculture renaissaient dans la plus parfaite quiétude, lorsque les événements qui suivirent le retour de l'île d'Elbe s'accomplirent. Le 1ᵉʳ mars 1815, Napoléon débarque dans le golf de Juan, près de Cannes. A Grenoble, le 7ᵉ de ligne, commandé par le général Labédoyère, se joint à lui et le 20 mars il rentre aux Tuileries.

A la nouvelle du retour de Nopléon en France, le comte de Linois voulut conserver l'île à la cause des Bourbons. Il avait, du reste, reçu des instructions à cet égard, par l'intermédiaire du comte de la Chartre, ambassadeur français à Londres, qui lui faisaient défense de remettre l'administration à qui que ce soit, sans un ordre signé de la main du roi et contresigné par M. de Blacas.

Des troubles s'étant produits dans la population, de Linois expédia le brick *l'Action* à Antigues, le 3 mai 1815, pour solliciter du gouverneur Leith, commandant en chef des armées britanniques, l'établissement de croisières au vent de la Guadeloupe. Dès le 12, celui-ci, accompagné de l'amiral Durham, se présenta en rade de Basse-Terre avec des frégates armées en guerre. La permission leur fut donnée d'occuper la rade des Saintes d'où, par des signaux convenus, ils pouvaient communiquer avec le gouverneur.

Malgré leur titre d'alliés, ils commirent de suite des actes d'hostilité. Ils prirent possession des Saintes en y débarquant 300 hommes de troupe et en retenant prisonnier le détachement et le capitaine d'artillerie qui le commandait. Ils s'emparèrent de la même façon de Marie-Galante, puis établirent le blocus de la Guadeloupe, ne laissant approcher aucun navire susceptible d'apporter des nouvelles sur la situation politique en Europe. Ainsi, la goélette de l'Etat, *l'Aigle*, expédiée de Rochefort, arrivée au bourg de Saint-François le 12 mai 1815, n'eut que le temps d'y déposer deux lettres à l'adresse du gouverneur; elle fut aussitôt prise par la croisière anglaise et conduite aux Saintes.

Le bruit se répand que le gouverneur de Linois est décidé à

remettre le pays aux Anglais pour ramener à la raison cette « canaille de Bonaparte », ainsi qu'il avait été fait, à la Martinique. Deux lettres circulent, annonçant le prochain débarquement des Anglais et des propos imprudents sont tenus sur l'établissement d'une liste de proscription où seraient inscrits 400 habitants. La confiance, alors, dans l'autorité supérieure disparaît et le mouvement séditieux se manifeste plus violemment. La population menace d'embarquer le gouverneur et tous ceux qui seraient d'avis de livrer la colonie. Le Baron Boyer de Peyreleau, commandant en second, réussit à vaincre les sentiments du gouverneur, lui faisant comprendre que les habitants préféraient suivre la politique de la Métropole que de retomber sous la domination anglaise. Le 18 juin, à 8 heures du matin, il arborait le pavillon tricolore au mât du fort Richepanse. A cette même date, le sort de l'Empire était définitivement fixé. Napoléon, vaincu à Waterloo abdiquait le 27 juin et était conduit à Saint-Hélène où il devait mourir le 5 mai 1821.

Tous ces détails, contenus dans un rapport du duc de Wellington parviennent dans la colonie, de Barbade, le 7 août 1815. Les esprits s'inquiètent alors et après trois débarquements successifs de l'ennemi, à Capesterre, aux Trois-Rivières et au Baillif, le 8 août, le gouverneur capitule; des forces considérables avaient été réunies pour cette attaque de la Guadeloupe. Elles se composaient de 72 bâtiments de toute grandeur et des diverses troupes groupées à la Martinique, à Sainte-Lucie, à Démérara et à la Dominique. Cinq généraux dirigeaient l'action sous le commandement en chef du général Leith et de l'amiral Durham.

De Linois et Boyer de Peyreleau faits prisonniers, avec un grand nombre d'habitants et d'officiers de la garnison, furent ramenés en France et traduits devant le Conseil de guerre. De Linois fut acquitté et Boyer de Peyreleau condamné à la peine de mort. Une ordonnance royale commua cette peine en 20 années de détention. Au bout d'une captivité de près de trois ans, il fut rendu à la liberté.

De nombreux créoles et les troupes françaises embarquées pour être reconduites en France, furent désarmés à bord des navires britanniques et retenus captifs sur les pontons d'Angleterre jusqu'au retour du roi.

Le général Leith fut chargé de gouverner l'île au nom du légitime gouvernement de la France. Avec cet administrateur actif, loyal, humain, s'ouvre une ère de prospérité et de richesse. C'est la deuxième fois que, sous la domination anglaise, le pays se relève promptement de ses ruines.

Le 8 juillet 1815, Louis XVIII remonte sur le trône.

Le 15 juillet 1816, le comte de Lardenoy succède au général Leith et continue son œuvre. Le nouveau gouverneur français étend le commerce, favorise l'industrie et ouvre des routes nouvelles. Il fait, en outre, preuve du plus grand dévouement au cours de plusieurs épidémies de fièvres jaunes (1).

Ce terrible fléau qui revenait périodiquement, détermina son successeur, le contre-amiral Jacob, à établir un camp, auquel s'attache son nom, au-dessus du bourg de Saint-Claude. D'immenses et beaux bâtiments encore existants, y furent édifiés pour caserner les troupes pendant la saison chaude. Il créa, en outre, de nombreuses convalescences militaires : au Matouba, à Dolé, aux Saintes.

Sous son administration encore, une autre calamité, un ouragan des plus violents vint le 26 août 1825, au début de l'hivernage, ravager la Guadeloupe. La Basse-Terre était particulièrement atteinte. L'Amiral-gouverneur met toute son activité et son intelligence à réparer le désastre.

Le baron des Rotours, qui lui succède, après un cours intérim du baron Vatable, continue son œuvre, et ouvre le canal des Rotours.

Titulaire du poste, le premier mai 1830, le gouverneur Vatable entreprend l'assainissement des faubourgs de la Pointe-à-Pitre et crée le canal qui portait son nom. Ce canal a été comblé en 1884.

Le 8 février 1843, une nouvelle catastrophe plus horrible encore et terrifiante par sa soudaineté, son imprévu, jetait le deuil et la famine dans la population.

Au milieu d'une matinée ravissante, alors que rien dans la nature ne laissait présager l'imminence du moindre danger, une secousse sismique d'une violence extrême et d'une durée de deux minutes couvrait la Guadeloupe de monceaux de décombres et de cadavres. Partout les édifices publics, les usines, les demeures s'écroulent jusqu'à leur base. Le pourtour des côtes se soulève, les crevasses s'ouvrent, lançant des colonnes d'eau bouillante et des vapeurs acides. Un double fléau atteint la Pointe-à-Pitre. L'incendie s'est allumé dans les débris et les flammes parachèvent l'œuvre de destruction. De la belle cité créole qui se réveillait radieuse le matin du 8 février, 900 maisons ont disparu et la place de la Victoire est couverte de morts, de moribonds et de blessés.

La Guadeloupe était alors gouvernée par un homme remarquable, le vice-amiral Gourbeyre, qui sut se mettre et se tenir à la hauteur des terribles devoirs qui lui étaient imposés. Au milieu des

---

(1) Une rue de Pointe-à-Pitre porte son nom.

décombres et des flammes, il ranimait le zèle, le dévouement de ses collaborateurs, lançait un appel désespéré à la Métropole, distribuait avec des paroles de consolation, les vêtements, les vivres et les médicaments.

Grâce à son énergique exemple, le pays s'attacha plein d'ardeur au relèvement de ses ruines et, en moins de temps qu'on ne pouvait l'espérer, la Pointe-à-Pitre se réédifiait, les grandes exploitations renaissaient, l'horizon s'éclaircissait.

Gourbeyre appartient à l'histoire de la Guadeloupe. Son nom est gravé sur un monument que la reconnaissance publique a élevé au chef aimé et vénéré, sur l'une des places de la Pointe-à-Pitre. Son buste se dresse entre la Cathédrale et le Palais de Justice et une commune porte son nom.

On le retrouve au cimetière du fort Richepance, sur un modeste mausolée, au-dessous de celui, bien modeste aussi, qui renferme les cendres du général en chef de l'Empire.

Ces tombes sont encadrées de celles de cinq officiers supérieurs. Sur l'une, on lit les inscriptions suivantes :

AUX MANES

du général en chef

RICHEPANCE

La Colonie et l'armée

en deuil.

MORT A XXXII ANS

MAIS COMBIEN N'A-T-IL PAS

VECU

pour la Gloire

et pour la Patrie.

et l'autre, sur un marbre encastré, au milieu d'une magnifique pierre posée sur quatre énormes boulets, porte un nom et une date :

GOURBEYRE

8 FÉVRIER

Aux angles nord de la pierre tombale, pierre volcanique, noircie et fouillée par le temps, de part et d'autre d'un caducé dont les lignes ont presque totalement disparues, il y a :

G P E.   A N X

A droite, et un peu en dehors du groupe, se dresse la tombe du général baron d'Ambert (1).

---

(1) Le général Baron d'Ambert, né en 1765, à Saint-Céré (Lot), mourut à Saint-Claude le 20 novembre 1851. Retiré à la Guadeloupe, il fut maire de la Capesterre (Guadeloupe) et membre du Conseil Colonial. C'est sous sa présidence que le Conseil demanda l'abolition de l'esclavage, en 1847.

*
* *

65   La Guadeloupe n'était pas au bout de ses épreuves. Le 6 septembre 1865, un ouragan, plus désastreux et plus meurtrier que celui de 1825, venait semer le deuil et la ruine dans l'île. En une nuit, les villes et les bourgs sont dévastés; les plantations de toutes sortes anéanties; les usines, les moulins, les sucreries abattus; les cases à travailleurs et les bâtiments d'exploitation enlevés; les navires, arrachés de leur mouillage, jetés à la côte ou coulés sur place. Enfin, de nombreuses victimes sont tirées des décombres. A Basse-Terre, à Marie-Galante, et aux Saintes, le désastre est plus grand que partout ailleurs.

    Encouragés par l'administration éclairée et toute paternelle de M. le gouverneur de Lormel, aussi par l'appui qui leur vient de la Métropole et l'assistance des colonies voisines, les habitants se remettent au travail, avec la même ardeur, la même foi qu'en 1825.

    Cependant, ce n'était pas assez de toutes ces misères. Moins de deux mois après, dans les premiers jours de novembre, un autre fléau allait multiplier les victimes. Une épidémie de choléra asiatique éclatait à Pointe-à-Pitre, faisait en quelques jours le tour de la colonie et amoncelait les cadavres. Dans moins d'une quinzanie, on comptait 1.670 décès à Basse-Terre et 1.200 à Pointe-à-Pitre. Les campagnes n'étaient pas moins frappées et des dépendances, seule, celle de Saint-Martin était épargnée.

71   Dans la nuit du 18 juillet 1871, un incendie éclatait dans le quartier le plus populeux et le plus commerçant de la Pointe-à-Pitre. Cette fois, la destruction était presque complète. La belle cité, orgueil de tous les habitants, n'était plus qu'un monceau de ruines fumantes.

    Avec un nouvel élan et sous l'action énergique de M. le gouverneur Couturier, le cours des affaires et des travaux reprit vite. Une fois de plus, le pays donna la preuve de l'intelligente activité qui ne l'a jamais abandonnée dans les circonstances les plus difficiles.

.*.

    A la suite de la révolution de 1830, une ordonnance de Louis-Philippe, du 24 février 1831, accorda les droits civils à tous les hommes de couleur libres; puis la loi du 24 avril 1833 attribua les droits civils et politiques à toute personne née libre ou ayant acquit légalement la liberté. C'était le régime décrété par l'Assemblée Législative en 1792.

    En 1833, les Conseils Généraux sont remplacés par les Con-

seils Coloniaux avec des pouvoirs beaucoup plus étendus, et, en
1837, sont créés les Conseils Municipaux.

La République de 1848, après avoir détruit l'esclavage par
le décret du 27 avril, organisa les élections sur la base du suffrage
universel et rétablit la représentation coloniale.

Après le coup d'Etat du 2 décembre 1851, la Guadeloupe
se trouva sous un régime transitoire qui fut modifié sous Napoléon III
par le Sénatus-Consulte du 3 mai 1854. La loi du 3 juillet 1861
vint ensuite donner aux colonies la liberté de commerce et de navigation en abolissant le « pacte colonial » qui ne les autorisait à
faire l'échange des marchandises qu'avec la Métropole. Le Sénatus-
Consulte du 4 juillet 1866 la compléta en reconnaissant aux colonies le droit de voter leurs tarifs de douane et d'octroi de mer.

Enfin, après la Révolution du 4 septembre 1870, le suffrage
universel et la représentation coloniale supprimés depuis 1852,
furent rétablis. Depuis cette époque, la Guadeloupe est entrée dans
la vie politique de la Métropole et a participé à ses revers et à ses
succès. Son attachement à la France, le patriotisme de ses fils, ne
sont plus à démontrer.

Pendant la grande guerre, tous les coloniaux ont pris une part
glorieuse aux opérations sur le front de la Somme, de Verdun ou
de l'Argonne et indistinctement ils ont montré à leurs camarades de
Bretagne, de Picardie, de Provence ou de l'île-de-France, que
les fils de la France sont capables de tenir contre les barbares et
ils ont témoigné la même grandeur d'âme que leurs pères de la
Métropole.

Ils ont conquis, une fois de plus, leurs grades : ils sont maintenant entourés de la sympathie générale, car on sait dans la Métropole que, le jour où la France est menacée, il y a chez elle des
régiments entiers qui se lèvent pour la défendre, pour voler à son
secours. Magnifiques sacrifices d'où sort tant de gloire ! Et ces sacrifices supportés par tous avec la même abnégation, ont pour tous été
les mêmes. Il y a eu égalité dans la dette du sang; toutes les races y
ont concouru. Donc plus de distinction de couleur, la race n'a rien
à voir avec l'héroïsme, puisque tous ont montré qu'il n'y a qu'une
seule couleur pour l'homme de nos Antilles : la couleur du drapeau
tricolore (1).

L'ensemble des colonies françaises a fourni à la Métropole
545.000 indigènes combattants, largement employés dans nos trou-

____

(1) Henri Béranger. Discours prononcé le 1er novembre 1919 à la réunion
du Comité de défense des intérêts généraux de la Martinique.

Cliché Catan.

Cliché Catan.

pes de choc. 115.400 ont été tués sous nos drapeaux, soit 20 % de l'effectif, alors que dans l'ensemble des troupes européennes, la proportion est de 15 % pour les hommes, 22 % pour les officiers combattants. Les rapports d'opérations, les journaux de marche des grandes unités et les résultats obtenus sur le champ de bataille témoignent de la valeur de tous ces contingents aussi bien que l'admiration de leurs compagnons d'armes, les fourragères et les décorations de leurs drapeaux. Il faut y joindre le témoignage de l'ennemi qui exagère non pas le courage mais le nombre de nos soldats indigènes coloniaux; ils se sont comportés de telle sorte que l'adversaire les a cru beaucoup plus nombreux qu'ils n'étaient (2).

*
* *

Tous les régimes qui se sont succédés en France ont étudié, réformé ou modifié la constitution des anciennes colonies des Antilles. Avec le progrès des idées, la marche des événements, c'était inévitable. L'abolition de l'esclavage, en 1848, a été l'événement le plus grand dans l'ordre politique et économique de leur existence puisqu'il a été suivi par des réformes complètes dans la masse populaire et l'affranchissement intellectuel des opprimés de la veille.

Le Sénatus-Consulte du 3 mai 1854, modifié par la loi du 4 juillet 1866, règle aujourd'hui la constitution des colonies, mais c'est une œuvre devenue bâtarde et qu'il est urgent de faire disparaître, les décrets qui se sont succédés étant parfois contradictoires et illogiques. Créé sous l'Empire, ce Sénatus-Consulte représentait alors le principe de l'autorité impériale, tandis qu'aujourd'hui c'est le principe de liberté qui domine; avec la représentation populaire. L'antagonisme entre les Conseils élus, ayant pour idéal la liberté politique, et les pouvoirs métropolitains, représentés par le gouverneur, est flagrant et ne peut qu'augmenter de jour en jour.

L'erreur a été de croire que les libertés politiques accordées aux colonies suffiraient à les assimiler à nos départements, sans modifier leurs statuts. La politique aujourd'hui domine tout, absorbe tout, détruit tout. Pour arriver à leur but, les dirigeants de cette politique favorisent les haines de castes, font dans leurs conférences des parallèles irritants et se représentent comme des protecteurs de la classe déshéritée et opprimée. Ils n'hésitent pas à rappeler les pages cruelles de l'esclavage dont ils rendent les blancs, descendants des anciens propriétaires, et non l'époque, responsables. Ils oublient tout ce

---

(2) Général Mangin. Comment finit la guerre. Paris, 1920.

que la Métropole a fait pour ses colonies, dénigrent l'administration locale, si elle n'est pas favorable à leurs désirs, l'accusent
de partialité dans les élections, d'injustice au profit de certains,
entretiennent les divisions locales dont ils tirent toute leur importance
et poussent, en un mot, à la déconsidération et au mépris de l'autorité
supérieure.

On n'hésite pas à lancer des bombes sur l'Hôtel d'un gouverneur, à le revolvériser, à massacrer des gendarmes et après avoir
assisté à une élection aux Antilles, on est obligé de se demander
ce que réserve l'avenir, si la Métropole ne met pas un terme à tous
ces crimes. Dans ces colonies où tant de vertus françaises, tant de
sang français ont ruisselé, on ne parle plus de belles actions et le
sang ne coule plus que pour l'accomplissement de ténébreuses
machinations politiques.

Et c'est pourquoi nous avons vu certains auteurs, non des
moindres, préconiser l'abandon des Antilles françaises, la question
de races rendant impossible la mise en culture de ces possessions.

Claude Farrère, le célèbre écrivain, dans une conférence faite
le 3 décembre 1914 aux Annales, a osé déclarer que c'est cette
question de races qui fait de nos colonies de si pauvres choses.
« Qu'un noir ne soit pas l'égal d'un blanc, c'est une notion qui
« entrera difficilement dans la tête des soldats de France qui ont vu
« se battre à côté d'eux les soldats du Sénégal et du Soudan, mais
« qu'un noir du Sénégal ou du Soudan ne soit pas du tout l'équi-
« valent d'un nègre de la Guadeloupe et de la Martinique, voilà
« ce que l'électeur français, homme simple, mettra deux ou trois
« siècles à comprendre. Et durant ces deux ou trois siècles, la ques-
« tion aura changé de face, car, que nous le voulions ou non, nous
« ne pouvons tirer des Antilles françaises le parti qu'en pourrait tirer
« d'autres gens que nous. Et d'autre part, dans ces Antilles, dont
« nous ne pouvons littéralement rien faire, ou pas grand chose, d'au-
« tres que nous (les Américains) sont à même de tirer d'immenses
« trésors.

« Nos Antilles, si belles, si riches, si prodigieuses, étalent une
« apparence de décadence et notre orgueil de Français saigne à
« comparer l'indolence qui les stigmatise avec l'activité des Antilles
« anglaises, nos voisines, voire de Cuba, de Porto-Rico et même de
« Saint-Thomas. »

Et le non moins célèbre journaliste, Ludovic Nadau, de répondre dans l'*Illustration* du 10 mars 1928 : « Toutes sortes de tradi-
« tions et de souvenirs nous attachent fortement à la Guadeloupe

et à la Martinique. La généreuse sentimentalité française est un
« élément avec lequel il faut toujours compter.

« En Guyane, la forêt à elle seule vaut des trésors, mais d'où
« vient-il que, depuis le XVIIᵉ siècle, notre principale création y ait
« été un bagne? »

C'est certainement le pays des bois les plus beaux, aux essences
les plus recherchées. Tous les auteurs qui l'ont parcouru concordent
à dire que ce pays, qui s'étend entre les fleuves Maroni et Oyapock,
sur une largeur d'environ 320 kilomètres, et une profondeur d'environ 400 kilomètres, soit plus de 19 millions d'hectares (le tiers
de la France) est le plus riche du monde en possibilités minières
et forestières. Son sous-sol, inexploité, contient des trésors incalcu-
lables.

Napoléon, lui-même, s'adressant à M. de Réal, n'a-t-il pas
dit : « Il y a longtemps que je songe à Cayenne. C'est le plus beau
« pays de la terre pour y fonder une colonie. Pichegru y a été
« proscrit, il le connaît. Il est, de tous nos généraux, le plus capable
« d'y créer un grand établissement. Allez le trouver dans sa prison
« et dites-lui que je lui pardonne. Demandez-lui combien il faut
« d'hommes pour y fonder une colonie. Je les lui donnerai et il ira
« refaire sa gloire en rendant service à la France. » Pichegru, le
conquérant de la Hollande, ancien président des Cinq Cents, n'ajouta
pas foi à la promesse de l'Empereur, puisqu'il s'étrangla dans sa
prison.

Pierre-le-Grand a eu raison des marais de la Neva et a impro-
visé de toutes pièces la grande capitale moscovite qui, hier encore,
portait son nom. Les arpents de neige du Canada sont devenus le
grenier du monde en blé. Les steppes interminables de la Russie
sont aujourd'hui de fertiles prairies. L'Australie, jadis un bagne,
elle aussi, est devenue une brillante colonie, bien plus, une nation !
Les Américains ont exterminé la fièvre jaune à Cuba et à Panama.
Il suffirait de vouloir pour arracher à sa torpeur la Guyane et tirer
de son sol les richesses qu'elle renferme. Sa rivale voisine, la
Guyane anglaise, est un exemple.

M. Jean Hugonnet (*la Dépêche Coloniale*), ne trouve lui aussi
que des raisons sentimentales pour nous dire que, malgré leur état
d'abandon, ces vieilles colonies doivent être conservées « comme
« un précieux patrimoine intellectuel et moral de la nation ».

Et il ajoute : « Nos vieilles colonies, même amputées de leur
« plus beau fleuron, Saint-Domingue, méritent mieux que la relative
« négligence dont on fait montre à leur égard. A leur double titre,
« elles doivent être chères; elles constituent à la fois un précieux

« patrimoine intellectuel et moral — leur indéfectible attachement
« à la mère-patrie au cours de l'histoire, nous en a fourni une
« preuve — elles sont aussi un domaine riche en possibilités écono-
« miques de toutes sortes. »

Nul doute, les vieilles colonies font partie intégrale de notre
histoire, plus intimement que le Maroc, Madagascar, les Sables du
Sahara et du Soudan, et nous savons de quel poids elles ont pesé
dans la victoire d'hier. Nous savons aussi qu'elles peuvent être un
puissant facteur dans notre relèvement moral et économique et qu'à
ce titre nous devons les prévenir contre toute ambition étrangère,
mais pourquoi alors l'état d'abandon dans lequel elles demeurent?

Les puissances européennes, concurrentes de la France sur le
terrain colonial, lui ont bien souvent reproché (c'était une des grosses
boutades de Bismarck) d'avoir des colonies et pas de colons, de telle
façon que les Français avaient l'air non de viser à une colonisation
mais de satisfaire des idées d'impérialisme ou de vaine mégalomanie.
Comme les Romains, un peuple de conquérants non de colonisateurs !

La grande guerre a démontré péremptoirement de quelle utilité
salutaire fut pour la France l'œuvre des dernières quarante années
d'effort aux colonies. Les admirables chefs, Joffre, Gouraud, Galliéni, Mangin, Marchand, Liautey, Bailloud, Degoutte, et nous en
passons des meilleurs, formés à la rude école d'Afrique, de Madagascar et de l'Extrême-Orient, après avoir guerroyé sous les climats
les plus meurtriers, se sont révélés des entraîneurs d'hommes et des
organisateurs de premier ordre. Ils nous ont donné la victoire et, avec
ses vieilles provinces retrouvées, la France, grâce à leur mâle énergie, est sortie de cette horrible hécatombe plus grande encore, au-
réolée d'une prodigieuse gloire, son empire colonial agrandi des
dépouilles de l'ennemi. Maintenant qu'elle a pansé ses blessures,
il faut qu'elle reconstitue sa flotte marchande, qu'elle établisse des
rapports plus étroits avec ses colonies, qu'elle s'occupe de leur outillage économique afin qu'elles puissent se développer et lui livrer
à des prix de faveur les produits que l'étranger vend à l'heure actuelle à prix d'or.

L'Afrique du Nord est un immense grenier pour les grains,
les vins, les animaux de boucherie; l'Afrique Occidentale et l'Afrique Equatoriale pour les bois de construction et d'ébénisterie, les
oléagineux, l'ivoire, le caoutchouc, les gommes et le coprah; Madagascar pour les graphites, le riz, la raphia, le bétail, les salaisons
ou les viandes frigorifiques, le cuir, le saindoux; l'Indo-Chine pour
le riz, le caoutchouc, les essences, le thé d'Annam et du Tonkin,
le coton du Cambodge, les résines les épices, les produits pharmaceu-

tiques; les Etablissements d'Océanie pour les perles, les nacres; les Antilles et nos vieilles colonies de l'Inde, avec leurs riches denrées réputées, le sucre, le rhum, le café, la vanille, le cacao, les fruits en conserve et enfin, la Guyane, avec l'or et le pétrole si seulement on voulait s'en occuper sérieusement.

Tout cela, sans parler des ressources minérales que renferment toutes ces possessions : l'Afrique du Nord avec son fer et ses phosphates; l'Indo-Chine avec son or, son étain, ses charbons; la Nouvelle-Calédonie avec son nickel; toutes ces richesses minéralogiques qui peuvent, réunies, faire un amagalme des métaux les plus somptueux et les plus précieux.

Mais il faut vouloir, il faut travailler, il faut organiser, il faut prévoir l'avenir. Le voyageur qui s'arrête dans les colonies anglaises est frappé de l'ordre qui y règne, de la confiance qu'inspire les autorites locales. La discipline règne partout tandis que chez nous c'est l'incohérence et l'insouciance du lendemain. Depuis plus de trente années que je visite constamment les Antilles Anglaises, je n'ai jamais entendu parler d'un gouverneur qu'avec le plus grand respect. Peut-on en dire autant de nos gouverneurs?(1). Certains sont même traités de corrompus ou bien on afirme qu'ils ne sont que les serviteurs salariés de certains groupements. L'Angleterre qui n'a pas accordé aux diverses races réunies sous son pavillon des privilèges aussi grands que ceux octroyés par la France à ses coloniaux, peut tout au moins se flatter d'avoir envoyé aux colonies des hommes qui ont toujours inspiré le respect et la confiance.

Le Président Roosevelt, qui a visité les Antilles peu avant la guerre, n'a pas hésité à dire au banquet qui lui a été offert dans les salons de la Banque de la Guadeloupe : « Je constate que la « France libérale vous a octroyé tous les droits, mais n'oubliez pas « que ces droits imposent des devoirs. »

La Révolution a proclamé les droits de l'homme, mais ces droits ne peuvent exister sans devoirs. C'est ce qu'on veut ignorer aux Antilles. Je vais plus loin, ces droits émanent des devoirs que nous avons à remplir, car ils en sont les conséquences. Accorder des droits au citoyen est une chose indéniable et nécessaire, mais si l'on n'exige pas en même temps des devoirs, ce n'est plus qu'une futilité.

Le droit, c'est l'espérance de l'individu; le devoir, c'est l'espoir collectif de la masse. Le droit peut organiser la résistance, peut détruire mais ne peut rien élever de durable. C'est le devoir qui

---

(1) Tout récemment un journal de Paris, *Le Cri Colonial*, dans un article documenté, traitait ouvertement le Gouverneur de l'Inde de prévaricateur et de voleur.

construit, associe, unifie. Le droit c'est la loi individuelle, le devoir c'est la loi générale.

Tout individu peut se révolter contre le droit, mais ne le saurait contre le devoir. Lorsque le droit d'un autre individu lui porte préjudice, il n'y a qu'un juge : la force. Le droit et le devoir seront toujours deux adversaires redoutables.

Justiciables, mécontents, fonctionnaires aigris, politiciens ambitieux, tout le monde brandit sans cesse ce monument révolutionnaire : les Droits de l'Homme, mais on laisse dans l'oubli cette autre Déclaration, aussi solennelle : La Déclaration des Devoirs de l'Homme et du Citoyen, votée par la Convention dans sa séance du 23 Germinal, An III :

« Article 1er. — Celui qui parle aux citoyens de leurs vertus
« sans les avertir de leurs erreurs, ou de leurs droits sans leur rappeler
« leurs devoirs, est ou un flatteur qui les trompe, ou un fripon qui
« les pille, ou un ambitieux qui cherche à les asservir.

« Le véritable ami du peuple est celui qui lui adresse courageu-
« sement des vérités dures; c'est lui que le peuple doit chérir, hono-
« rer et préférer dans les élections. »

Combien de politiciens gagneraient à méditer ces grands principes ! Mais l'article 2 est, si possible, d'une vérité encore plus contemporaine :

« L'inégalité entre les talents et la médiocrité, entre l'industrie
« et l'incapacité, entre l'activité et la paresse, entre l'économie et
« la prodigalité, entre la sobriété et l'intempérance, entre la pro-
« bité et la friponnerie, entre la vertu et le vice, est dans la Répu-
« blique, plus encore que dans tout autre gouvernement, la loi essen-
« tielle de la nature et des mœurs. »

Loi essentielle, sans doute, mais singulièrement négligée... Passons sur les articles suivants pour arriver à l'article 8, que tous les ministres du cabinet actuel devraient réciter dix fois par jour :

« Ceux qui favoriseront la paresse ou le désordre en faisant
« donner des secours aux hommes sans vrai besoin ou sans mœurs,
« en multipliant les emplois inutiles et en y plaçant des hommes
« incapables, en décourageant le travail par des traitements oné-
« reux et attribués à des postes oisifs ou inoccupés, seront réputés
« dilapideurs des fonds publics et responsables de leur fausse appli-
« cation. »

Voici, maintenant, l'article 9, qui pourrait être signé : « Louis Marin » ou « Chéron » et affiché dans toutes les administrations de l'Etat :

« En ce qui concerne les finances publiques :

« L'Etat n'est jamais ruiné par les dépenses indispensables,
« mais par les dilapidations, les rapines, la cupidité, le défaut
« d'économie, d'ordre, de comptabilité et de publicité...

« Nul ne peut créer ou multiplier les emplois et commissions
« sans l'autorité de la loi, et le nombre des employés et commis
« doit être, sans égard pour une fausse humanité, réduit au nombre
« absolument nécessaire d'hommes doués de probité, de désintéres-
« sement, d'intelligence et de sagacité avec un traitement suffisant
« et modéré.

« Tout citoyen qui a pris part à l'administration doit, à tout
« moment, se tenir prêt à rendre compte de sa fortune passée ou
« présente.

« Les contributions publiques doivent être mesurées sur les
« dépenses fixes et annuelles de la République, réglées sans épargne
« et avec économie.

« Elles doivent suivre la proportion des revenus qui appartien-
« nent aux contribuables, sans surcharge d'aucune taxe arbitraire
« et sans manquer à aucun des engagements qui ont été pris sous la
« foi publique.

« L'ordre le plus clair doit régner dans les recettes et les dépen-
« ses de la République. La comptabilité doit être à jour et rendue
« publique, ainsi que la fortune de l'Etat.

« La justice, bien plus encore que la richesse, est le salut de
« la République et le vrai fondement du crédit national et de la
« confiance. »

Il y aura bientôt un siècle et demi que ces Devoirs ont été
énoncés, et ils constituent cependant le programme financier le
plus moderne et le plus précis qui se puisse concevoir.

Et que dire de l'article 10 ? Débarrassez-le de sa phraséologie ther-
midorienne et vous en ferez un véritable manuel d'économie politique :

« Hors le seul cas de précautions forcées et momentanées que
« peut exiger la subsistance publique dans les temps de crise, et
« qu'il faut toujours concilier avec le respect pour la propriété et
« avec la justice, la production, l'industrie, les arts et le commerce
« doivent être parfaitement libres...

« ... Les associations intéressées qui tendent à s'emparer d'une
« sorte de denrée ou de services quelconques; à se les faire vendre
« exclusivement ou de préférence, à mettre obstacle à la vente que
« le propriétaire peut en faire à qui et comme il lui plaît; à refuser
« de concert la mise en circulation de ces denrées et services, à en
« faire monter ou redescendre le prix, à multiplier les revendeurs
« intermédiaires entre les vendeurs de première main et le consom-

« mateur, à empêcher les citoyens de s'occuper du même genre de
« travail ; toutes menaces, réunions ou violences tendant à cette même
« fin, ne sont point un commerce, mais un brigandage ; ce sont
« des attentats punissables à la liberté et à la fortune publique. »

La Convention avait ordonné que cette Déclaration fut lue,
chaque décade, aux enfants des écoles primaires. Quelle belle occasion pour un ministre de l'Instruction publique, de rappeler à ceux
de nos instituteurs, qui l'oublient un peu trop que, si les citoyens ont
des Droits, ils ont également des Devoirs !

« A quand la Ligue des Devoirs de l'Homme ? Comme elle
« serait, hélas ! peu populaire, vous verrez qu'aucun politicien n'en
« voudra prendre l'initiative... (1)

Paul Leroy-Beaulieu, l'éminent économiste, a écrit de son côté :
« En ce qui concerne la politique, nous avons introduit la
« liberté dans nos colonies, nous leur avons donné des gouverneurs
« civils, nous admettons leurs représentants au Parlement, toutes
« ces réformes sont excellentes en elles-mêmes, mais il faut mal-
« heureusement craindre que dans la pratique on n'obtienne comme
« résultat que des abus et à moins que la Métropole ne fasse bien
« attention, ces pouvoirs qu'elle a généreusement octroyés aux
« colonies deviendront des forces d'oppression... Les députés en-
« voyés au Parlement par la Guadeloupe et par la Martinique, ne
« représentent que la malice, l'ignorance et les préjudices de la
« masse. Les Ministres qui ne connaissent pas les colonies et igno-
« rent la situation réelle, se laissent intimider par les députés et
« pour leur être agréable envoient parfois des gouverneurs chargés
« de remplir des missions peu recommandables... à la haine du
« noir pour le blanc, s'ajoute la haine du pauvre pour le riche.
« Il est nécessaire qu'on y fasse attention, car au train où vont les
« choses, l'histoire de Saint-Domingue peut aisément se répéter ;
« et lorsque le blanc aura été chassé de ces îles qu'il a colonisées
« et que le noir restera seul, la Martinique et la Guadeloupe retom-
« beront dans le barbarisme. » (2)

.·.

Toute colonie éloignée de la Métropole, vit tout d'abord de
la mer. C'est par la mer que le commerce s'alimente et exporte les
produits de son sol, dès que les industries s'y sont créées. Plus tard,
lorsque les cultures se sont développées, le mouvement maritime
prend de l'extension, des routes de communication sont construites

____

(1) Charles Omessa. « L'Intransigeant ».
(2) Paul Leroy-Beaulieu. De la colonisation chez les peuples modernes.

et l'importance de la colonie augmente. Enfin, lorsque le commerce, l'industrie et l'agriculture parviennent à leur plein développement, on voit se multiplier les routes, des chemins de fer s'établissent, des ports sont créés et approfondis, puis outillés pour permettre le libre accès des navires de gros tonnages et accélérer les transactions.

La Guadeloupe n'est encore qu'au deuxième stage de son développement et pourtant le commerce, l'industrie et l'agriculture sont riches. Jamais la colonie n'a connue une telle période de prospérité. La canne, qui se vendait en moyenne 12 francs la tonne, avant-guerre, vaut aujourd'hui plus de 100 francs (elle a été jusqu'à 250), le sucre, qui valait 25 francs, se paie environ 250 francs et le rhum qui était payé 15 centimes le litre, à l'usine, vaut aujourd'hui dix francs ! Aussi, les actions des usines qui étaient sans valeur jadis sont cotées maintenant de 3 à 4.000 francs.

Pourquoi cette stagnation? Les routes coloniales et les chemins vicinaux qui présentent au total une longueur de plus de 500 kilomètres, laissent beaucoup à désirer, il n'y a même que des tronçons le long de la côte sous le vent et, à l'exception de huit kilomètres appartenant aux Sucreries Coloniales et assurant un service mixte entre Capesterre et Sainte-Marie, il n'y a pas de voies ferrées publiques (1). Manque d'organisation, défaut de prévoyance.

A l'Est, de Basse-Terre à Pointe-à-Pitre, la route coloniale est mal entretenue. A l'Ouest, il n'existe que des chemins vicinaux en grande partie abandonnés et souvent interrompus par les pluies torrentielles de l'hivernage. A la Grande-Terre, le terrain étant peu accidenté, on trouve beaucoup de routes, mais toutes en mauvais état. Un pays qui n'a pas de bonnes routes, de chemins de fer, de bras en quantité, est fatalement voué à la décadence et ce serait déjà la ruine complète si la guerre n'était venue modifier les prix de vente des denrées locales. L'industrie sucrière, qui est de beaucoup la plus importante de l'île, est parvenue à un haut degré de prospérité, mais combien de temps cela durera-t-il encore? Que se passera-t-il lorsque viendra la période inévitable des vaches maigres? Pour assurer l'avenir de la production, il faut améliorer les voies de communication, les moyens de transport, construire des chemins de fer, doter enfin la colonie de cet outillage qui est indispensable à la vie des peuples modernes. Le chemin de fer doit relier non seulement les villes et les bourgs mais desservir toutes les usines au moyen de nom-

---

(1) Les Usines à Sucre, pour leurs transports personnels, ont environ 160 kilomètres de voies ferrées.

breux embranchements, pénétrer jusque dans les petites propriétés cultivées et transporter à prix réduit les cannes et les produits secondaires. Absorbé par une politique néfaste, l'administration se soucie peu de toutes ces questions. (1)

Amolli par un climat très doux, qui n'impose pas l'obligation de se chauffer l'hiver et de se vêtir contre le froid; n'ayant pas les besoins qui excitent les peuples civilisés à la lutte constante contre la concurrence; vivant au jour le jour dans une case rudimentaire; ignorant le passé, insouciant de l'avenir; n'ayant pas le désir de se créer un foyer et de s'entourer d'une famille, le noir ne changera son indolence en activité que sous l'influence d'idées nouvelles. Il faut que tout d'abord il apprenne que le sort de l'homme est de travailler, de lutter sans cesse pour être complètement libre, le travail n'étant pas l'esclavage. Dominé par un ressentiment du passé, tout labeur lui rappelle la servitude et il ne consent à travailler que sous l'empire de la nécessité absolue. Sur ce fait, l'éducation de la masse est à faire, mais où sont les éducateurs, où sont les écoles professionnelles? Certainement pas les hommes politiques et les écoles primaires. Le Lycée, lui, n'est que le creuset qui fournit les avocats, les docteurs, les aspirants-députés.

Le développement de la production et la modernisation de l'industrie ont transformé toutes les races qui forment notre empire colonial. Bien entendu, ces races ont atteint des degrés différents dans leur évolution. Celles qui avaient une vieille civilisation se sont développées avec l'espoir bien compréhensible de rejeter tôt ou tard le joug de l'envahisseur et les mouvements nationaux qui se sont déjà fait connaître, font prévoir qu'une indépendance absolue devra leur être restaurée dans un avenir plus ou moins proche. Dans ces territoires, la domination étrangère peut cesser sans crainte d'un retour à la situation antérieure, de la destruction des procédés modernes de culture et de transport ou de les voir disparaître du cycle des relations internationales.

Du côté opposé, il y a les races primitives, qui avant l'occupation étaient encore à l'état sauvage, sans aucune civilisation, et dans ces territoires, les méthodes modernes de production dépendent encore exclusivement des occupants étrangers. L'abolition immédiate de leur statut colonial actuel, loin de provoquer une démocratie nationale, entraînerait la ruine de toutes les industries et un

---

(1) Ces pages ont été écrites avant le cyclone qui a dévasté la colonie. Depuis il est question de grands travaux.

retour à la barbarie, l'abandon des indigènes à une minorité de chefs despotiques et cruels.

Entre ces deux extrêmes, nous avons les vieilles colonies des Antilles, peuplées par les descendants des colons venus de la Métropole et des noirs, esclaves, venus d'Afrique. Elles n'ont jamais été et ne seront jamais des colonies de peuplement pour la Métropole. D'abord, parce que l'accroissement de la population en France est loin d'exiger l'expatriement et ensuite parce que le climat est trop déprimant pour l'Européen. Les blancs y seront toujours en plus petit nombre que les indigènes et comme nous devons compter sur ces derniers pour leur mise en valeur, il faut les éduquer, diriger leur évolution et les associer à nous. C'est dans cet ordre d'idées que nous avons créé des écoles primaires, des lycées, voir même à la Martinique une école de droit, mais l'erreur a été de n'avoir pas songé aux écoles professionnelles et d'avoir laissé dégarnir les champs au profit des bureaux. Dès que l'enfant a appris à lire, à écrire, qu'il sait que nos aïeux descendaient des Gaulois et peut donner la liste des rois de France, de Clovis à Napoléon III, il s'estime supérieur à ses congénères et méprise ceux qui travaillent la terre, ceux qui peinent et transforment les matériaux. Il n'a qu'un seul but, devenir un fonctionnaire, quitter la colonie et c'est ainsi que la portion la plus instruite, la plus intelligente de la population ne rêve que d'aller s'installer dans la métropole.

Il faut créer des écoles professionnelles, que les professeurs insistent sur l'utilité du cultivateur, de l'artisan; sur la noblesse de leur tâche, sur l'indépendance que la terre octroie à ceux qui veulent bien extraire ses trésors. Il faut qu'après avoir donné à la masse les principes de lecture, d'écriture, de calcul, on lui enseigne le maniement des instruments aratoires; la façon de quadrupler le rendement d'un champ de cannes, de coton, de café, de cacao, et leur inculquer des cultures nouvelles.

Faire de bons chefs de culture au lieu de diplômés, de bons cultivateurs, de bons artisans au lieu de porteurs de certificats donnant droit à l'emploi administratif tant envié, ce serait augmenter la richesse du pays et par suite le chiffre des opérations commerciales. Tout le monde ne peut devenir fonctionnaire et le but de l'enseignement doit être non un diplôme mais un métier. Les Anglais l'on comprit et nous ont démontré comment on enrichit un pays en orientant les indigènes vers le travail et la production, sans oublier toutefois de créer une élite utile au progrès moral de la masse. Au Gold-Coast, le cacao était inconnu il y a 40 ans. La production en 1927 a été de 227.000 tonnes. C'est l'administration anglaise qui a créé tout d'abord plusieurs stations d'essais, qui a fait venir de Java des agents de cultures et le succès a été complet.

Sorti de l'école primaire, le noir, qui considère le travail manuel comme déshonorant, n'a qu'une ambition, se libérer de toute occupation régulière. Quelques-uns se réfugient dans les villes et trouvent dans les petites industries leurs moyens d'existence; certains achètent quelques hectares de terre, les cultivent et arrivent à l'aisance; les autres sont des nomades qui sillonnent la colonie et vivent n'importe comment et un peu partout, souvent de rapines. Le résultat, c'est que les ateliers ne peuvent compter que sur les bras qui lui sont absolument nécessaires, étant un jour assaillis de demandes et le lendemain, peut-être au milieu des opérations les plus essentielles, manquant complètement de travailleurs. Pour tout esprit dégagé de préjugés et de passion, le danger paraît grave, et il n'y a qu'un moyen de prévenir la colonie, c'est de faire appel à l'immigration. Que vaut une terre qui n'a pas de bras pour la cultiver?

Il faut aussi, avant tout, assurer l'ordre et la discipline. En 1915, la guerre ayant dessillé les yeux des plus optimistes et fait comprendre la nécessité d'acheter le moins possible à l'étranger les matières premières, le gouvernement demanda aux Chambres d'Agriculture des Colonies de lui faire connaître les moyens les plus propres à intensifier les cultures. Le gouverneur de la Guadeloupe convoqua la Chambre d'Agriculture de Pointe-à-Pitre qui, en réponse, vota l'ordre du jour suivant :

« Considérant que la mise en valeur des colonies et le développement des cultures ne peuvent être assurés que dans l'ordre et la discipline;

Considérant que pour attirer les capitaux et étendre la culture des produits demandés par la Métropole, le gouvernement doit avant tout assurer la protection et la surveillance des propriétés;

Considérant que toute industrie naissante est écrasée sous le poids de taxes exhorbitantes et disparaît à la suite de tracasseries administratives;

Considérant qu'à maintes reprises, les Chambres de Commerce et d'Agriculture de la Guadeloupe ont signalé à l'administration la situation intolérable qui est faite aux propriétaires par suite de vols constants et de l'impunité dont jouissent les voleurs;

Considérant que le Conseil général lui-même s'est fait l'écho de ces plaintes réitérées, sans réveiller l'apathie de nos dirigeants et sans obtenir de résultats;

Considérant qu'aucun progrès n'est possible si le Gouvernement ne prend des mesures immédiates pour réprimer le maraudage et protéger les cultures; que les Français qui assurent la mise en valeur de l'île doivent être assurés de l'aide et de la protection des Pouvoirs Publics; que ceux qui ont planté et cultivé, doivent, après un long labeur, avoir la certitude de récolter et jouir en paix de leur travail;

Considérant que, au moment où il est question d'étudier d'une façon approfondie les rapports entre la France et ses Colonies, cette situation impossible doit être exposée sans crainte et qu'il y a lieu, par l'établissement d'un régime économique plus large et d'un régime administratif plus équitable, de faire que les liens d'affection qui unissent les colonies à la mère-patrie deviennent de plus en plus solides et assurent l'avenir de notre empire colonial, tout en fortifiant l'influence française dans le monde;

Considérant que nous étouffons entre les intrigues politiques, la routine des bureaux, la longueur des formalités et le pouvoir déprimant de la paperasserie;

La Chambre d'Agriculture de la Pointe-à-Pitre, à l'unanimité des membres présents, déclare qu'il n'y a pas lieu de s'occuper du développement de la production locale tant que le Gouvernement ne prendra pas des mesures radicales pour faire cesser un état de choses aussi déprimant et aussi nuisible au bon renom de la Colonie;

Passe à l'ordre du jour. »

*
* *

Pour parachever l'œuvre de colonisation des vieilles colonies des Antilles, la Métropole doit les assimiler à un département français, supprimer par suite le Sénatus-Consulte, appliquer toutes les lois ouvrières et sociales, admettre en franchise totale tous les produits importés de ces colonies et vice et versa tous les produits exportés de la Métropole, supprimer les privilèges accordés aux Banques Coloniales, créer le monopole de l'alcool et du tabac et prendre toutes les dispositions législatives nécessaires pour compléter et préciser les lois électorales en vigueur, afin d'assurer la sincérité de révision des listes électorales et la liberté du vote.

Ces mesures administratives une fois établies, faire voter des primes aux cultures dites secondaires, propager ces cultures par la création d'écoles professionnelles, entretenir d'une façon rationnelle les routes, les jardins d'essais, créer des voies ferrées qui provoqueront rapidement le développement des terres encore incultes, enfin de revenir à l'immigration pour donner à l'agriculture une grande extension.

Assimilation

Les vieilles colonies jouissant des mêmes droits civils et politiques et des mêmes institutions que les citoyens de la Métropole, la Convention les avait qualifiées de « départements d'outre-mer ».

Lors de la discussion de la Constitution du 4 novembre 1848, M. Schœlcher a réclamé, à propos de l'article 109, l'application intégrale de cette Constitution aux colonies. Pour ceux qui, comme nous, voient dans l'assimilation appliquée aux colonies absolument françaises par la population comme par l'organisation, l'unique moyen d'assurer leur prospérité, leur tranquillité et le respect des droits du Pouvoir Central, le rejet de cet amendement est l'une des mesures les plus regrettables qui aient été prises. L'adoption de l'amendement de M. Schœlcher n'eût probablement pas empêché l'Empire d'entrer dans la voie qui conduisit au sénatus-consulte de 1866 et au régime actuel, mais c'eût été un jalon planté pour l'avenir, un désideratum dont on eût peu à peu cherché à se rapprocher. L'article 109 de la Constitution maintint les colonies sous le régime des lois particulières, mais avec l'espoir d'être plus tard placées sous le régime constitutionnel métropolitain.

Ce ne sont plus des colonies, comme l'implique le mot, néanmoins on continue à les soumettre à un régime administratif suranné, celui des gouverneurs qui se servent des pouvoirs exhorbitants qui leurs sont conférés par des textes datant de l'ancien régime pour mutiler le statut politique et social des habitants; pour fouler au pied le droit de vote et par cela même troubler éternellement le pays.

Les vieilles ordonnances royales des 21 août 1825, 2 janvier, 19 mars 1826, 9 février 1827 et la loi du 24 avril 1883, ont formé jusqu'à nos jours la charte des vieilles colonies françaises (Martinique, Guadeloupe, Guyane française, Sénégal, Réunion). Ces textes accordent aux gouverneurs un pouvoir discrétionnaire tant sur toutes les parties de l'administration que sur leurs administrés. Bien que n'étant plus le représentant de Sa Majesté Très Chrétienne, le représentant de la République n'a rien perdu de ses importantes attributions.

Le gouverneur, seul, a le droit de correspondre avec le Ministère. Il a la haute main sur tous les fonctionnaires civils et militaires; c'est le chef suprême de l'administration. Le chef d'un service qui entre en conflit avec le gouverneur, peut être mis d'office à la disposition du Ministre, c'est-à-dire dépouillé de son autorité et embarqué sur le prochain paquebot. Le gouverneur dispose de la force armée et peut même, dans certains cas, proclamer l'état de siège, à condition d'en rendre compte au Ministère. Enfin, le gouverneur est investi des attributions des préfets des départements frontières en ce qui concerne la police et la surveillance des étrangers.

Une telle concentration de pouvoirs se comprenait au moment où les communications étaient difficiles, et où les progrès scientifiques ne permettaient pas de prendre les ordres du pouvoir central. Mais la rapidité des paquebots jointe à la facilité avec laquelle la métropole communique avec ses colonies par T.S.F., permet d'envisager un changement dans les attributions des hauts fonctionnaires placés à la tête des colonies. Il est bon d'indiquer que les administrateurs d'antan ne donnaient pas le spectacle que l'on voit depuis quelque temps chez certains de leurs cadets modernes. L'histoire ne relève aucune trace de violence, ni de partialité dans les actes des administrateurs, soit du corps de la Marine, soit au titre civil, nommés après 1848. Présentement, il appert que certains gouverneurs s'ingénient à fausser le suffrage universel, en prenant toutes les dispositions illégales et de force pour faire nommer les candidats de leur choix ou imposés par le gouvernement.

On cite même des administrateurs qui n'ont cure du principe de la séparation des pouvoirs et qui ne craignent pas d'ordonner à un magistrat un non-lieu en faveur de personnalités de leur parti. Les hauts fonctionnaires qui devraient rester les spectateurs impartiaux ou même les arbitres de la chose publique, descendent dans l'arène. Et quand on assiste à une explosion de colère de populations brimées depuis longtemps, certains, ne remontant pas des effets aux causes, accusent les dites populations de ne pas être mûres pour le suffrage universel ! Ce qui est curieux, c'est que, au début, l'instrument servait avec une merveilleuse facilité. C'est maintenant qu'il existe une opinion publique dans ces colonies qui ont d'ailleurs toutes évoluées, que le peuple ne peut arriver à choisir ses représentants ! Quel est le département français qui accepterait qu'un préfet lui imposât le candidat de son choix ?

.·.

Autres temps, autres mesures. Une proposition de loi de M. Lémery, sénateur, datée de 1923, dort dans les cartons du Sénat : nommer dans les vieilles colonies des préfets à pouvoirs étendus, enlever aux gouverneurs actuels tout l'ancien arsenal discrétionnaire qu'ils possèdent, et surtout mettre défense expresse à ce que de hauts fonctionnaires, pour une raison ou pour une autre, ne descendent dans la bataille politique, voilà le remède qui évitera tous les désordres (que l'on ne peut que réprouver), mais que l'on n'a pas le droit d'imputer gratuitement aux populations, alors que la cause du mal réside ailleurs (1).

Souvent l'on répète « la politique tue la colonie ». Ce n'est pas la politique mais le régime qui nous est octroyé. Nous souffrons de ne pas être assimilés à la Métropole, voilà tout. Peut-on décemment demander aux Français des colonies de pàyer l'impôt du sang, le plus lourd des devoirs, alors que l'on ne leur accorde pas la compensation légitime de participer directement à la vie nationale? Il faut aborder le problème de face et le résoudre en accordant ce qui a été ébauché par les anciens rois. Dans le domaine fiscal, les vieilles colonies ont les mêmes droits, les mêmes impôts que la Métropole, pourquoi pas les mêmes avantages? Si l'autonomie financière actuelle est une entrave pour le législateur, il n'y a qu'à décider leur entrée dans le droit commun fiscal de la Métropole.

En octobre 1920, le très regretté Paul Bluysen, député de l'Inde, alors vice-président de la Commission des Colonies, écrivait (2) :

« Le gros ennemi des colonies est le ministère des Finances. Au fond, les Finances constituent le véritable Ministère des Colonies et, partant, le véritable empêcheur de tirer parti de nos richesses nationales.

Le Ministère des Finances entretient aux colonies des trésoriers-payeurs pour la nomination desquels il laisse aux colonies deux places par an. Il confie les autres à des hommes politiques ou à des fonctionnaires métropolitains auxquels on veut plaire ou qui ont déplu autre part. Il refuse d'acquiescer à des réformes qui amèneraient des économies. Il introduit dans nos lois des dispositions douanières qui nous sont défavorables; nos collègues des Antilles luttent là contre, avec une belle énergie. Par-dessus tout, le Ministère des Finances est hostile à tout ce qui est nouveau et il combat particulièrement tous crédits qui pourraient nous être concédés.

Il est juste d'ajouter qu'il a sur les Commissions des Finances du Parlement, à ce point de vue, la plus détestable influence, et que ses rapporteurs redoutés, lorsqu'ils doivent donner, sur les projets nous concernant, leur avis, ne sont guère disposés en général à nous aider.

Alors qu'est-ce que notre ministre des Colonies? J'y insiste : un excellent homme, très bien disposé et que nous aimons beaucoup,

---

(1) Paul Dislère. Législation Coloniale.
(2) Revue « Colonies et Marine ».

autant que nous conservons avec lui de cordiales relations. Il n'est le chef, ni de son personnel, ni du personnel lointain; il est sous la coupe de la plupart de ses collègues; on considère comme un succès que ceux-ci lui accordent des séances de collaboration hebdomadaires ou mensuelles.

Si c'est *cela* qu'il faut à la France d'outre-mer, je redoute pour elle, encore une fois, une faillite que des maisons de commerce autrement conduites, ne font heureusement pas.

La seconde pierre d'achoppement, ai-je dit, c'est la négligence du Parlement vis-à-vis des colonies. Nous sommes 100 députés au Groupe colonial avec, en plus, les membres de la Commission coloniale; mais, à côté de nous, il y a la Commission du budget (qui s'appelle maintenant la Commission des Finances), et il y a au Sénat une Commission plus redoutable encore, où les projets, qui peuvent avoir été adoptés au Palais Bourbon, sombrent sous le formalisme parlementaire. Ainsi, en fut-il du projet sur les bois, qui avait été voté à la Chambre et qui a déplu au Luxembourg.

En fait donc, le Ministre des Colonies n'ose pas faire appel, comme il conviendrait. à la générosité du Parlement en faveur de nos domaines d'outre-mer parce qu'il craint que, avec l'aide de son tuteur, le Ministère des Finances, la Commission parlementaire lui refuse l'assistance immédiate dont il aurait besoin. Il procède par de timides appels à la générosité de ses collègues; il a l'air de mendier. Dans le budget présent, pour encourager une école industrielle au Havre, on a chipoté, durant des semaines, un crédit de 3.000 francs. Les chapitres du budget du ministre des Colonies ne sont dotés en général que de la façon la plus insuffisante quand ils n'ont pas une destination administrative. Ce sont quelques milliers de francs pour les missions, presque rien pour les laboratoires et les subventions à des œuvres privées qui, pourtant, auraient leur utilité, etc., etc.

Que si, s'agissant de crédits que, tout de même, on finit par reconnaître comme urgents, s'agissant par exemple de ce port de Djibouti, on s'enhardit jusqu'à demander au Parlement de se montrer généreux, on procède encore avec prudence. Le port de Djibouti était prévu dans le grand plan de M. Sarraut comme devant absorber 30 millions et on n'a demandé que 1.500.000 francs. Il en est de même pour le reste. Si bizarre est cette méthode de *collaboration des Colonies avec la Métropole*, qu'on a résolu cette année d'innover un peu et d'inscrire dans la loi de Finances, contrairement à ses prescriptions antérieures, que les travaux déclarés d'intérêt national,

seraient dotés directement par la Métropole; une petite application
de ces nouveaux principes a été tentée par M. Albert Sarraut, pour
lequel c'est, à mes yeux, un bon point de plus. Mais à quels totaux
ces crédits nouveaux s'élèvent-ils? Tout au plus quelques millions.
C'est ainsi que le Parlement, qui les aime, entend assister nos colonies
et leur faire prendre tout le bel essor qui est, pour de si nombreux
orateurs, un merveilleux sujet de discours ! Il conviendrait, au contraire, d'ouvrir largement les caisses publiques; on ne se montre pas
si ménager des deniers des contribuables, pour l'augmentation de
traitements métropolitains ou de travaux. En séances publiques, on
improvise des amendements qui se chiffrent par des centaines et des
centaines de millions. Pour les colonies, les billets de mille francs
sont bons.

Ces constatations m'amènent, puisqu'il en est ainsi et qu'il en
sera vraisemblablement ainsi durant longtemps, à souligner que le
mal dont nous souffrons dans nos colonies, provient en somme de ce
qu'on ne peut pas parer aux nécessités du moment et qu'on se contente d'une belle prévision d'un avenir riche et certain. M. Albert
Sarraut a le sens de cet avenir; il y a appliqué un plan de crédit
colonial où l'on trouverait effectivement le redressement de tant
de défectuosités qui nous frappent lorsque nous avons vécu durant
de longues années aux colonies; je souhaite ardemment qu'il con-
vainque sur ce point d'abord le Gouvernement puis les Commissions des Finances au Parlement; il aura accompli ainsi une grande
œuvre apostolique; mais en attendant, jusqu'à ces lendemains vic-
torieux et resplendissants, il y a *l'heure présente* et elle n'est pas
si belle et prospère qu'elle devrait être !

Si l'on ne peut exécuter que très lentement (et encore n'en
est-on pas sûr) les plans qui comportent des trentaines de millions
d'un seul coup, il importe, à mon avis, que l'on fasse une classifica-
tion des nécessités et possibilités de nos colonies, d'après leur urgence
et qu'on leur applique, dès maintenant, des portions de cet énorme
capital auquel on a raison de songer pour plus tard.

Il y aurait lieu, pour atteindre ce but, de traiter le Ministère
des Colonies, comme une *maison de commerce;* d'y accueillir,
d'y appeler plutôt, des commerçants et des industriels et de les
consulter; de dresser des bilans, de tenir des balances de profits et
pertes.

C'est ainsi que sont arrivées à la prospérité et s'y maintiennent,
les grandes firmes métropolitaines dont le chef n'hésite pas à donner
des ordres directs, à engager des capitaux, à encourir des responsa-
bilités, à mécontenter des collaborateurs proches ou lointains.

Le Ministre des Colonies qui essaiera ce système entendrait probablement dire qu'il a un mauvais caractère, mais plus tard il aura été un grand ministre. » (1)

Si la Métropole ne saurait accorder l'assimilation complète aux anciennes colonies sans prévoir l'assimilation progressive de toutes les possessions d'outre-mer et par suite trop de concessions, trop de lois favorables à l'envahissement du Parlement par la représentation parlementaire coloniale (la France a 40 millions d'habitants et les colonies 60 millions) on ne peut pourtant maintenir un régime d'injustice et de violence qui foule au pied le droit des gens, prostitue l'institution qui est à la base même du régime républicain : le suffrage universel. En voulant conjurer le péril noir, s'il existe, de telles iniquités peuvent pousser les colonies vers l'émancipation complète.

Méditons ce passage du journal l' « Aurore », de Fort-de-France (22 mai 1928):

« Lorsqu'éclata le grand conflit mondial qui permit aux colo-
« niaux de mêler leur sang généreux au sang de leurs frères blancs,
« pour défendre le sol de la patrie, le français des colonies a eu
« l'illusion de voir s'ouvrir pour lui le même horizon, a cru trouver
« en ses mains les mêmes armes, les mêmes droits que son cama-
« rade européen; lorsque de nos jours encore, nos fils, nos frères,
« font le sacrifice de leur vie au Maroc, sur le Riff, pour conserver
« intact le prestige de la France, est-ce pour voir se dresser devant
« eux les fusils des fraudeurs d'urne, est-ce pour masquer le soleil
« de la liberté et entendre répéter que nous ne sommes bons qu'à
« servir de pature à la mitraille, que nous ne sommes point mûrs
« pour cette institution qui nous veut des citoyens libres, exerçant
« le droit de souveraineté nationale. Est-il dit que notre sang doit
« toujours couler, ou pour défendre la France, où pour nous défen-
« dre contre elle? »

Il y a dix-huit ans, un chef d'escadron de gendarmerie, commandant la compagnie de la Guadeloupe, refusa net au gouverneur de l'époque de se rendre complice de certaines manœuvres politiques et de faire, des hommes placés sous ses ordres, des intruments d'oppression et de massacre

En effet, M. Philippe Henry, gouverneur, avait fait appeler dans son cabinet le chef d'escardon Tyl et lui avait dit: « Commandant, voilà ma politique. Nous avons à faire triompher par tous les moyens qui sont à notre disposition la candidature de...

---

(1) Paul Bluysen, Député de l'Inde française.

Etes-vous prêt à nous suivre dans cette voie? Puis-je compter sur votre concours? » Le commandant lui avait répondu: « Je n'obéirai pas; je ne salirai pas mes épaulettes ! »

Le chef d'escadron Tyl fut embarqué et renvoyé à la disposition du ministre. Mais avant de laisser la Guadeloupe, il adressa l'ordre du jour suivant à la compagnie de gendarmerie:

« M. le Gouverneur de la Guadeloupe m'a fait connaître
« que, bien qu'il n'eût aucun reproche à m'adresser, étant données
« les demandes incessantes faites auprès de lui par de nombreux
« personnages pour obtenir mon remplacement, il se trouve dans
« l'impossibilité d'accomplir avec mon concours la prochaine tour-
« née électorale, et qu'en conséquence, il m'engageait à solliciter
« du conseil de santé un congé de convalescence, ce qui me permet-
« trait de rentrer en France sans difficulté.

« Je répondis à M. le Gouverneur que je préférerais être remis
« à la disposition du ministre que de donner, par un départ volon-
« taire, une apparence de raison aux démarches de personnalités
« intéressées à mon départ.

« En conséquence, je remets aujourd'hui le commandement
« provisoire de la compagnie de la Guadeloupe à M. le capitaine
« Huot qui saura, comme moi, maintenir dans leurs devoirs tous les
« militaires de la gendarmerie et revendiquer leurs droits. »

Et Georges Fargues écrivait dans *La Parole Coloniale:*

« Il est impossible que la fraude continue à être installée ici,
« comme un rat dans un fromage, que les présidents des bureaux de
« vote ceints de leur écharpe transforment les sièges des ces bureaux
« en boutiques de vente réclame et que les gendarmes même, lors-
« qu'ils ne font pas couler le sang, soient les auxiliaires réquisi-
« tionnés pour la réalisation éhontée de ces basses œuvres électo-
« rales.

« En tous cas, nous ne manquerons pas de dire au gouverne-
« ment de la République que s'il ne croit pas devoir — par des
« textes nouveaux à introduire dans la législation actuelle —
« garantir l'exercice du droit de vote dans toutes les colonies et
« la possibilité de mettre sur le champ la main au collet des maires
« fraudeurs, nous considérerions davantage comme une mesure
« d'honnêteté la suppression du suffrage universel aux colonies. »

Aux Antilles, le suffrage universel est une bouffonnerie, trop souvent hélas une parodie sanglante. Le parti qui détient la majorité n'est pas toujours vainqueur. Les suffrages sont subtilisés escamotés, volés et le simple citoyen n'a même pas l'assurance qu'il pourra accomplir son devoir sans être assassiné. Nulle part on ne peut admettre, excepté aux colonies, qu'un bureau de vote puisse être constitué au mépris des prescriptions légales, que le scrutin soit corrigé, redressé à volonté, que les urnes soient cambriolées, enfin que la fraude électorale reste cynique et étalée. Cette fraude cause parfois des hécatombes et plus d'un député a ramassé son écharpe dans le sang.

De tels procédés déshonorent le Gouvernement de la République et peut avoir des conséquences néfastes. La candidature officielle, même sous une monarchie constitutionnelle, est intolérable et discrédite le Gouvernement. Il est temps que des mesures soient prises pour que désormais les résultats d'une élection soient l'expression de la souveraineté populaire. Aux jours d'élections, les gendarmes et leurs engins de guerre doivent rester dans leurs casernes. Tous ceux qui ont vécu aux Antilles savent que la réhabilitation du suffrage universel s'impose, si l'on veut que le calme, l'ordre et la dsicipline règnent dans les colonies.

Le 11ᵉ Bureau de la Chambre, celui qui examine précisément les élections coloniales, n'a pas déjà hésité à demander au Gouvernement de prendre des mesures pour ne pas l'obliger à accomplir des actes qui lui répugnent.

Hélas, c'est en pure perte. Ces coutumes regrettables existent depuis l'avénement de Gérault-Richard, le conventionnel moderne, qui, dès son arrivée dans la colonie, n'hésita pas à crier au peuple, du haut du balcon de la mairie de Pointe-à-Pitre: « Si vos adversaires résistent, cassez-leur la gueule. » Et c'est ce qui fut fait. Puis il enseigna aux présidents des bureaux de vote comment devenir des prestidigitateurs. Le « maman cochon » fut mis à la mode.

Des gouverneurs, de hauts magistrats chargés de surveiller l'exécution des lois, sont les auxiliaires les plus actifs de la corruption du suffrage universel. Tant à la Guadeloupe qu'à la Martinique et en Guyane, les élections sont faites dans le mépris absolu des règles constitutionnelles et la pratique honteuse des candidatures officielles a entraîné de sanglantes bagarres et de violentes répercussions. Le sang a coulé abondamment. Des candidats ont tiré de leur fenêtre sur des adversaires désarmés; des gendarmes, eux aussi, sur ordre, ont tiré sur de paisibles citoyens qui ne réclamaient que le droit d'aller voter librement; des bombes ont été jetées, l'Hôtel du gouvernement, à Basse-Terre, a été incendié, celui de Saint-Claude à moitié détruit; un Gouverneur a été revolvérisé, à Fort-de-France, au moment de s'embarquer pour la France et, tout dernièrement, à Cayenne, le Gouverneur a dû baisser pavillon devant les émeutiers, pour éviter l'anéantissement des autorités supérieures.

C'est avec des mitrailleuses que l'on a vu des Gouverneurs, abdiquant toute dignité, jeter le poids de leur autorité dans la balance électorale. Si le Gouvernement laisse se perpétuer de pareils actes, de redoutables éventualités sont à craindre.

Nous savons ce qui s'est passé en Guyane dernièrement. Révoltée en apprenant les résultats du scrutin, une population en délire menaça de tout brûler, de tout saccager si le Gouverneur ne proclamait pas la déchéance du Maire et la dissolution du Conseil municipal. C'est la colonie tout entière qui exigeait qu'on lui rende justice, maîtrisant police, gendarmes, douaniers et garde-chiourmes; assiégeant le palais du Gouverneur, contraignant les fraudeurs à se terrer dans les caves de la Banque et à y demeurer trois jours entre la vie et la mort.

Devant la révolte, le Gouverneur fit placer des mitrailleuses en batterie. L'infanterie coloniale, la gendarmerie, les douaniers, des surveillants militaires et les effectifs de la police pouvaient dominer une émeute mais non une révolution. Le Gouverneur le comprit et prit le parti le plus sage et aussi le plus prudent, celui de céder à la force, évitant ainsi un massacre.

Qu'en résulte-t-il? Le pricipe de l'autorité est détruit. Le feu de la révolte couve sous la cendre et un jour ou l'autre l'incendie peut s'allumer sur tous les points de la colonie.

Et ce n'est pas là un fait nouveau ou exceptionnel. En 1898, la Guadeloupe fut le théâtre de scènes pareilles. La situation devint à un moment si critique, que les Consuls étrangers, quittant la réserve que leur imposait le droit international, crurent devoir intervenir et, à l'unanimité, adressèrent au Gouverneur, le 16 juin, la lettre suivante :

« Monsieur le Gouverneur,

« Nous soussignés, membres du Corps consulaire, accrédités
« par le Gouvernement français dans cette colonie, avons l'hon-
« neur de représenter à Votre Excellence l'intolérable situation qui
« est faite à ceux de nos nationaux qui habitent la ville de Pointe-
« à-Pitre et à nous-mêmes, par suite des divers événements qui
« ont jeté la terreur et le trouble dans la population.

« Il est de notoriété publique qu'une bande de malfaiteurs
« cherche à incendier la ville, insuffisamment défendue contre leurs
« criminelles tentatives.

« Des bruits sinistres, qui circulaient depuis quelque temps dans

« la population, ne devaient pas tarder à se réaliser. Dans la nuit
« du 10 au 11 juin, le feu prend dans un immeuble en construc-
« tion, à 2 heures du matin. Cinq maisons contiguës deviennent la
« proie des flammes. En même temps un commencement d'incendie
« est signalé en deux endroits différents de la ville, mais heureu-
« sement éteints à temps. Cette simultanéité de faits tend à confirmer
« la rumeur publique et à démontrer l'existence d'un projet arrêté
de détruire la ville.

« Déjà quelques jours auparavent, diverses tentatives crimi-
« nelles avaient été heureusement réprimées au Crédit Foncier Colo-
« nial, dans le local de la Compagnie des Câbles français et dans
« d'autres maisons particulières.

« Enfin, dans la nuit du 14 au 15, la population est réveillée
« en sursaut par le cri trop connu, hélas, « au feu ! » Une lueur
« immense éclaire toute le quartier nord de la ville. Un incendie
« d'une violence inouïe vient de se déclarer encore dans une maison
« non habitée, communiquant le feu à ses voisines et se dévelop-
« pant avec une telle rapidité, qu'un des locataires, surpris par le
« feu, est retrouvé carbonisé dans les décombres.

« Ce malheureux, sujet italien, établi depuis trentre-trois ans
« dans la colonie, vivait modestement du fruit de son travail et
« comptait sans doute, après un si long labeur, jouir tranquillement,
« à l'abri du pavillon français, de la petite épargne qu'il avait
« amassée.

« Une fin si lamentable menace peut-être tous ceux qui tra-
« vaillent, les nationaux des pays que nous représentons, aussi bien
« que les français et c'est pourquoi nous venons prier Votre Excel-
« lence d'apporter un prompt remède à la situation d'inquiétudes
« et d'angoisses qui pèse sur tous les habitants de la Pointe-à-
« Pitre.

« Les Consuls soussignés, accrédités auprès de votre Gou-
« vernement, sont unanimement d'avis que l'existence et les biens
« de leurs nationaux sont en grand danger, par suite de l'état de
« choses que Votre Excellente ne peut ignorer; que leurs personnes
« elles-mêmes et les archives de leurs Consulats ne sont plus en
« sûreté.

« Ils ont donc l'honneur de prier respectueusement Votre
« Excellence de prendre des mesures énergiques pour mettre fin à
« une situation préjudiciable à l'intérêts de leurs nationaux comme
« au leur.

« Nous vous serions reconnaissants, Monsieur le Gouverneur,
« de nous faire part des mesures que vous adopterez pour garantir

« la sécurité qui est due à nos nationaux et à nous-même, mesures
« dont nous aurons à rendre compte à nos Gouvernements respectifs.
       « Veuillez agréer, etc... »

.*.

A la fin d'une plaidoirie, dans une affaire retentissante, Wal-
deck Rousseau a prononcé les paroles suivantes que je crois devoir
rappeler ici :
       « Dans un régime républicain et démocratique, quand la Jus-
tice ne reste pas impartiale et indépendante de la politique, les
citoyens sont livrés à l'arbitraire. Il n'y a plus de République, il
n'y a plus de Démocratie. »

CHAPITRE VII

IMMIGRATION

Que vaut une terre qui n'a pas de bras pour la cultiver? avons-nous demandé plus haut.

A la Guadeloupe, toutes les propriétés ont de grandes surfaces non exploitées, par suite du manque de bras et il devient de plus en plus difficile d'entretenir les cultures établies.

Avant 1848, les propriétés sucrières avaient une valeur proportionnée au nombre d'esclaves qu'elles possédaient. C'étaient des travailleurs assurés et si fortement liés à la terre, qu'ils étaient immeubles par destination. Avec l'émancipation des esclaves, fut proclamée l'émancipation des propriétés. C'était la ruine. Du jour au lendemain, les propriétés sucrières avaient perdu la majeure partie de leur valeur. Les créanciers des planteurs saisirent tout d'abord l'indemnité offerte par le Gouvernement et ensuite les habitations furent vendues

Un contrat consenti librement aux premiers jours, entre les propriétaires et leurs anciens esclaves, parut, au début, devoir conjurer le désastre mais, mal interprété, mal exécuté, il ne fut que le palliatif d'un moment. Les ateliers agricoles, les champs qui rappelaient aux noirs le temps odieux et détesté de l'esclavage, furent désertés. Tous les remèdes préconisés, tous les arrêts sur le régime du travail furent vains. La liberté devint et resta synonyme de licence.

Peu à peu, une classe nouvelle de propriétaires s'éleva, constituant la propriété moyenne, en majeure partie formée de la classe jusqu'alors déshéritée des mulatres, les noirs restant des nomades, des travailleurs insouciants, obéissant à leurs instincts de paresse, à leur ardent besoin d'indépendance. Pouvait-il en être autrement dans un pays où la nature est si prodigue? Les produits du sol sont abondants, la pêche fructueuse et l'argent ne sert qu'à satisfaire certains luxes de la civilisation : l'alcool et le tabac. Le travailleur qui a touché sa semaine ne revient à l'atelier que lorsqu'il n'a plus le sou.

L'immigration s'imposait. L'établissement successif des Banques coloniales et du Crédit Foncier colonial, en furent l'acheminement. Les nouveaux propriétaires purent trouver les fonds nécessaires à leurs exploitations et ultérieurement on vit apparaître les grands Usines, qui transformèrent l'outillage industriel. La machine remplaça le bras humain.

Pendant deux siècles, les colonies avaient vécu de cette inique violation de la justice humaine, l'esclavage. Le travail servile était aboli. L'esclavage ayant disparu, il fallait créer le travail libre, toutes les sociétés modernes ne vivant que de travail. La solution fut trouvée dans l'immigration. Sous le contrôle de l'Angleterre, qui avait édifié tout un code de lois et de règlements pour assurer la protection des engagés, un traité fut passé entre la France et l'Angleterre, en 1862. L'immigration indienne sauva la colonie du désastre.

La protection que le Gouvernement britannique assurait à ses sujets indiens au moment de la signature du contrat dans l'Inde, ne cessait pas après leur embarquement. Elle continuait même dans la Colonie, sous l'œil du Consul de Sa Majesté. C'est de la non application des termes du traité, que naquit le conflit qui, ultérieurement, entraîna la cessation de l'immigration. Les consuls se plaignirent que les engagés manquaient de soins médicaux, que les conditions du contrat, en ce qui concerne l'hygiène et le paiement des engagés n'étaient pas observées et enfin que la colonie refusait de voter les fonds nécessaires au rapatriement des libérés. Comme les engagés touchaient une prime au moment de leur libération, le but évident, en retardant le rapatriement, était d'attendre l'épuisement des économies réalisées et forcer les malheureux à contracter un nouvel engagement.

La cessation de l'immigration coïncida avec l'apparition du sucre de betterave en Europe et le marché national fut vite envahi par les produits étrangers d'origine allemande, russe ou autrichienne. Après une période de quasi prospérité, les prix s'avilirent, la situation devint précaire et enfin, en 1881, la débâcle sucrière laissa les usiniers grevés de charges lourdes dont ils portèrent le fardeau jusqu'en 1914. Les bénéfices compensaient à peine les dépenses, pourtant très réduites, l'équilibre devint instable, le crédit restreint et la moindre perturbation dans l'ordre économique, politique ou atmosphérique, produisaient des crises qui mirent en jeu non seulement l'avenir des grands propriétaires, mais celui même de la Colonie.

Le rendement de la canne à sucre est supérieur à celui de la betterave, mais le produit colonial est grevé par des frais onéreux de transport, d'abord dans la colonie, de l'usine au port d'embarquement, puis de la Colonie en France, enfin de commission, d'assurance maritime, de coulage, etc. Ce qu'il y avait alors de plus exhorbitant, c'est que le sucre indigène importé en France payait un droit d'entrée. Depuis 1870, on déclarait le dégrèvement total nécessaire et équitable, mais il fallut plus de 25 années pour obtenir cette amélioration. Sans la suppression de ces droits, la sucrerie coloniale, incapable de soutenir la concurrence étrangère, aurait disparu. C'était une hérésie inconcevable que de considérer les denrées d'une colonie comme marchandises étrangères à leur arrivée dans la Métropole. On n'a pas su, malheureusement, appliquer le même régime dans l'ordre politique et social. Un français des colonies n'est pas complètement français dans la Métropole, les fonctionnaires des cadres coloniaux ne sont pas assimilés à ceux de la Métropole et, au point de vue douanier, nous restons des pays étrangers.

MONOPOLE DE L'ALCOOL ET DU TABAC

Je n'hésite pas à dire que l'alcool est une plaie aux colonies. Dans les classes supérieures, le penchant à l'apéritif est manifeste. Il fait chaud, on a soif et on abuse. Peu savent se contenter d'un seul « punch ». Dans le peuple, le mal est profond. C'est l'intoxication lente, certaine et l'anéantissement rapide de toute énergie et de toute volonté.

.·.

LA DOCTRINE DE MONROE

Plusieurs fois déjà. l'idée de faire servir nos colonies des Antilles à un règlement de dettes de guerre avec l'Amérique, a été proclamée par la presse américaine et a même eu son écho au Congrès de Washington, notamment par le député Fish, en 1927. Quoique le Gouvernement français ait bien vite démenti toute possibilité de transaction sur cette base nos anciens alliés n'ont pas abandonné cette idée et tant que les dettes existeront, il faut s'attendre à voir ces « ballons d'essai » se renouveler. (1)

______

(1) L'accord Mellon-Béranger a réglé depuis la question des dettes.

Il est une chose évidente, c'est que l'intransigeante doctrine de Monroë s'affirme de jour en jour et reste une menace pour nos vieilles colonies. La fameuse Conférence américaine qui vient d'avoir lieu à La Havane, la sixième du genre, et dont on a fort peu parlé dans la presse européenne, n'a eu qu'un but: la faculté de contrôle des Etats-Unis sur les trois Amériques et la reconnaissance en leur faveur d'un droit d'intervention dans les affaires intérieures des Républiques du Nord, du Centre et du Sud Amérique. Nous savons déjà leur agissements à Panama, à Cuba, à Porto-Rico, au Mexique, à Haïti et au Nicaragua.

La première Conférence se tint en 1889, à Washington, la deuxième à Mexico en 1901, la troisième à Rio-de-Janeiro en 1906, la quatrième à Buenos-Ayres en 1910, la cinquième à Santiago du Chili en 1923. Dans ces cinq conférences antérieures, le programme avait été presque entièrement économique et commercial, tout en esquissant, au point de vue politique, un projet de convention d'arbitrage, mais, sous la pression des événements qui ont ensanglanté le monde de 1914 à 1918 et dont la répercussion s'est fait profondément sentir en Amérique, on recherche, dans la dernière, les moyens d'établir une procédure de règlement des conflits par la voie d'arbitrage.

A cette Conférence, toute pacifique, le président Coolidge, pour frapper l'imagination des délégués, a mis en scène tout l'étalage de la puissance des Etats-Unis. Il s'est rendu solennellement à La Havane, sur un cuirassé dernier modèle, accompagné d'une centaine de diplomates et de hauts fonctionnaires. C'était dire aux petits Etats de l'Amérique Centrale et de l'Amérique du Sud, que toute obstruction à l'hégémonie rêvée par le président Monroë serait balayée ultérieurement par la force.

La croisière que M. Hoover a entrepris en Amérique Centrale et en Amérique du Sud avant de succéder au président Coolidge à la Maison Blanche, est significative (1). Emborqué sur l'un des plus beaux navires de guerre des Etats-Unis, le « Maryland », sa mission a pris un caractère d'impérialisme qui a provoqué une certaine émotion en Amérique latine et, à Londres tout particulièrement, on a suivi ce voyage avec une grande attention, car depuis plus d'un siècle la rivalité financière anglo-américaine dans les Amériques n'a pas cessé un seul instant. Cette rivalité a déjà pris un caractère aigu lors de la déclaration, au Congrès de Rio-de-Janeiro, en 1906, par le Secrétaire d'Etat Elihu Root, refusant aux

____

(1) On annonce que le président Hoover aurait l'intention d'effectuer un voyage aux Antilles dans le courant de l'automne prochain.

Etats Européens le droit de recouvrer par la force leur créances en Amérique du Sud.

Quelle est donc cette fameuse doctrine?

La doctrine de Monroë est vieille de plus d'un siècle. A l'origine, elle ne fut qu'une simple doctrine d'opportunisme politique, destinée à protéger les Etats-Unis contre les ambitions territoriales de la Russie et de la Grande-Bretagne sur le continent nord-américain et contre la Sainte Alliance, qui songeait à restaurer les droits du Roi d'Espagne sur ses anciennes colonies.

Le président Monroë, dans son Message au Congrès du 2 décembre 1823, posa donc les principes suivants: les territoires vacants d'Amérique ne pourront plus être colonisés par les puissances européennes; aucune intervention de ces puissances dans les affaires intérieures américaines ne sera admise; les Etats-Unis n'interviendront pas dans les affaires européennes, à moins que leurs droits ou leur honneur ne soient menacés. C'était émettre des théories nouvelles et hardies que de s'opposer à la colonisation européenne sur toutes les terres d'Amérique et de refuser aux puissances de la vieille Europe le droit d'intervenir outre-Océan.

Mais la doctrine de Monroe devait aller plus loin encore. En 1845, le président Polk lui donna une première interprétation extensive. Divers incidents, et notamment les querelles du Mexique et du Texas, faisaient craindre l'intervention de l'Angleterre et de la France. Le Président saisit cette occasion pour interdire aux puissances européennes, non seulement la colonisation, mais toute acquisition de territoires, même par cession amiable, dans l'Amérique du Nord. Cette interdiction fut étendue à toute l'Amérique, en 1895, par M. Olney, secrétaire d'Etat du président Cleveland, à la suite d'une différend entre l'Angleterre et le Venezuela.

En 1904, nouvelle extension — cette fois capitale pour l'avenir des petites républiques américaines — de la doctrine de Monroe. Le Venezuela s'étant obstiné à ne point payer les dettes qu'il avait contractées en Europe, l'Allemagne, l'Angleterre et l'Italie mirent, en 1902, le blocus devant ses ports, bombardèrent et détruisirent quelques-uns de ses navires de guerre. C'est à la suite de ces incidents que le président Roosevelt déclara, dans son message au Congrès du 5 décembre 1904, que les Etats-Unis s'opposeraient dorénavant, non seulement aux acquisitions territoriales, mais aux prises de possession temporaire, par des puissances européennes, d'une partie quelconque du territoire américain. Pour que cette décision n'aboutit pas à l'impunité des Etats dont l'attitude aurait été incorrecte, et pour éviter des complications internationales, les Etats-Unis pourraient être amenés à *exercer une véritable action de police dans les diverses républiques américaines.* Ainsi, ils se réservaient le droit d'intervenir dans les affaires intérieures des divers pays de leur continent. Insensiblement, ils substituaient l'idée de tutelle à celle d'indépendance.

*
* *

Le président Roosevelt ne faisait d'ailleurs que consacrer un fait déjà accompli. Lorsque, après la guerre hispano-américaine de 1898, les Etats-Unis reconnurent l'indépendance de Cuba (1901), ils se réservèrent le droit d'intervenir, au cas où le gouvernement cubain ne serait pas capable de « protéger la vie, la propriété et la liberté individuelle » des habitants. C'est ainsi que de 1906 à 1909, à la suite d'émeutes, ils occupèrent Cuba.

Parfois même, pour mieux protéger, la grande République du Nord commençait par créer des motifs d'intervention. On sait que les Etats-Unis, en 1903, à la suite du refus de la Colombie de se prêter à la construction d'un canal interocéanique, fomentèrent une émeute d'où naquit une nouvelle république, la République de Panama. Celle-ci ne fut indépendante que de nom: le traité du 18 novembre 1903, renforcé par le traité du 21 décembre 1926, a placé le pays sous la dépendance du gouvernement de Washington, qui s'est réservé le droit, dont il a usé, d'intervenir « pour rétablir la paix publique ainsi que l'ordre constitutionnel ».

A Saint-Domingue, à la suite de désordres politiques et financiers, les Etats-Unis établirent, par traités des 5 février 1905 et 8 février 1907, leur tutelle financière. Le 29 mai 1916, à la suite de nouveaux troubles, l'administration de la république dominicaine fut placée sous la direction d'un gouverneur militaire nord-américain. L'occupation ne prit fin qu'en 1925.

Un traité du 16 septembre 1915 ayant établi le contrôle financier des Etats-Unis sur Haïti, le pays fut aussitôt occupé.

Au Nicaragua, la République nord-américaine s'étant fait consentir, le 24 juin 1916, le droit exclusif de construire un second canal interocéanique et de l'exploiter, elle occupa le pays et fit nommer un président de son choix. Un mouvement insurrectionnel éclata en 1926 et les Etats-Unis durent lutter pour mettre à la raison les insurgés, que soutenait le Mexique. Ce dernier pays s'efforce de se soustraire à la mainmise de la grande République, ce qui a provoqué une tension diplomatique très sérieuse entre Washington et Mexico.

Enfin, faut-il rappeler que Porto-Rico essaie en vain de conquérir son indépendance et que les Etats-Unis ont profité, en

1925, d'un mouvement révolutionnaire au Honduras pour intervenir dans ce pays? Et faut-il dire aussi les efforts des Nords-Américains pour s'immiscer dans les affaires d'autres républiques latines, grâce le plus souvent au procédé efficace de l'investissement de capitaux? (1)

Mirabeau, notre grand orateur national du XVIII° siècle, qui fut l'ami du célèbre Benjamin Franklin, dans une belle et généreuse effusion a écrit, au lendemain de la reconnaissance américaine par l'Angleterre (traité du 3 septembre 1783) avec la clairvoyance et la précision que donne le génie, ces lignes:

« Il ne faut plus entendre par l'Amérique, ni les isles à sucre ni les contrées qui fournissent de l'or aux deux mondes. La véritable Amérique est un vaste continent qui a commencé le dernier à se peupler, qui s'est peuplé des victimes de la persécution religieuse et de l'oppression civile chez tous les peuples, qui s'est formé aux vertus, en plaçant toutes ses espérances dans l'agriculture; qui a été préparé à une bonne civilisation par l'influence du plus étonnant gouvernement de l'Europe; car l'Angleterre aura la gloire d'avoir créé des peuples dignes de secouer son joug, lors même qu'elle essuyera le reproche de les avoir forcés à l'indépendance, par l'oubli de ses propres maximes. Là, les anciens crimes de l'Europe, dans le nouveau monde, s'expient par la plus religieuse pratique de l'humanité et de la tolérance, si le comble de la barbarie et de l'injustice peut jamais s'expier. Là, les plus prodigieux accroissements de la population réparent un peu la plus horrible dévastation. Là, à chaque instant, des pas d'hommes s'impriment pour la première fois dans les éternelles solitudes de la nature, où l'homme, en avançant sans cesse dans son immense domaine, le voit sans cesse se reculer et s'étendre. Là, toute l'énergie de la nature brute s'offre en contraste avec la vigueur des sociétés naissantes. Les nations qui ont pris possession de ces contrées, sont, par intérêt autant que par inclination, amies du monde entier. Leur prospérité est dans le nombre des citoyens qu'elles accquièrent chaque année; leur gloire dans leurs bienfaits pour tous ceux qui cherchent chez elles des secours et un asile. Ailleurs, les Européens arrivent pour s'enrichir; et ils n'apportent que les vices de la cupidité. Ici, ils viennent acquérir par le travail une douce et libre subsistance; et ils prennent toutes les vertus qui tiennent aux exercices du corps et à la modération de l'âme. Ailleurs, les Européens ne se reposent jamais dans leur première fortune, toujours

---

(1) James Donnadieu. *Figaro*, 17 janvier 1928.

impatients d'une plus grande, parce qu'ils tournent incessamment leurs pensées et leurs désirs vers leur ancienne patrie. Ici, ils prennent par goût, par habitude, par nécessité, les principes et les mœurs d'un pays où ils viennent vivre et mourir. Aussi vous y voyez des peuples qui ont une physionomie à eux, le caractère de leur situation naturelle et politique; et ce caractère est tout ce qu'on peut désirer de meilleur. Une heureuse singularité distingue ces peuples. Dans un état de société où tout sent la naissance des choses, ils ont déjà la maturité des vieilles nations. Une sorte de perfection caractérise leur origine. Ils ont encore pour la plupart des mœurs pures et simples; et déjà tous les arts utiles, et la philosophie même, fleurissent parmi eux. Tout ce qui est bon naît chez eux de lui-même. Tout ce que nous avons d'utile ou de malfaisant tout ensemble s'y épure. Tout croît et se développe chez eux dans un ordre particulier. Ils ont des bibliothèques publiques, de grands écrivains politiques, de bons législateurs, et ils commencent seulement à avoir des poètes. Les plus riches colons, parmi eux, conduisent la charrrue de leurs mains; et les plus pauvres connaissent les inventions de l'Europe dans l'agriculture, et s'instruisent dans la science du gouvernement. Ce ne sont pas quelques hommes supérieurs et rares qui leur ont tracé leurs lois et leurs Constitutions; ils les ont reçues et délibérées eux-mêmes dans leurs Assemblées nationales; et jamais les droits de l'homme et du citoyen n'avaient été si bien posés, ni si bien éclaircis. Voilà la véritable Amérique. Un grand événement qui vient de s'y achever donne encore à ces peuples la prééminence de ce titre. Ils viennent de conquérir leur liberté. Désormais l'Amérique, comme avant sa dévastation, va posséder des hommes indigènes. Le sol qu'ils foulent est à eux; ils n'ont plus de lois que celles qu'ils se sont données eux-mêmes. Du haut de leur côtes, en contemplant cette mer qui, pendant tant de siècles, avait empêché les deux hémisphères de s'entrevoir, même par la pensée, ils peuvent mêler l'orgueil de l'indépendance civile aux doux mouvements de la bienveillance fraternelle.

Quoique cet événement nous ait vivement frappés, il me semble que nous n'en recevons pas encore toutes les idées qu'il est fait pour nous inspirer. Depuis la découverte de Colomb, il ne s'est rien passé de plus important dans tout le genre humain. C'est à ce moment qu'on reconnaît bien cette destinée éternelle, qui transporte incessamment la gloire et le bonheur des nations d'une zone à une autre; qui fait que tout naît et prospère dans un lieu, tandis que tout s'use et périt dans un autre. Si l'ancienne Egypte, encore fameuse par une civilisation qui a présidé à celle des autres pays, si l'Egypte eut, comme on le dit, de véritables sages, des hommes capables de lire dans les événements présents le sort futur des peuples, quelles durent être leurs pensées, lorsqu'ils virent toutes les nations de la Grèce secouer le joug des tyrans, organiser leurs sociétés par de belles lois; adopter les mœurs de l'héroïsme, ouvrir enfin ces beaux siècles qu'ils ont remplis de l'éclat de leurs talents et de leurs vertus ! Des espérances aussi grandes peuvent entrer dans l'âme de ceux qui méditent sur la révolution qui vient de s'accomplir sous nos yeux. Il est beau, il est doux d'assister à l'origine des grandes choses. Heureux les hommes d'aujourd'hui qui verront finir le siècle qui s'écoule, sans se sentir conduits eux-mêmes au terme de leur décadence ! Le siècle suivant leur promet un noble spectacle. Voilà d'un côté la démocratie presque bannie du monde ancien, qui renaît dans le nouveau. Voilà de l'autre toutes les connaissances des générations accumulées qui s'y transplantent. Que doit-il résulter de ce mélange? Est-ce la magnificence de la civilisation qui prévaudra? C'est ce qu'on ne peut encore décider. Mais c'est au moins le moment de faire des vœux ardents pour que l'Amérique choisisse la véritable grandeur, et qu'elle renouvelle les plus beaux temps du genre humain. »

Paroles prophétiques qui se sont réalisées. Le XVIII° siècle a fini, le XIX° est passé et nous voici au XX°, en face de la plus haute expression de la civilisation, avec toute la magnificence des progrès modernes: l'électricité, l'aviation, la télégraphie et la téléphonie sans fil, etc., et surtout la puissance que donne l'or, les Etats-Unis de l'Amérique du Nord possédant plus que la moitié de ce métal dans le monde.

Aux Etats-Unis, les œuvres de l'homme le disputent en grandeur aux créations de la nature. Il faut avoir connu l'agitation des grandes villes, la fascination des espaces immenses et des paysages variés, vécu avec les infatigables cow-boys du Texas et suivi en pensée les ardents chercheurs d'or du Colorado ou de pétrole du Far-West, pour bien comprendre ce pays fabuleux.

De cette puissance, de cette force, devait naître et est né un impérialisme qui a trouvé son expression dans la doctrine qui est connue sous le nom de « Doctrine de Monroe ».

Parlant à Philadelphie, le président Coolidge disait tout récemment: « Nous avons un magnifique empire et détenons un « grand trésor qu'il faut protéger. C'est pourquoi nous devons « accroître notre flotte de guerre et renforcer notre aviation. »

Est-ce vraiment pour protéger son grand trésor que l'Amérique lance tant de navires de guerre, construit tant d'avions, fortifie le canal de Panama, s'installe aux Antilles et produit enfin et si gros effort militaire? N'est-ce pas plutôt pour appuyer éventuellement par la force sa politique sur l'Atlantique et le Pacifique où, possédant déjà les Philippines, les Hawaï, Porto-Rico, Saint-Thomas et les Iles Vierges, elle aspire à posséder plus encore et aussi ses entreprises d'expansion en Amérique Centrale et en Amérique du Sud.

L'Oncle Sam, en dehors des îles précitées, tient déjà sous sa dépendance économique et financière l'Amérique Centrale, Cuba, Panama, Haïti, Saint-Domingue, Costa-Rica, Salvador, le Honduras, le Nicaragua. En ces dernières années il s'est constitué, à la porte de son domaine, un magnifique empire colonial dont il entend reculer les bornes et c'est avec le consentement et sous le contrôle de Washington, que les Banquiers, les Industriels et les Commerçants américains ont investi près de cinq milliards dans des entreprises sud américaines.

Nous avons dit que l'Oncle Sam avait sous sa dépendance financière l'Amérique Centrale. Donnons comme exemple les importations et les exportations du Honduras et de San Salvador et un aperçu de la Compagnie la plus puissante qui trafique dans ces régions, l'United Fruit Company :

Dans l'Amérique Centrale, les Etats-Unis n'ont qu'un concourrent sérieux, l'Angleterre, qui, de jour en jour, perd sa clientèle, n'ayant plus aujourd'hui que 10 % environ du trafic. Le Canada suit avec 5 %.

Le Costa Rica, grâce à l'activité toujours croissante de l'United Fruit C°, se développe rapidement et les exportations de cacao (cette culture ayant remplacé la banane), se sont élevées de 278 tonnes en 1907 à 5.318 tonnes en 1926.

Voici, d'ailleurs, le tableau de la production:

		Hectares	Tonnes
Cacao :	1907...................	2.815	278
	1910...................	4.674	184
	1914...................	2.604	330
	1917...................	—	964
	1920...................	12.140	2.155
	1922...................	13.653	3.289
	1923...................	13.081	4.559
	1924...................	33.787	3.675
	1925...................	25.801	4.143
	1926...................	28.200	5.318

L'United Fruit possède les deux tiers des plantations et comme on estime à 150.000 hectares les terres baignées par l'Atlantique, favorables, à Costa-Rica, à la culture du cacaoyer, il faut s'attendre à voir la production augmenter rapidement.

L'United Fruit, fondée à Boston en 1900, possède des biens immenses à Cuba, au Honduras, à Costa Rica, en Colombie, au Guatemala, à la Jamaïque, à Panama et aux îles Canaries, sans parler d'une rafinerie de sucre à Boston.

Les tableaux qui suivent feront ressortir l'importance de ces biens et des cultures entreprises:

		Hectares
Bananes: en Colombie	14.500	
Costa Rica	7.000	
Guatemala	15.000	
Honduras	35.000	
Jamaïca	2.000	
Panama	5.000	
Iles Canaries	500	
		79.000
Sucre: Cuba		45.000
Cacao : Costa Rica	15.000	
Guatemala	100	
Jamaïca	100	
Panama	13.000	
		28.200
Noix de coco		5.000
Autres cultures		2.000
Pâturages		50.000
Emplacement des villages, maisons d'habitation, églises, etc.		25.000
Total... Hectares.		234.000

Elle possède aussi une flotte considérable, représentant 361.211 tonneaux et pour faire comprendre la magnitude des opérations, contentons-nous de relever les chiffres suivants, extraits du bilan de 1927:

Le capital s'élève à 139.000.122,96 dollars, représentés par 3.672.884.21 dollars de propriétés à la Jamaïque, 42.105.190.60 dollars à Cuba, 23.757.502.40 dollars au Honduras et le reste dans les autres pays précités.

En 1927, ses vapeurs ont effectué 1.284 traversées et parcouru 5.374.399 milles. En outre des fruits et autres marchandises, il a été transporté 69.023 passagers, 922.247 tonnes de frêt et 227.511 sacs de correspondance.

Pour son compte personnel, la Compagnie a transporté, l'an dernier, 49.845.147 régimes de bananes (un excédent de 1.788.053 régimes sur 1926), produites sur ses terres ou achetées aux planteurs, 968.397 sacs de sucre et 8.018.361 tonnes de cacao.

La « Revere Sugar Refinery » de Boston, a raffiné 347 millions 046.217 livres de sucre, soit une moyenne de 1.309.608 livres par jour !

Après déduction des charges et dépréciation du matériel, s'élevant à 8.727.317,69 dollars, le revenu brut a été de 19.621.340,70 dollars, dont 9.998.988 dollars ont été distribués comme dividendes et le solde porté à la réserve. Un extra dividende de 3.749.215,50 dollars avait été déjà versé aux actionnaires, le 1er avril 1927.

**

La masse fut jadis la proie de quelques hommes: les nobles. Elle est aujourd'hui la proie des machines. L'Amérique est l'expression la plus visible de cette transformation. (1)

Pour consacrer jadis la prospérité du pays et protéger son industrie, le législateur édicta des lois favorables à l'immigration, qui absorbait le surplus de sa production. Aujourd'hui, devant le flot envahissant des immigrants, il a dû voter des lois qui, limitant l'entrée, a en même temps fermé les portes à ce surplus de production et la consommation n'absorbant plus tous les produits de l'industrie et de l'agriculture, il a bien fallu chercher à l'extérieur des clients. C'est alors que les Etats-Unis ont essayé d'accaparer les marchés européens qui se sont défendus en établissant des barrières douanières.

L'industrie ne pouvant plus absorber les matières premières offertes par l'agriculture, et dont la production augmente chaque année, une crise paraît inévitable. Pour éviter ce conflit futur entre l'industrie et l'agriculture, des mesures doivent être prises sans délai. L'Europe ayant fermé ses portes, les Etats-Unis ont décidé d'accaparer, par la force au besoin, les débouchés du Centre et du Sud Amérique. La vieille doctrine de Monroe a été exhumée des archives pour servir à ce but.

**

Comment douter de l'expansion future des Etats-Unis dans l'Amérique Centrale et l'Amérique du Sud, dont les divers pays sont en même temps que d'inépuisables greniers d'abondance, d'im-

---

(1) Lucien Romier. Qui sera le maître, Europe ou Amérique. Paris, 1927.

menses marchés ouverts à la production industrielle des Yankees. C'est pourquoi nous avons vu le président Coolidge, à la sixième Conférence pan-américaine de la Havane, en juin dernier, affirmer et étendre la fameuse doctrine de Monroe.

L'Impérialisme sans cesse grandissant des Etats-Unis, vise non seulement la prépondérance financière et politique des deux Amériques, mais la possession des Antilles, nos dernières possessions dans le Nouveau-Monde. Placées dans les mers qui baignent le rivage américain à l'Est et sur la grande route maritime qui conduit au canal de Panama et au futur canal de Nicaragua, elles sont et doivent être, pour eux, de précieux gages et d'incomparables éléments de défense et d'influence navale.

La Guadeloupe, avec ses dépendances (Saintes, Désirade, Saint-Martin, Saint-Barthelemy), la Martinique et la Guyane, sont tout ce qui nous reste du grand empire colonial que nous possédions autrefois en Amérique. Le Canada, la Louisiane, Saint-Domingue, ces vastes pays qui faisaient l'orgueil de la nation sous le ministère du duc de Choiseul, nous rappellent des souvenirs glorieux et sont la condamnation de nos fautes et de nos erreurs. Après trois siècles de colonisation, nous ignorons encore les richesses naturelles de nos vieilles colonies et leurs possibilités d'expansion et de progrès. Dans les milieux officiels, comme dans le public métropolitain, ces vieilles colonies sont presque ignorées et si dans le Conseil des grandes sociétés industrielles et commerciales on trouve des hommes sages et éclairés, qui connaissent toutes les défaillances de notre administration actuelle, il n'en est pas de même chez ceux qui tiennent en leurs mains le sort officiel de leurs destinées. Les Ministres qui se succèdent rue Oudinot, ont-ils voyagé, connaissent-ils ces régions éloignées? Non. Des colonies, ils ne savent que ce qu'ils ont appris dans les livres et des livres qui touchent nos colonies et éclairent de loin en loin les archives de nos bibliothèques, il n'y a pour la plupart que des récits fantaisistes de voyageurs ou des compilations de documents portant le cachet des vues propres d'un agent de l'administration coloniale, d'où on ne peut tirer la vérité propre.

A notre époque, les mots ne sont plus magiques, il ne faut pas se bercer d'illusions. Il faut être avant tout pratique. Ces rapports, depuis quelques années surtout, ont été écrits par des politiciens durant l'ardeur de la lutte et ne peuvent pas être impartiaux. Nous voulons, nous, dire ce qui est, ce que nous avons vu, ce que nous savons être la vérité et en tirer des déductions logiques, mettant ainsi en pleine lumière la situation sociale économique et politique de ces vieilles colonies, qui doivent obtenir l'assimilation complète avec la mère-patrie ou être abandonnées.

Si les Antilles ont été, au XVIII° siècle, un des joyaux de notre empire colonial et si c'est bien là que se sont éveillées et révélées nos premières vocations coloniales, elles tiennent aujourd'hui peu de place dans nos possessions extérieures: quelques îles égarées au milieu de l'Océan Atlantique et quelques comptoirs en Guyane, derniers vestiges d'un immense domaine dont le funeste résultat des guerres de la Révolution et de l'Empire ont amené la dislocation et la perte. (1)

Néanmoins, elles sont riches en possibilités économiques et le fait qu'elles puissent être un objet d'envie de la part des Américains, doit suffire pour nous faire écarter leur cession à une puissance étrangère quelconque.

**

Sur les ruines du vaste empire colonial que la France possédait avant la Révolution, elle a su, en un siècle d'efforts, regrouper de belles possessions: 60 millions d'habitants, 11 millions de kilomètres carrés. Des hommes parfois méconnus, déjà oubliés, ont consacré leur vie à la grandeur de la Nation, comprenant la force énorme que confère à une puissance un empire colonial. En un siècle, alors que Rome a mis 232 ans pour reconnaître comme sienne l'Afrique Septentrionale (2), de hardis pionniers, soutenus par une foi ardente dans l'avenir de leur pays, avec une persévérence inouïe, malgré les clameurs de leurs adversaires, ont réédifié l'édifice colonial écroulé, rallumant la torche éteinte et portant au loin cette flamme qu'aucune tempête ne peut plus éteindre : le génie de la race française !

Egalant par leur ténacité et leur persévérance les héros qui, depuis deux siècle auparavant avaient connu la même fièvre : Dupleix, aux Indes; Cartier, La Salle, Montcalm, au Canada; Pronis, à Madagascar; le maréchal Bugeaud, qui pacifia l'Algérie fanatique; Francis Garnier qui, en 1873, fit la campagne du Tonkin et, avec trente compagnons, s'empara de la citadelle d'Hanoï; Courbet et Brière de l'Isle qui, en 1883, mettent en déroute, avec 1.500 hommes, les chinois et les anamites coalisés; l'amiral Pierre, qui, avec 500 soldats, entreprend la conquête de Madagascar; et de nos jours Galliéni, qui a fait de cette dernière île une terre française; Savorgnan de Brazza qui a remonté le Congo; Gouraud qui s'est emparé

---

(1) François Marsal. Conférence faite à Liége sur l'Effort Colonial de la France.

(2) René Moulin. *La Petite Gironde.*

de Samory; Lamy qui a triomphé du terrible Rabah; Lyautey qui a pacifié le Maroc; et tant d'autres dont les noms restent à jamais gravés au fronton du monument de l'histoire.

Dans cette nouvelle épopée, les vieilles Antilles qui depuis longtemps ont atteint un stade élevé de développement, ont été oubliées. Sans la guerre, elles périssaient, abandonnées et ruinées. Pourtant elles méritent mieux que la négligence dont on fait montre à leur égard.

En écoutant la discussion récente du budget des colonies, j'y retrouvais les échos directs et les expressions mêmes de la campagne que nous menons ici et ailleurs, depuis de longues années, en faveur de l'agrandissement et du redressement de la France par ses Colonies. Il semble que ces idées soient maintenant dans l'air.

Toutes les expériences tentées par les Galliéni, les Jonnart et le seul Lyautey dans le sens intelligent des forces naturelles n'ont pu que nous confirmer dans notre manière de voir. Ceux-là seuls ont réussi en Afrique, qui se sont appliqués à comprendre et à construire plutôt qu'à violenter et à détruire.

Il semblerait enfin, devant l'unanimité de l'opinion professée dans la métropole, que les vérités de cet ordre n'aient jamais été contestées. Et pourtant elles le sont encore, sinon en principe, du moins en fait. (1)

.·.

Quand nous nous apitoyons, nous sommes à côté de la question. Il ne s'agit pas non plus de savoir si nous sommes entre tous les pays celui de la plus grande générosité et du plus noble idéal.

M. Maginot, aboutissant aux mêmes conclusions, a proclamé :

« Moins de routine et plus de réalisations. Le rôle de l'administration est de favoriser les initiatives, non de les paralyser et un ministre des Colonies doit être un animateur. Nous avons — on le dit parfois avec envie — un admirable empire colonial. Cette situation ne nous confère pas seulement des droits, elle nous créée aussi des devoirs. Nous devons, en particulier, utiliser au mieux des intérêts de la métropole, de la colonie et du monde tout entier, nos richesses coloniales.

C'est le meilleur moyen de travailler au redressement national. Un pays n'a droit, au regard de la collectivité humaine, à des richesses et à des forces, que s'il en retire le maximum de rendement. Nous avons le devoir d'exploiter des richesses dont nous sommes en quelque sorte comptables, de façon à justifier la main mise de notre pays.

____

(1) Jean Hugonnet. *Le Dépêche Coloniale.*

Pour mieux exploiter les richesses ,il faut un programme. J'entands qu'il ne suffit pas de l'établir, il faut le financer. Pour arriver à ce résultat, le concours de l'Etat est nécessaire, ainsi qu'une plus large utilisation des prestations, dont jusqu'ici les colonies ont tiré si peu de profit.

Avoir un programme de la main-d'œuvre, c'est-à-dire faire une bonne politique indigène, assurer une meilleure utilisation des hommes pour obtenir une meilleure exploitation des territoires, telle est la formule d'un pays pour lequel la colonisation ne se justifie que par la civilisation qu'il apporte avec lui.

J'appliquerai toute mon énergie, toute ma volonté, toute ma foi coloniale à faire triompher ce programme ».

Ainsi parlait M. Maginot le 3 décembre 1928. Tout y est, mais après le discours, nous attendons le programme détaillé et les moyens du programme dont on a proclamé la nécessité.

Déjà tous les partis s'efforcent de prouver au nouveau Ministre qu'il est un homme de réalisations. Et pourquoi pas?

Cependant, le projet de budget pour 1929 est resté muet sur le chapitre des avances pour la mise en valeur du domaine. Les frais d'équipement et de mise en train n'ont pas été prévus. L'inflation des billets qu'on ne redoutait pas quand il s'agissait d'acheter des devises de soutien, paraîtrait sans doute moins avantageuse le jour où elle serait gagée sur les colonies. Et pourtant, les devises par elles-mêmes ne produisent rien. Se flatterait-on de récolter en économisant la semence?

Que sait-on, en France, sur nos colonies? Presque rien. L'opinion des parlementaires n'est pas beaucoup mieux instruite et j'ose en dire autant de celle des gouvernants.

Chacun possède de vagues notions sur l'importance de notre domaine colonial, sur son étendue. On sait que la superficie de la France métropolitaine est de 550,961 kilomèters carrés, celles des colonies de 10.807.258 kilomètres carrés, soit plus de 19 fois; que la population de la métropole est de 40 millions d'habitants, celle des colonies d'environ 60 millions, soit moitié plus; mais on ignore comment ce vaste domaine colonial est administré, que vaut son administration, quels sont ses défauts et ses qualités. En réalité on s'en désintéresse. On ne parle des colonies que lorsque quelque émeute impose une intervention armée; l'opuinion publique n'est jamais complètement instruite des causes de ces manifestations populaires qui, pour la plupart, ont leur source dans des erreurs administratives et on ne sait jamais toute la vérité, parce que les partis politiques les travestissent au gré de leurs intérêts.

Il y a une presse coloniale, mais son rayonnement est forcément restreint; les journaux coloniaux ne touchent pas le grand public, ils n'agissent que sur le microscome colonial.

Les gouvernements successifs s'abattent les uns sur les autres et ils ont d'autres préoccupations que celle des Colonies. L'œuvre gouvernementale se résume dans des discours. Si l'on veut des conceptions pratiques, de l'initiative, il ne faut pas les chercher au Ministère des colonies. Ce Ministère est considéré comme un ministère de seconde zone, destiné soit à calmer l'impatiente ambition de quelque jeune parlementaire, soit à satisfaire les désirs toujours ajournés de quelque vieux et perpétuel candidat au gouvernement (1).

Les gouverneurs, choisis sans discernement par le Ministre, sont la plupart les valets des députés et ne prennent de l'importance que dans la mesure où ils peuvent servir à des fins politiques. Comment d'ailleurs espérer une œuvre féconde de ces administrateurs, qui sont absorbés par la politique et sont changés, dès qu'ils ont cessé de plaire, avant même d'avoir pris contact avec les hommes et étudié les besoins du pays. A la Guadeloupe, en 28 années, de 1900 à 1928, il y a eu 26 gouverneurs ! (2)

La faute incombe au Ministère des Colonies qui, dans la gestion de notre domaine colonial, a eu souvent un rôle néfaste.

Le Ministère des Colonies est une fiche de consolation, une étape vers quelque situation plus enviée; n'importe qui est bon pour ce poste, et ses occupants temporaires n'hésitent pas à satisfaire les désirs des représentants coloniaux, pourvu qu'ils arrivent à leur but. Qui donc aura l'autorité nécessaire pour lutter contre les ambitions de ceux-ci, l'hostilité de ceux-là, l'indifférence des autres et fera l'éducation coloniale de la masse?

Quand Jules Ferry établissait, à peu de frais, notre protectorat sur la Tunisie, quand il conquérait le Tonkin, ne lui a-t-on pas reproché de détourner la puissance militaire de la France de son but essentiel: la défense du territoire national, sans compter les basses critiques imputant à l'homme d'Etat des mobiles intéressés: Ferry le Tonkinois, Ferry la Pépite, etc. L'opinion publique est toujours plus naturellement portée à la malveillance qu'à la justice.

---

(1) Victor Augagneur. *L'Ere Nouvelle*, 18 janvier 1926.
(2) Il est vrai que depuis le cabinet constitué le 4 septembre 1870, celui de la défense nationale, et que présida Trochu, il y a eu en France 81 ministères. Le second cabinet Tardieu date du 4 mars 1930. C'est le 76e depuis le ministère Buffet, constitué au lendemain de la Constitution de février 1875 et le 19e depuis la fin de la guerre.

Dans ces conditions, il est à craindre que l'incurie noire avec les inconvénients du portage ne continue encore longtemps sous les yeux d'un contrôle impuissant.

L'indigène ne vit pas seulement de paroles mais de tout ce qui peut le maintenir, le relever, le mettre en état de résistance au découragement, à l'abandon du rang et aux influences morbides. Puisqu'on veut faire de lui un ouvrier sur place, au lieu de l'employer aux plantations des îles, on devra penser, comme autrefois, à ses outils, à sa nourriture, à son vêtement, à son habitation et l'aimer pour le moins autant qu'un berger son troupeau.

C'est déjà beaucoup qu'on ait reconnu sa valeur économique et qu'on ait déterminé l'orientation du filon où nous devons chercher l'or de notre victoire (1).

Mieux renseigné, mieux averti des choses coloniales, nous devons déterminer d'une façon précieuse notre politique à l'égard des indigènes, établir l'inventaire des besoins de nos colonies, fixer les délais nécessaires pour les doter, par tranches successives de l'outillage indispensable et en même temps prévoir les crédits qui devront leur être affectés; enfin, préciser les modalités du financement de l'entreprise: concours de l'Etat, emprunts, participation de l'épargne et des capitaux français, voilà les questions essentielles qui se posent et exigent d'être examinées dans leur ensemble, en fonction des différents et difficiles problèmes qu'elles seront appelées à évoquer et à résoudre.

Dans l'économie nationale, les colonies représentent un pourcentage restreint qu'il faut développer et une véritable politique de matières premières s'impose. Voici les proportions :

Bois coloniaux	57 %
Oléagineux	26,07 %
Peaux	24,16 %
Caoutchouc	12,53 %
Minerais	10,06 %
Laine	5,66 %
Café	4,02 %
Coton	1,34 %
Soie	0,24 %
Bananes	0,07 %

---

(1) Victor Barrugand. L'économiste et le rentier.

M. Albert Sarraut, il y a quelques années, a dressé un programme méthodique et minutieux qui constitue une excellente base de départ. L'incertitude qui pesait alors sur notre situation financière rendait malaisée, j'en conviens, l'étude des réalisations projetées et calfeutrait nos impatiences. Aujourd'hui que la convalescence du franc permet des projets mieux assurés, ouvrons largement notre croisée. Regardons vers le large. (1)

La France possède dans la mer des Antilles deux belles Colonies, la Martinique et la Guadeloupe, d'une fertilité remarquable et qui admirablement situées, peuvent devenir des joyaux magnifiques si la Métropole veut bien leur donner un outillage moderne, une administration saine échappant aux influences morbides de la politique et surtout aux luttes des partis. La Guadeloupe mérite tout particulièrement l'attention du Gouvernement parce que susceptible de grand développement, une grande partie de son territoire étant en forêts vierges qui constituent une immense réserve d'espérances et de possibilités matérielles. On doit s'appliquer à comprendre au lieu de violenter, à faire l'éducation de la masse au lieu de brusquer, à inspirer confiance dans la justice et l'action tutélaire de la France, à donner l'exemple de la moralité et assurer enfin une meilleure utilisation des hommes pour obtenir une exploitation plus rationelle des terres. Nous reconnaissons la valeur économique de nos colonies, il faut donc exploiter leurs richesses, au plus grand profit de la Métropole. Beaucoup de produits que nous demandons actuellement à l'étranger peuvent venir de ces colonies. Je me contente de citer la banane dont nous consommons annuellement plus de 125.000 tonnes, valant environ 300 millions de francs. Sur ces 125.000 tonnes, seulement 5.256 tonnes sont venues des Colonies en 1929 (Antilles et Guinée surtout), d'une valeur de 9.759.000 francs. En 1926, les importations n'avaient été que de 62.221 tonnes, d'une valeur de 137.628.000 francs, ce qui indique que la consommation a plus que doublé en l'espace de trois années et tout fait prévoir qu'elle augmentera progressivement dans l'avenir. En Grande-Bretagne, elle était de 1.300.000 régimes en 1900 et est actuellement de 12.500.000 régimes, soit environ 250.000 tonnes. Aux Etats-Unis la proportion est encore plus grande. La consommation qui était de 8 millions de régimes en 1898, a passé à 64 millions en 1928, soit environ 1.280.000 tonnes.

---

(1) René Moulin. *La Petite Gironde.*

Le Conseil général de la Guadeloupe paraît décidé à inscrire au budget de la Colonie un nombre respectable de millions pour réaliser une série de grands travaux. On parle de 300 millions de dépenses. Il ne faudrait pourtant pas faire des folies et le Ministère n'autorisera certainement que les travaux pouvant augmenter les facultés de production de l'île. Toutes dépenses nouvelles impliquent des impôts nouveaux et l'on doit préalablement penser à la vie matérielle de l'indigène, lui assurer une habitation convenable, des vêtements et des outils perfectionnés, La France est le pays de la plus grande générosité et du plus noble idéal, elle ne faillira pas dans sa tâche.

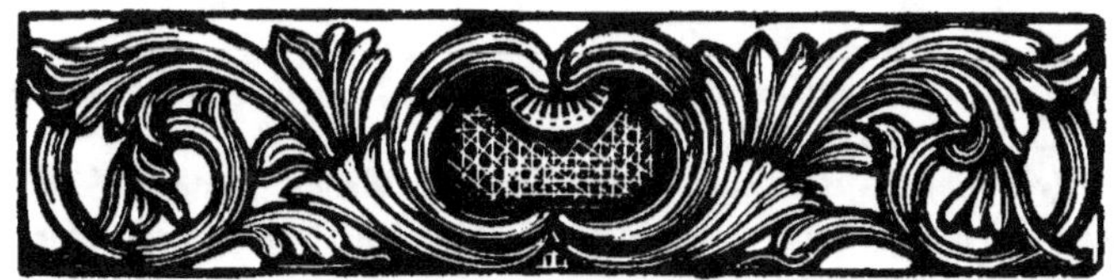

BIBLIOGRAPHIE

OUVRAGES CONSULTÉS

Acosta (Père J.). — De natura novi orbis libri duo, etc. Salamanque, 1588.

Adam (Lucien). — Matériaux pour servir à l'établissement d'une grammaire comparée des dialectes de la famille Caribe. Paris, 1893.

Adams. — Christophus Columbus. New-York, 1893.

Adam (Lucien). — Du parler des hommes et du parler des femmes dans la langue Caraïbe. Nancy, 1879.

Ailly (Cardinal Pierre d'). — Imago Mundi. 1483.

Alaux (J.-P.). — L'histoire merveilleuse de Christophe Colomb. Paris. 1924.

Albe (duchesse d'). — Memorial de Agravios del Amirante. Madrid, 1902.

André (Marius). — La véridique aventure de Christophe Colomb. Paris, 1927.

Anghiera (Pierre-Martyr). — De orbe novo. Traduction par P. Gaffarel. Paris.

Anonyme. — Journal de l'Amérique. Troyes, 1709 (Bib. de l'Arsenal).

Armas (Juan Ignacio de). — La fabula los Caribes, La Havane, 1884.

Asensio. — Cristobal Colon. Barcelone, 1892.

Avezac (d'). — Le livre de Fernand Colomb. Paris, 1873.

Avezac (d'). — Iles fantastiques de l'océan occidental au moyen âge. Paris, 1845.

Babelon (Jean). — La vie de Fernand Cortès. Paris, 1928.

Ballivet (chanoine), — Echo des Antilles, nos paroisses de 1635 à 1912.

Ballet (Jules). — La Guadeloupe. Renseignements sur l'histoire, la flore, la faune, etc. 1894.

Barcia (D. Andres Gonzalez). — Historiadores primitivos de las Indias occidentales. Madrid, 1749.

Basquel et *Alcide Delmont.* — Le livre d'or de l'effort colonial français pendant la grande guerre. Institut colonial, 1922.

Beaulieu (Paul-Leroy). — De la colonisation chez les peuples modernes.

Beauvallon (Rosemond de). — Les Corsaires de la Guadeloupe. Paris, 1901.

Beauvois. — Relations pré-colombiennes des Gaëls avec le Mexique. Copenhague, 1884.

Bell (Archie). — The spell of the Caribean islands. Boston, 1927.

Bellin (N). — Description géographique des îles Antilles possédées par les Anglais. Paris, 1758.

Benoit (Pierre). — Articles dans le « Journal », 1928.

Béranger (Henri). — Les intérêts généraux des Antilles françaises. Allocution, 17 octobre 1919. Paris, 1920.

Bernaldez. — Historia de los Reyes Catolicos.

Besson (Maurice). — Vieux papiers du temps des îles, ornés d'images d'autrefois et de 16 dessins de Jean Kerhor. Abbeville, 1925.

Beuchat (H.). — Manuel d'archéologie américaine. Paris, 1912.

Biet (A). — Les Galabis. Tableau véritable de leurs mœurs, avec un vocabulaire de leur langue. Paris, 1664.

Biet (Antoine). — Voyage de la France Equinoxale en l'île de Cayenne, entrepris par les Français en l'an MDCIII. Paris, 1664.

Bonfils (Comte de Lapeyrouse). — Histoire de la Marine française. Paris, 1845.

Bournaud (François). — Christoph Colomb. Paris-Lille, 1893.

Bouinais (Colonel). — La Guadeloupe (1880-1882).

Bouton (Père Jacques). — Relation de l'établissement des Français depuis l'an 1635 en l'île de Martinique. Paris, 1640.

Borde (de la). — Relation de l'origine, mœurs, coutumes, etc., des Caraïbes, sauvages des îles Antilles de l'Amérique. 1674.

Boyer (Paul, sieur du Petit Puy). — Véritable relation de tout ce qui s'est fait et passé au voyage que M. de Brétigny fit à l'Amérique Occidentale. Paris, 1654.

Boyer-Peyreleau (Colonel). — Histoire politique des Antilles françaises particulièrement de la Guadeloupe, depuis leur découverte jusqu'au 1er novembre 1825. Paris, 1825.

Brasseur de Bourbourg (abbé). — Relation des choses du Yucatan. S'il existe des sources de l'histoire primitive du Mexique dans les documents égyptiens et de l'histoire primitive de l'ancien monde dans les monuments américains. Paris, 1864.

Breton (Père Raymond). — Dictionnaire caraïbe-français. Auxerre, 1665.

Bréard (Ch. et P.). — Documents relatifs à la marine normande et à ses armements au XVIIᵉ et XVIIIᵉ siècles.

Bry (Théodore de). — Grands voyages. Strasbourg, 1600.

Budau de Boislaurent. — Réponse à l'ouvrage de M. le Colonel Boyer sur les Antilles françaises et particulièrement la Guadeloupe. Bordeaux, 1828.

Bryan (Edwards).

Cadoret (Abbé Eug.). — La vie de Christophe Colomb. Bruxelles, 1869.

Carbia (Remulo D.). — La patria de Cristobal Colon, etc. Buenos-Ayres, 1923.

Castell (William). — A short discovery of the coasts and continent in America from the equinoxal northwards and the adjacent islands. Londres, 1664.

Castillo (Bernard Diaz del). — Histoire véridique de la conquête de la nouvelle Espagne. 1568.

Castres (Caillé de). — De Wilde ou les sauvages Caraïbes, insulaires d'Amérique. Castres, 1694.

Chalumeau de Verneuil et de la Roquette. — Relation des quatre voyages entrepris par Christophe Colomb. Paris, 1828.

Charcot (J.-B.). — Christophe Colomb vu par un marin. Paris, 1928.

Chazelles (Comte de). — Etude sur le système colonial.

Chaumel (Alfred). — La croisière créole. « Monde Colonial illustré », janvier 1917.

Chemin-Dupontes (P.). — Les petites Antilles. Paris, 1903.

Chevillard. — Desseins du Cardinal de Richelieu sur l'Amérique et ce qui s'est passé de plus remarquable depuis l'établissement des colonies. Rouen 1659.

Choppenbruck (S.-E.). — Miroir de la tyranie espagnole.

Clarac. — Hygiène des Antilles françaises, Limoges, 1903.

Clerc (Charley). — Le voyage au Brésil de Jean Léry. Paris, 1927.

Clodoré (J.). — Relation de ce qui s'est passé dans les îles et terre ferme de l'Amérique, etc. Paris, 1671.

Closmadeux ('D' G. de). — Sculptures lapidaires et signes gravés des dolmens dans le Morbihan, Vannes 1873

Cobo (el P. Bernadé). — Historia del nuevo mundo. Publié par D. Marcos Jimenèz de la Espada. Sevilla 1890-1895.

Colomb (Christophe). — Lettre de Christophe Colomb sur la découverte de l'Amérique, d'après la version latine conservée à la Bib. Imp. Traduite en français par Lucien de Rosny. Paris, 1865. — Carte de Cristobal Colon enviada de Lisboa a Barcelona en marzo de 1493, par Varnghagen. Vienne, 1869. — The letter in spanish of Cristophus Columbus on his return from his first voyage addressed to Luis de Sant Angel, 15 feb.-14 march 1493, announcing his discovery, etc. Londres, Ellis and Elvey, 1889.

Colomb (Ch.). — Lettera Rarissima de Christophe Colomb sur la découverte de la Terre Ferme (1503), accompagnée de l'itinéraire de Diego de Porras et d'une partie de la Relation de Diego Mendez (A. Tinard). Paris, 1899.

Colombo (Fernand). — Historie, etc. Venise, 1571. — La vie et les découvertes de Christophe Colomb. Paris, 1902.

Congrès International des Américanistes. — Première session tenue à Nancy. Recueils, Paris, 1875. Luxembourg, 1877. Bruxelles, 1879. Paris, 1900 et Québec 1906.

Cools (A. de). — Droit et nécessité des garanties sociales et politiques réclamées par les Colonies françaises. Paris, 1832.

Coppier (Guillaume). — Histoire et voyage des Indes Occidentales et de plusieurs autres régions maritimes et esloignées. Lyon, 1645.

Cordier (Henri). — Mélanges américains. Paris, 1913. — Les Compagnies à charte et la politique coloniale sous le ministère de Colbert. Paris, 1906.

Cornillac (J.). — Etudes sur l'histoire générale des Antilles. 1889.

Corréal (François). — Voyages aux Indes occidentales. Paris, 1722.

Cortambert (Richard). — Nouvelle histoire des voyages et des grandes découvertes géographiques dans tous les temps et dans tous les pays. Paris, s.d.

Cortereal (Juan Peralta). — Discurso sobre la navigacion de la India.

Cory (Charles B). — The birds of the Leeward Islands, Carribean sea, Chicago 1909.

Crokaert (Jacques). — La Méditerranée américaine. L'expansion des Etats-Unis dans la mer des Antilles. Préface de M. Henri Jaspar. Paris, s.d.

Cultur (P.). — Histoire du Sénégal du XV° siècle.

D'Abbeville (Père du Val). — Iles d'Amérique dites Caraïbes et Antilles. Paris, 1677.

Dabry de Thiersant. — De l'origine des Indiens du Nouveau Monde et de leur civilisation. Paris, s.d.

Dampierre (Jacques de). — Essai sur les sources de l'Histoire des Antilles françaises (1492-1664). Paris, 1904.

Davis (William M.). — The lesser Antilles. American Geographical Society. New-York, 1926.

Davy de Cussé (L.). — Recueil des signes sculptés sur les monuments mégalithiques du Morbihan relevés et réduits au pantographe, Vannes, 1865.

D'Elbée. — Relation de ce qui s'est passé dans les îles et terre ferme de l'Amérique pendant la dernière guerre avec l'Angleterre. Paris, 1675.

Delisle (L.). — Compte rendu du livre de Marco Polo. Fac-similé d'un manuscrit du XIV° siècle. Stockholm, 1882.

Denis (Fernand). — Le monde enchanté cosmographique et l'histoire naturelle du moyen âge. Paris, 1843.

Descourlitz (M. E.). — Flore médicale des Antilles 1821-1829.

Dessales (Adrien). — Histoire générale des Antilles. Paris, 1847.

Deville (Charles Sainte-Claire). — Voyages géologiques aux Antilles. Paris, 1848-1849.

Dillon (A.). — Beauté de l'histoire du Mexique ou époques remarquables, traits intéressants, mœurs, usages, coutumes des indigènes et des conquérants depuis les temps les plus reculés jusqu'à ce jour. Paris, 1882.

Drohoyowska. — Histoire des Colonies françaises. Lyon, 1853.

Dufougeré (William). — Le Canal de Panama et l'avenir des Colonies françaises. « La Vie », 3 août 1912. — Madinina, Reine des Antilles. Paris, 1929.

Dunn (W.-E.). — Spanish and french rivalry in the golf region of the U.-S. 1678.

Duran (Padre Diego). — Historia de las Indias de nueva Espana y islas da tierra firmo. Mexico, 1867.

Duss (R. Père). — Flore phanérogamique des Antilles françaises. Martinique et Guadeloupe, Mâcon, 1877. Enumération méthodique des champignons recueillis à la Guadeloupe et à la Martinique, Lons-le-Saunier, 1913. Division, nomenclature ei habitat des fougères et lycopodes des Antilles françaises. Lons-le-Saunier, 1903.

Dutertre (Rév. P. J.-B). — Histoire générale des îles de Saint-Christophe, Guadeloupe, Martinique et autres dans l'Amérique. Paris, 1654.

Enock. — Mexico, its ancient and modern civilization. Londres, 1909.

Estancelin (L.). — Recherches sur les voyages et découvertes des navigateurs normands en Afrique, dans les Indes orientales et en Amérique. Paris, 1832.

Fancourt (Saint-John). — History of Yucatan from its discovery to the close of the 17 th century. Londres, 1854.

Farrère (Claude). — Une croisière merveilleuse. Université des Annales, 1927.

Fernaux (Pierre-Garcia). — Le routier de la mer, 1482-1520.

Figueredo (F. de). — Hydrographia, examen de pilotos con las reglas que deben guarder con los derravos de las dos Indias. Lisbonne, 1608.

Flammarion (Camille). — Les éruptions volcaniques et les tremblements de terre. Krakatoa, la Martinique, Espagne et Italie, Paris, 1902.

Fortier (E.). — L'ouragan de 1891 aux Antilles.

Froger. — Relation faite en 1695, 1696 et 1697 d'un voyage à Cayenne et Iles Antilles. Paris, 1698.

Gabriel (Marcel). — Sur quelques documents peu connus relatifs à la découverte de l'Amérique. Paris, 1893.

Gaffarel (P.). — Iles fantastiques de l'Atlantique au moyen âge. Paris, 1883. — Histoire de la découverte de l'Amérique depuis les origines jusqu'à la mort de Colomb. Paris, 1892. — Les Colonies françaises. Paris, 1880.

Gages (Thomas). — Histoire de l'empire mexicain représenté par figures. Paris.

Gastonnet des Fosses (H.). — Les origines du peuple mexicain (La Revue des religions). Angers, 1897.

Gazette de France. — Les exploits et logements des Français dans l'île de Guadeloupe. 26 février 1638.

Genin (Auguste). — Légendes du Mexique ancien. Paris, 1923.

Gomara (Rév. P. Francisco Lopez de). — La historia de las Indias y conquista de Mexico.

Gomez de Castro (Alvarez). — De rebus gestis a Francisco Ximenio, archepiscopo toletano, libri octo. 1569.

Gould (Lt. Commander R.-T.). — The landfall of Columbus an old problem restated. 1927.

Germain (Louis). — La découverte de la mer des Sargasses. Bulletin de la Société Océanographique de France.

Granier de Cassagnac. — Voyage aux Antilles françaises. Paris, 1842.

Gravier (Gabriel). — Découverte de l'Amérique par les Normands au X° siècle. Paris, 1874.

Guérin (Léon). — Histoire des navigations, découvertes et colonisations françaises. Paris, 1853. — Histoire maritime de la France. Paris, 1851.

Guesde (Louis). — La Guadeloupe et dépendances. 1900.

Guimet-Joyce (T.-A.). — Mayan civilisation of pre spanish America. Londres, 1914.

Gumilla (José). — Historia naturale civil y geographica de la naciones situades en las rivas del Rio Orinoco. 1718.

Grivalja. — Trois lettres sur la découverte du Yucatan et les merveilles de ce pays, écrites par des compagnons de l'expédition sous Jean de Grivalja en mai 1518. Amsterdam, 1871.

Hackluyt (Richard). — Divers voyages touching the discovery of America and the islands adjacent. Londres, 1850.

Hallay (Rév. P. Jean). — Relation des îles de la Martinique et de Saint-Christophe. 1657.

Hamy (D.-E.-T.). — Roches gravées de la Guadeloupe. Paris, 1902.

Harcourt. — Les civilisations disparues. L'Amérique avant Colomb. Paris, 1925.

Harisse (C. Henry). — The discovery of north America. Paris, 1892, avec 250 cartes ou globes. — Christophe Colomb : son origine, sa vie, ses voyages, sa famille et ses descendants. Paris, 1884. — Christophe Colomb et la Corse. 1888.

Hearn (Lafcadio). — Two years in the french West Indies. New-York, 1890. Contes des tropiques, New-York, 1926.

Herrera (A.). — Historia generale de los hichos de las Castillanos en las islas ferme del mar oceano. Madrid, 1601.

Hespel d'Harponville. — La Reine des Antilles. Paris, 1850.

Hevesy (André de). — Christophe Colomb ou l'heureux génois. Paris, 1927.

Holmes (Wiliam H.). — Cariblean influence on the prehistoric ceramic art of the Southern States. Washington, 1884.

Horta y Pardo (D^r). — La veredera cuna de Cristobal Colomb. New-York, 1912.

Huchard (Robert). — Aux Antilles, hommes et choses. Paris, 1906.

Humbolt (Alexandre de) et Boupland. — Voyages aux régions équinoxales du nouveau continent en 1799 et 1804. Paris, 1816-1831.

Humbolt (Alexandre de). — Examen critique de l'histoire de la géographie du nouveau continent. Paris, 1836-1839.

Irwing (Washington). — History of the life and voyages of Columbus. Londres, 1828. Traduit en français par M.-P. Merruan, Paris, 1838.

Isert (P. Erdman). — Voyages en Guinée et dans les îles Caraïbes en Amérique. Paris, 1793.

Jonès (Moreau de). — Observations météorologiques, etc. (Académie des Sciences, 3 mai 1819.) — Histoire physique des Antilles françaises, savoir Martinique et Guadeloupe. Paris, 1822.

Jongha (Ed. de). — De l'origine des anciens peuples du Mexique. Lyon, 1875.

Journal de bord de Colomb. — Editions diverses.

Journal de la Société des Américanistes de Paris. — Paris, 1895 à 1926.

Journal ou campagne des armées de terre et de mer depuis le 22 mars 1781, jour du départ de l'armée navale française, commandée par M. le Comte de Grasse, de la rade de Brest, jusques au 31 mai 1782, etc.

Jurien de la Gravière (contre-amiral). — Souvenirs d'un amiral.

Juvanon (A.), Barralier, Laisant (Ch.), Martin et Sainte-Luce Banchelin. — Guide du touriste aux Antilles françaises. Paris, 1913.

Labat. — Voyage du Chevalier des Marchais en Guinée et îles voisines et à Cayenne, de 1720 à 1747. Paris, 1728. Amsterdam, 1731.

Lacour. — Histoire de la Guadeloupe. 1855-1858.

Lacour-Gayet (G.). — La marine militaire de la France sous les règnes de Louis XIII et Louis XIV. Paris, 1911.

Lacroix (A.). La Montagne Pelée et ses éruptions, Paris, 1904.

La Dépêche Coloniale, 1906. — La Guadeloupe, son passé, son présent, son avenir.

Laet (Jean de). — Novus orbi sen descriptionis Indiœ Occidentalis. 1633. — Historia del novo mondo. 1640.

Lafiteau (R.-P.). — Mœurs des sauvages américains comparées aux mœurs des premiers temps. Paris, 1724. — Histoire des découvertes et conquêtes des Portugais dans le nouveau monde. Paris, 1733.

Landes (Gaston). — Etude sur le commerce des fruits tropicaux entre la France et les colonies de l'Atlantique tropicale.

Lanessan (J.-L. de). — Les plantes utiles aux colonies françaises, Paris, 1866.

Langlois (Colonel). — La découverte de l'Amérique par les Normands vers l'an 1000. Paris, 1925.

La Popelinière. — Les trois mondes. Paris, 1582.

Lara (Oruno). — La Guadeloupe physique, économique, agricole, commerciale, financière, politique et sociale. — De la découverte à nos jours (1492-1900). Paris, s.d.

La Roncière (Charles de). — Un atlas inconnu de la dernière expédition de Dracke. Paris, 1900. — La carte de Christophe Colomb. 1924.

— La découverte de l'Afrique au moyen âge, cartographes et explorateurs. — Les débuts de Christophe Colomb. Le Caire, 1928. — Histoire de la marine française. Paris, 1909-1920.

La Rochefoucault (T.-A. de). — Palenqué et la civilisation Maya. Paris, 1888.

Las Casas. — Historia de las Indias. Madrid, 1697. — Histoire des découvertes et conquestes des Portugais dans le nouveau monde. 1734.

Lavallée. — Histoire de la Guadeloupe. 1839-1841.

Le Blond (J.-B.). — Voyage aux Antilles et à l'Amérique méridionale, commencé en 1776 et fini en 1802. Paris, 1813.

Leclerc (Ch.). — Bibliotheca Americana. Paris, 1867. — Le même ouvrage. Paris, 1878.

Legier (E.). — La Martinique et la Guadeloupe, Paris, 1905.

Lémery (Henry). — Petites Frances d'outre-Mer, Paris, 1923.

Le Plongeon (Augustus). — Vestiges of the Mayas, or facts tending to prove that communications and intimate relation must have existed in very remote time between the inhabitants of Maya. New-York, 1881.

Léry (Jean). — Le voyage au Brésil, 1556-1558.

Linschot (Jean-Hughes de). — Le grand routier de mer, etc. Amsterdam, 1638.

Lorgues (Roselly de). — Vie et voyages de Christophe Colomb. Paris, 1862.

Louvain (J.-B.). — Les papas du nouveau monde rattachés à ceux des îles britanniques et nord Atlantique. Istas 1893.

Mac Culloch (James H.). — Recherches sur l'Amérique pour résoudre plusieurs questions relatives aux indigènes de ce pays. 1820.

Maffée (Rév. P. Jean-Pierre). — Historiarum indicarum, etc. Anvers, 1605.

Mandeville. — Le livre des Merveilles.

Marcel (Gabriel). — Reproduction des cartes et des globes relatifs à la découverte de l'Amérique, des XVIᵉ et XVIIᵉ siècles. Paris, 1884. — Les corsaires au XVIᵉ siècle dans les Antilles. Paris, 1902.

Margry (P.). — Origines transatlantiques. Belin d'Esnambuc et les Normands aux Antilles. Paris, 1863.

Marthe Saint-Just Pequart et Z. Le Rouzic. — Corpus des signes gravés des monuments du Morbihan, Nancy, 1927.

Mason (Otis T.). — Smithsonian Reports for 1884 et 1887. Washington. U. S. A. The Guesde Collection of antiquities.

Marco Polo. — Relations, etc.

Markhan (Sir Clément R.). — The journal of Christoforo Columbus during his first voyage, 1492-93.

Matias du Puis. — Relations de l'établissement d'une colonie française dans la Guadeloupe. 1652.

Merault (A.). — Résumé de l'histoire des établissements européens dans les Indes Occidentales depuis le premier voyage de Colomb jusqu'à nos jours. Paris, 1826.

Messimy (A.). — Notre œuvre coloniale.

Meynard (Louis de). — Outre-mer. Paris, 1835.

Montlegun (Baron de). — Souvenirs des Antilles. Paris, 1818.

Moore (Clément B.). — Certain sand mound of Florida, etc.

Motey (Vicomte du). — Guillaume d'Orange et les origines des Antilles françaises. Paris, 1908.

Colina Solis (Juan Francisco). — Historia del descubrimiente y conquista de Yucatan. Merida, 1896.

Morris (David-William). — The lesser Antilles. New-York Geographical Society. 1926.

Montléon. — La nao Santa-Maria. Madrid, 1892.

Nadaillac (Marquis de). — La Guadeloupe préhistorique. Paris, 1889.
— L'Amérique préhistorique. Paris, 1888.

Napione (G. Galani). — Della patria di Christoforo Colombo, dissertazione. Torino, 1820.

Navarette. — Coleccion de viajes y describimientos que hicieron por mar los Espanoles desde fines del signo XX. Madrid, 1825-1837.

Naville (F.). — Origine africaine de la civilisation égyptienne. Paris, 1913.

Ober (Fred. A.). — Aborigines of the West Indies. Worcester, Mass. 1894.

Oviedo (Gonzalve). — Historia generale de las Indias.

Pairault (Albert). — Notes sur la valeur alimentaire des plantes comestibles féculentes cultivées aux Antilles, Paris, 1899.

Paravey (le Chevalier de). — L'Amérique sous le nom de pays de Fou-Sang, etc. Paris, 1844.

Pardon (Noël). — La Guadeloupe depuis sa découverte jusqu'à nos jours. Paris, 1881.

Parducci. — Vita di Cristoforo Colombo.

Pelleprat (Rév. P. Pierre). — Relation des missions des P.P. de la Congrégation de Jésus dans les Iles, etc. 1655.

Peretti (Abbé). — Christophe Colomb, français, corse et calvais. Paris, 1888.

Pichevin (Dr). — Les Antilles. Paris, 1909.

Pichevin (R.). — L'organisation des Antilles françaises. Paris, 1906.

Pie II. — Historia rerum.

Pizarro y Orellana (Fernando, de la orden de Calatrava). — Varones illustres del Nuevo-Mundo, etc. Madrid, 1639.

Poyen (Colonel H. de). — Les guerres aux Antilles de 1793 à 1815. Paris, 1896.

Pradt (de). — Les Colonies, l'Europe et l'Amérique en 1871.

Rafn (C.-C.). — Antiquitates Americanœ. Copenhague, 1837.

Raleigh (W.). — The discovery of the large, rich and beautiful empire of Guyana. Londres, 1596.

Ramusio (G.-B.). — Raccolta delle navigationi et viagi. Venise, 1565.

Ranking (John). — Supplement to the conquest of Peru and Mexico by the Moguls in the XIII th century; confirming the origin of the Toltecs and Guatemalans from Tula, and the Aztecs from Assam. Londres, 1831.

Rastoul. — Christophe Colomb. Paris, 1892.

Raynal. — Histoire politique et philosophique des établissements et du commerce des Européens dans les deux Indes. Paris, 1770.

Reboux (Paul). — Blancs et noirs, Paris, 1915.

Reclus (Elisée). — Nouvelle géographie universelle.

Rémy Saint Maurice. — Révolution française aux Antilles, Journal des Colonies, 1893.

Renard (J.). — Le père Labat aux Antilles. Paris, 1927.

Reynaud (Jean). — Encyclopédie nouvelle.

Ricard (Mgr). — Christophe Colomb. Tours, 1892.

Rivet (P.). — L'orfèvrerie pré-colombienne des Antilles, des Guyanes, du Vénézuela. (Journal de la Société des Américanistes.) Paris, 1923.

Robertson (W.). — Histoire de l'Amérique. 1790.

Rochefort (Rév. P. Charles de). — Histoire naturelle et morale des Antilles de l'Amérique. Rotterdam, 1658.

Rocha (Don Liego Andres). — Tradado unico y singular de l'origen de los Indios Occidentales, Pieru, Mexico, Santa-Fé y Chile. Lima, 1681.

Rosny (Léon de). — Les Antilles. Etude d'ethnographie et d'archéologie américaines. Ouvrage posthume publié par Mme Vve Devaux. Paris, 1886-1888.

Rovel (Justin). — Le régime politique et législatif des Antilles françaises. Nancy, 1902.

Ruge (Dr Sophus). — Die entvaickelung der Kartographein von America (1570). — Columbus. Berlin, 1902.

Sahagun (Fr. Bernadino de). — Histoire générale des choses de la nouvelle Espagne. 1529.

Saint-Amans (Florimond-Boudon de). — Voyage d'un cadet de Gascogne aux Iles du Vent et sous le vent de l'Amérique, en 1767-1769.

Saint-Jours (B.). — L'Atlantide de Solon et de Platon n'est qu'un mythe.

Saint-Martin (Vivien de). — Nouveau dictionnaire de géographie universelle.

Saint-Méry (Moreau de). — Lois et institutions des colonies françaises de l'Amérique sous le vent. — Histoire de la Martinique (1635-1722). Paris, 1784.

Saint-Yves (G.). — Documents sur les Antilles et la Guyane au XVII° siècle. Paris, 1900 (Bulletin de Géographie historique et descriptive).

— Les campagnes de Jean d'Estrées dans la mer des Antilles, 1676-1678. Paris, 1900 (Bulletin Géographie historique et descriptive).

Sainte Claire Deville. — Recherches sur les principaux phénomènes de météorologie et physique aux Antilles, Paris, 1861.

Satineau (Maurice). — Histoire de la Guadeloupe sous l'ancien régime. Paris, 1928.

Saussine. — La première année iculture tropica e, Paris, 1900.

Scherer (Jean-Benoit). — Recherches historiques et géographiques sur le nouveau monde. Paris, 1777.

Schœlcher (V.). — Histoire de l'esclavage pendant les deux années 1845 et 1846. — L'immigration aux Colonies. — Polémique Coloniale (3 volumes), 1881-1882.

Scelle (Georges). — Histoire de la traite négrière. Paris, 1906.

Sagalas (Anaïs). — Récits des Antilles.

Semalle (R. de). — Monographie des Caraïbes. Compte rendu 8ᵉ session du Congrès International des Américanistes. Paris, 1890.

Stern (Daniel). — Abolition de l'esclavage dans les colonies françaises.

Sumien (N.). — La correspondance du savant Florentin Paolo dal Pozzo Toscanelli avec Christophe Colomb. Paris, 1927.

Tardieu (André). — Devant l'obstacle. L'Amérique et nous. Paris, 1927.

Tarducci. — Vita de Cristoforo Colombo.

Ten Kate (H.-T.-C. Junior). — On the West Indian stone implements and other indian relics.

Ternaux (Henri). — Voyages, relations et mémoires originaux pour servir à l'histoire de la découverte de l'Amérique.

Thacher (John Boyd). — Christophus Columbus. New-York, 1903.

Thaly (Daniel). — Les chants de l'Atlantique. Paris, 1928. Le Jardin des Tropiques, Paris, 1901. Lucioles et Cantharides, Paris, 1900. La Clarté du Sud, 1905. Choses de mer et d'outre-mer, 1911. L'isle et le voyage, 1923. Nostalgies françaises, 1913.

Thevet (André). — Les singularités de la France antarctique, autrement nommé Amérique et de plusieurs terres et isles descouvertes de nostre temps. Paris, 1558.

Thurn (E.-F.-M.). — West Indian Stone implements. Timehri-Demerara. Londres, 1882. — Among the Indians of Guiana. Londres, 1883. — On the races of the West Indians. Londres, 1886.

Troude (O.). — Batailles navales de France. Paris, 1867.

Ulloa (Luis). — Mémoires philosophiques, historiques et physiques concernant la découverte de l'Amérique et les mœurs de ses habitants. Paris, 1789. — Christophe Colomb catalan. 1927.

Urano (C.-M.). — Histoire de Christophe Colomb traduit de l'italien. Paris, 1825.

Vauchelet. — Les Caraïbes. (Revue Coloniale, juillet 1905.)

Vega (Lope de). — Découverte du nouveau monde.

Vignaud (Henri). — La lettre et la carte de Toscanelli sur la route des Indes par l'Ouest. Paris, 1901.

Vignaud (Henri). — La route des Indes et les indications que Toscanelli aurait fournies à Colomb, etc. Paris, 1903.

Vignaud (Henri). — Etudes critiques sur la vie de Christophe Colomb. Paris, 1905. — Les expéditions des Scandinaves en Amérique devant la critique. Paris, 1917. — Histoire critique de la grande entreprise de 1492. Paris, Londres, New-York, 1911. — Le vrai Christophe Colomb et la légende. Paris, 1921. — A critical study of the various dates assigned to the birth of Christophus Columbus. Londres, 1903.

Vignaud (H.). et *Uzielli*. — Bibliographica della polemica concernante Toscanelli e Cristoforo Colombo. Naples, 1905.

Waleffe (Maurice de). — Le paradis de l'Amérique Centrale. Les Antilles, Panama, Costa-Rica, le Mexique. Paris, 1909.

Winsor (J.). — The progress of opinion respecting the origin and antiquity of man in America.

Waterton (Ch.). — Excursions dans l'Amérique méridionale et les Antilles.

Williamson (James A.). — The Carribbee islands under the proprietary patents, Oxford 1926.

Wytfliet (Corneille). — Histoire universelle des Indes occidentales, etc. 1611, avec 23 cartes.

Young (Filson). — Christophus Columbus and the world of his discovery. Londres, 1906.

SUR ATLANTIDE

Aristote. — Traité sur le ciel et la terre.

L'Atlantide. — Revue hebdomadaire.

Bacon (François). — Nouvelle Atlantide.

Baer. — Essai historique et critique sur l'Atlantide des anciens. 1762.

Bailly (Sylvain). — Lettres sur Atlantide de Platon.

Berlioux. — Les Atlantes. Paris, 1883.

Bordas (Mgr Tobra de). — Atlantide.

Ben Muftir Ibn al Vardi (1349).

Brahmes (Les Védas).

Devignes (Roger). — Sur Atlantide.

Dioscore.

Edrisi (1154).

Frascator (de Vérone). — Astronome du XVIᵉ siècle. Traduit par le Dᵣ Yvaren, 1847.

Flacourt. — Histoire de Madagascar.

Geoffroy de Saint-Hilaire (Isidore). — Essais de géologie générale.

Gattefossé. — La vérité sur Atlantide.
Germain (Louis)., L. *Joubin* et *Ed. le Danois.* — Une esquisse du passé de l'Atlantique nord.
Homère.
Ibn Iounis (1005).
Jean d'Alexandrie.
Lemercier (Nécopucème). — Atlantide.
Moreux (Abbé Th.). — L'Atlantide a-t-elle existé.
Ovide. — Métamorphoses.
Ptolémée. — Livre II, chapitre II.
Philoponus. — In caput genesos, livre IV.
Platon. — Timée ou de la nature. — Critias ou de l'Atlantide.
Plutarque.
Proclus.
Pimodan (Marquis de). — Un poème.
Rudbeck (Olaus). — Atlantica, 1675.
Strabon. — Livre II, chapitre XXXIV.
Saint-Clément. — Epitre aux Corinthiens.
Théophile.
Ternier (Pierre). — A la gloire de la terre. 1914.
Verdoguer (Jacinto). — Atlantide (ouvrage couronné par les Jeux Floraux, 1877), traduction de Albert Savine.

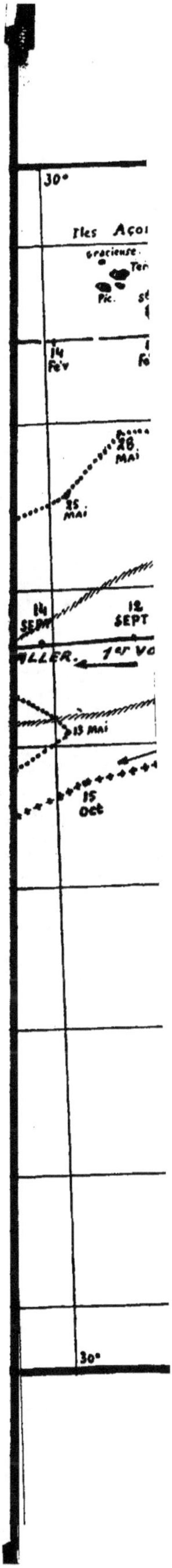

30°
Iles Açor
Graciense
Ter
Pic.
St
14 Fév
Fé
28 Mai
25 Mai
14 SEPT
12 SEPT
ALLER.
1er Vo
13 Mai
15 Oct
30°

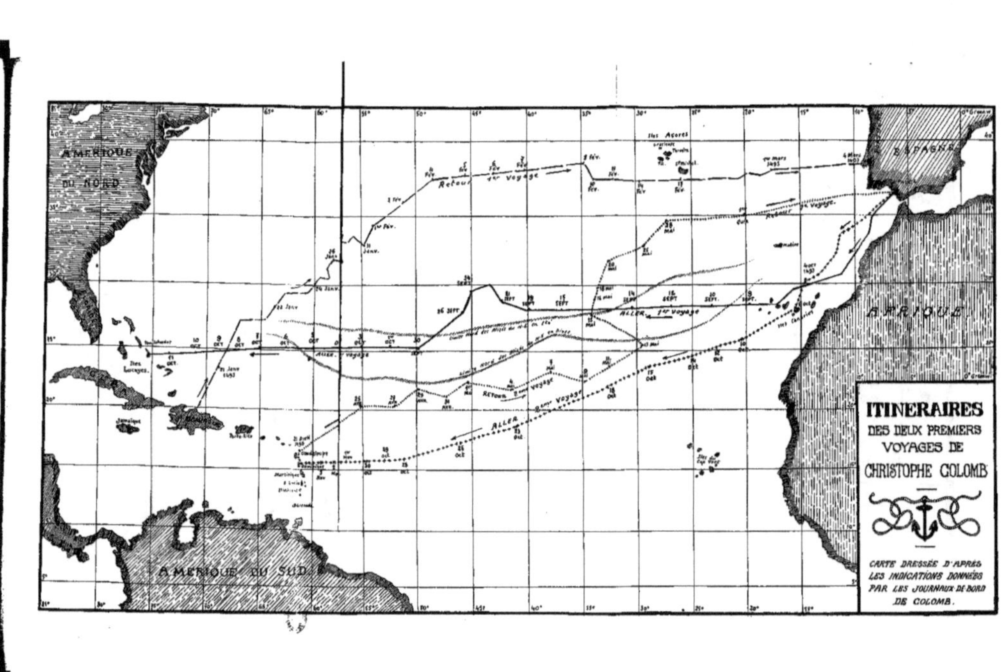

AMÉRIQUE DU NORD
AMÉRIQUE DU SUD
ESPAGNE
AFRIQUE
Iles Açores
Retour du Voyage
ALLER. 1er Voyage
ALLER. Voyage
Retour Voyage
ALLER 2ème Voyage
ITINERAIRES
DES DEUX PREMIERS
VOYAGES DE
CHRISTOPHE COLOMB
CARTE DRESSÉE D'APRÈS
LES INDICATIONS DONNÉES
PAR LES JOURNAUX DE BORD
DE COLOMB.

TABLE DES MATIÈRES

Achevé d'imprimer le 25 Avril 1930
sur les presses de l'Imprimerie d'Art
" Le Croquis ", 6, rue Bezout, à
Paris, pour le compte des Editions
" La Caravelle "

Il a été tiré à part du présent ouvrage
Vingt-cinq exemplaires sur Lafuma
pur fil numérotés de 1 à 25